NADA SERÁ COMO ANTES

A ascensão institucional do TCU entre os *impeachments* de Fernando Collor e Dilma Rousseff

JOÃO VILLAVERDE

Prefácio
Bruno Dantas

NADA SERÁ COMO ANTES

A ascensão institucional do TCU entre os *impeachments* de Fernando Collor e Dilma Rousseff

Belo Horizonte

FÓRUM
CONHECIMENTO JURÍDICO

2025

FÓRUM
CONHECIMENTO JURÍDICO

Luís Cláudio Rodrigues Ferreira
Presidente e Editor

Coordenação editorial: Leonardo Eustáquio Siqueira Araújo / Thaynara Faleiro Malta
Revisão: Érico Barboza
Projeto gráfico: Walter Santos
Capa e Diagramação: Formato Editoração

Rua Paulo Ribeiro Bastos, 211 – Jardim Atlântico – CEP 31710-430
Belo Horizonte – Minas Gerais – Tel.: (31) 99412.0131
www.editoraforum.com.br – editoraforum@editoraforum.com.br

Técnica. Empenho. Zelo. Esses foram alguns dos cuidados aplicados na edição desta obra. No entanto, podem ocorrer erros de impressão, digitação ou mesmo restar alguma dúvida conceitual. Caso se constate algo assim, solicitamos a gentileza de nos comunicar através do *e-mail* editorial@editoraforum.com.br para que possamos esclarecer, no que couber. A sua contribuição é muito importante para mantermos a excelência editorial. A Editora Fórum agradece a sua contribuição.

Dados Internacionais de Catalogação na Publicação (CIP) de acordo com ISBD

V727n Villaverde, João

Nada será como antes: a ascensão institucional do TCU entre os impeachments de Fernando Collor e Dilma Rousseff / João Villaverde. Belo Horizonte: Fórum, 2025.

268p. 14,5x21,5cm

ISBN impresso 978-65-5518-669-7
ISBN digital 978-65-5518-999-5

1. Tribunal de Contas. 2. História de instituições políticas brasileiras. 3. Impeachment. 4. Política brasileira. I. Título.

CDD: 320
CDU: 32

Ficha catalográfica elaborada por Lissandra Ruas Lima – CRB/6 – 2851

Informação bibliográfica deste livro, conforme a NBR 6023:2018 da Associação Brasileira de Normas Técnicas (ABNT):

VILLAVERDE, João. *Nada será como antes*: a ascensão institucional do TCU entre os *impeachments* de Fernando Collor e Dilma Rousseff. Belo Horizonte: Fórum, 2025. 268p. ISBN 978-65-5518-669-7.

Para Teodoro, meu filho.

AGRADECIMENTOS

À Bárbara, ao Teodoro e ao meu pai, João Almeida, dedico este livro. Sem eles, nada disso teria sequer acontecido.

Agradeço, de coração, a toda a rede de apoio que esteve comigo naqueles anos da COVID-19: meu irmão Luis Villaverde, Dadá Rodrigues, Norma e Márcia Crivellari, famílias Crivellari-Almeida e Pombo, José Márcio Rego, Dan Omaki, Fabio Nozza e Nikolas D'Orto. No meio do caminho, publiquei dois livros: em julho de 2021, as memórias de Bresser-Pereira, que escrevi junto de Zé Márcio Rêgo, com apoio inestimável de Paulo Malta, da Editora 34; em 2022, o livro que, mal sabíamos nós, daria título ao lema do governo novo: Reconstrução. Minha amiga Laura Karpuska e meu amigo Felipe Salto viraram irmãos. Obrigado pela amizade e companheirismo. Agradeço, também, as 32 mentes talentosas que fizeram parte do livro – que honra a minha de estar ao lado de vocês nesta caminhada histórica.

Nos últimos anos, algumas pessoas apostaram em mim e, a despeito de minha imensa síndrome de impostor, me transmitiram energia e conhecimentos inestimáveis. Eu agradeço a vocês com toda a minha força: Persio Arida, Luiz Carlos Bresser-Pereira, José Márcio Rêgo, Elena Landau, Luisa Palacios e Simone Tebet. Obrigado, obrigado, obrigado.

Meu orientador, Marquinho, foi fundamental: sem sua paciência e seus conselhos, eu provavelmente teria buscado o atalho errado. Obrigado.

Em 2022, eu tive o deleite de trabalhar com algumas das pessoas mais brilhantes do país. Foi sensacional participar do Derrubando Muros (Zeca Martins, Yacoff Sarkovas e Benjamin Sicsú são feras). Foi incrível estar com Pedro Passos e Candi Bracher na imersão em economia verde que tivemos entre agosto e outubro.

Desde janeiro de 2023, vivo em Brasília: primeiro como assessor especial da ministra Simone Tebet e, depois, como secretário de Articulação Institucional no Ministério do Planejamento e Orçamento. Agradeço às amigas e amigos do MPO: trabalhar com vocês é um privilégio. À equipe da SEAI e ao gabinete da Simone: vocês são maravilhosos e trabalhar com vocês, todos os dias, me faz uma pessoa melhor. Obrigado, de coração.

Meus amigos de tantos anos e perrengues: Iuri Dantas, Daniel Barros, Ariana Frances, Mathias Alencastro – obrigado.

O Botafogo de Futebol e Regatas: as memórias de desgraças passaram a memórias de desfrute. Em 2024, a glória eterna.

Todos e todas que estão citados nos agradecimentos de minha tese de doutorado: vocês moram no meu coração e sabem disso. Cada um e cada uma de vocês. Se estão lá é porque estão aqui.

A todas as turmas que tiveram aulas comigo – seja na FGV, seja na Escola Comum: obrigado por tudo. Carrego vocês comigo e estou sempre com saudades: um dia voltarei tanto para a FGV quanto para a Escola Comum – me aguardem! Aqueles que viabilizaram minhas aulas, agradeço sempre: Cibele Franzece, André Guzzi, Nelson Marconi, Claudio Couto, Fernando Abrucio e Wil Schmaltz.

Agradeço todas e todos que me receberam com tanto entusiasmo e afeto nesses tempos tão intensos.

Os ministros de nosso governo Lula sempre me receberam com grande apoio e carinho: meu abraço forte em nome dos amigos Waldez Goés, Renan Filho, Sonia Guajajara, Silvinho Costa Filho, Cida Gonçalves e Márcio Macedo.

O governador Eduardo Riedel (e toda a trupe do MS: Eduardo Rocha, Jaime Verruck, Tião Silva).

A governadora Fátima Bezerra e o vice-governador do Rio Grande do Norte, Waltinho Alves (e toda a trupe do RN, como George Lall e Gleydson Macedo).

Os senadores, nas figuras dos amigos Randolfe Rodrigues e Marcelo Castro.

Os deputados federais, nas figuras dos amigos Baleia Rossi, Rafael Brito, Renilce Nicodemos, Cleber Verde e Alceu Moreira.

O presidente José Sarney, que me recebeu em sua residência de Brasília em 2022 para uma longa conversa sobre literatura: obrigado.

O eterno senador José Fogaça e o grande governador Germano Rigotto: agradeço pelas palavras de entusiasmo ao longo dos últimos anos.

A Fundação Ulysses Guimarães, o Instituto Ling e a Fundação Lemann, agradeço por serem esses espaços do livre pensar para mentes inquietas – tem sido um verdadeiro prazer fazer parte das redes de líderes de cada uma das três entidades.

Ao meu amigo Totó Parente: obrigado pelo apoio e pelas risadas.

Denise Neumann, Maria Inês Nassif, Luiz Weber, Marcelo de Moraes, Ricardo Lessa, Ricardo Grinbaum, Ana Clara Costa e Vera Magalhães: dos meus tempos de redações (Valor Econômico e Estadão) e as participações no Roda Viva e na Época – obrigado por tudo.

Os auditores, os procuradores, os técnicos em geral do TCU, em nome de seu corpo diretivo, os ministros do Tribunal: Antonio Anastasia, Augusto Nardes, Aroldo Cedraz, Benjamin Zymler, Bruno Dantas, Jhonathan de Jesus, Jorge Oliveira, Vital do Rêgo e Walton Alencar.

Às integrantes e aos integrantes de minha banca de doutorado, eu agradeço muitíssimo. Todos os comentários de vocês tornaram a tese um trabalho melhor, agora transformado em livro: Bruno Dantas, Celso Rocha de Barros, Luiz Carlos Bresser-Pereira, Maria Rita Loureiro e Úrsula Peres. Obrigado!

Viajei o Brasil inteiro em 2023 por conta do Plano Plurianual (PPA). Depois, em 2024 e em 2025, viajei às fronteiras de nosso país e a todos os países da América do Sul por obra de nossa política pública original, as Rotas de Integração Sul Americana, que me honra coordenar no Ministério do Planejamento e Orçamento. Quando isso tudo terminar, escreverei sobre essa experiência – como um todo e, em particular, sobre as Rotas. O futuro é maravilhoso.

Este livro foi escrito ao som de Duke Ellington, Rolling Stones, Fafá de Belém, Mötley Crüe, Kiss, Lynyrd Skynyrd e Marisa Monte.

A saudade de minha mãe, Nelita Villaverde, é inesgotável: a lembrança de sua garra sempre me impulsiona adiante.

João Villaverde
Verão, 2025

"Tudo o que eu posso te dar é o amor que nunca morre. O sintoma do universo está escrito em seus olhos."

Terence "Geezer" Butler

LISTA DE QUADROS

LISTA DE SIGLAS

ADI – Ação Direta de Inconstitucionalidade
AI-5 – Ato Institucional nº 5
BB – Banco do Brasil
BC – Banco Central
BNDES – Banco Nacional de Desenvolvimento Econômico e Social
CGT – Central Geral dos Trabalhadores
CPI – Comissão Parlamentar de Inquérito
CUT – Central Única dos Trabalhadores
EUA – Estados Unidos da América
FGTS – Fundo de Garantia por Tempo de Serviço
FHC – Fernando Henrique Cardoso
IPCA – Índice de Preço ao Consumidor Amplo
LRF – Lei de Responsabilidade Fiscal
MDB – Movimento Democrático Nacional
MP – Ministério Público
MP – Medida Provisória
MPC – Ministério Público de Contas
MPF – Ministério Público Federal
PCdoB – Partido Comunista do Brasil
PCB – Partido Comunista Brasileiro
PDS – Partido Democrático Social
PDT – Partido Democrático Trabalhista
PEC – Projeto de Emenda Constitucional
PF – Polícia Federal
PFL – Partido da Frente Liberal
PIB – Produto Interno Bruto
PL – Projeto de Lei
PLS – Projeto de Lei do Senado
PMDB – Partido do Movimento Democrático Brasileiro
PPS – Partido Popular Socialista
PRN – Partido da Reconstrução Nacional
PSD – Partido Social Democrático
PSDB – Partido da Social Democracia Brasileira
PSP – Partido Social Progressista
PT – Partido dos Trabalhadores

PTB	– Partido Trabalhista Brasileiro
STF	– Supremo Tribunal Federal
TCU	– Tribunal de Contas da União
UNE	– União Nacional dos Estudantes
UDN	– União Democrática Nacional
UBES	– União Brasileira dos Estudantes Secundaristas

SUMÁRIO

Nada será como antes: a ascensão institucional e política do TCU entre os *impeachments* de Fernando Collor e de Dilma Rousseff, por João Villaverde

Somente instituições bem ordenadas podem sustentar a liberdade e conter os excessos do poder. Firme nessa premissa, Montesquieu, em *O espírito das leis*, lançou as bases para o entendimento moderno do equilíbrio entre liberdade e controle no Estado Democrático. Suas reflexões são um convite a reconhecer o papel das instituições como guardiãs da democracia e da ordem jurídica. No Brasil, cuja trajetória republicana é marcada por rupturas e reconstruções, a força das instituições tem sido o elemento crucial que diferencia momentos de superação daqueles de retrocesso.

É nesse contexto que o Tribunal de Contas da União (TCU) emerge como protagonista da história contemporânea brasileira, assumindo um papel que vai muito além do controle contábil da Administração Pública. Desde sua criação em 1890, durante o Governo Provisório, por meio do Decreto nº 966-A, assinado por Deodoro da Fonseca e Ruy Barbosa, o TCU foi concebido com a ideia de que a República é sinônimo de prestação de contas. Assim, a existência do TCU se confunde com a própria ideia de República, destacando-se como um dos pilares da *accountability* nacional e pela capacidade de atuar em momentos decisivos da história do país.

João Villaverde, em *Nada será como antes*, oferece uma análise lúcida e provocativa sobre o papel do TCU em dois eventos históricos importantes: os *impeachments* do presidente Collor e da presidente Dilma. Ao explorar a transição do Tribunal de um ator periférico para uma posição central no arranjo constitucional brasileiro, o autor evidencia como as instituições podem evoluir para responder às demandas sociais e políticas. Essa evolução, como demonstrado na obra, não é fruto do acaso, mas de décadas de fortalecimento institucional e consolidação de competências técnico-administrativas.

A construção de instituições robustas e inclusivas é um tema caro à ciência política, à economia e à filosofia. John Locke, em seu *Segundo tratado sobre o governo civil*, já argumentava que a legitimidade do poder reside na capacidade das instituições de proteger os direitos e garantir a justiça. No Brasil, essa missão foi assumida por instituições como o TCU, que, ao longo de sua trajetória, tem buscado equilibrar controle e eficiência, responsabilidade e autonomia.

Villaverde demonstra, com precisão analítica, como o TCU transitou de uma posição discreta para um protagonismo decisivo em momentos de crise. Esse percurso reflete o fortalecimento técnico e político do Tribunal, impulsionado pelas mudanças trazidas pela Constituição de 1988. A narrativa também ressalta como esse protagonismo moldou não apenas os processos de controle, mas também o papel do TCU no sistema político brasileiro.

A obra, fruto de uma tese de doutorado apresentada na Escola de Administração de Empresas da FGV-SP, alia rigor acadêmico a um estilo literário envolvente, próprio dos que dominam com precisão a arte da escrita. Com uma abordagem metodológica sólida, que combina análise histórica e entrevistas com atores-chave, Villaverde constrói um panorama abrangente que conecta o passado e o presente das instituições de controle no Brasil.

O texto também dialoga com o trabalho de Daron Acemoglu, laureado com o Prêmio Nobel de Economia em 2024, que destacou o papel das instituições no desenvolvimento das nações. Acemoglu, em *Por que as nações fracassam*, argumenta que instituições inclusivas são a chave para o progresso sustentável, enquanto instituições extrativistas levam à estagnação e ao colapso. O TCU, ao longo de sua história, exemplifica os desafios de construir uma instituição inclusiva, que não apenas fiscaliza, mas também promove a transparência e a integridade administrativa.

Nos seis capítulos da obra, Villaverde aborda temas como o presidencialismo de coalizão, as dinâmicas do "apagão das canetas" – quando gestores evitam decisões por temor de sanções – e as tensões entre controle e inovação. A análise não se limita a eventos históricos, mas oferece uma reflexão crítica sobre o papel das instituições no fortalecimento da democracia e no equilíbrio entre os Poderes.

Em tempos de questionamentos sobre a eficácia e a resiliência da democracia brasileira, *Nada será como antes* é uma contribuição fundamental. Villaverde nos convida a repensar a importância das instituições de controle como âncoras da estabilidade democrática. Assim como Montesquieu e Locke ressaltaram a centralidade das instituições para o equilíbrio do poder, Villaverde nos mostra como o TCU evoluiu para se tornar um pilar da República, respondendo aos desafios de uma democracia complexa e multifacetada.

Recomendo esta obra com entusiasmo. A contribuição de João Villaverde transcende o debate acadêmico, lançando luz sobre questões fundamentais para o entendimento do papel das instituições no Brasil contemporâneo. Sua leitura não apenas enriquece o conhecimento sobre o passado, mas também inspira reflexões indispensáveis para o futuro da nossa democracia.

Bruno Dantas

Ministro do Tribunal de Contas da União (TCU). *Hauser Senior Global Fellow* (*New York University*). Pós-Doutor (UERJ), Doutor e Mestre (PUC-SP) em Direito. Professor Titular do Mestrado e Doutorado em Direito da UNINOVE. Professor da FGV-Direito Rio. Professor-Adjunto da UERJ.

APRESENTAÇÃO

> "Sua imaginação está novamente afinada, excitada, e de repente outra vez um mundo novo, uma vida nova e encantadora brilha diante dele em sua perspectiva radiante. Um novo sonho é uma nova felicidade! Uma nova dose de veneno delicado e sensual! Oh, que lhe importa nossa vida real!"
> Fiódor Dostoiévski, trecho do romance *Noites brancas* (1848)

Por muitos anos, a relação da sociedade com o Tribunal de Contas da União (TCU) era basicamente resumida por um termo: desconhecimento. O TCU era largamente ignorado, salvo a avaliação anual das contas federais e um ou outro processo envolvendo determinada licitação entre o governo e empresas privadas. Por muitos anos, nem isso: são raríssimas as menções ao TCU nos jornais dos anos 1990 e praticamente inexistentes nas décadas anteriores. Sim, no final dos anos 2000, durante o segundo mandato de Lula (2007-2010), o TCU tinha aparecido um pouco mais no noticiário por conta das fiscalizações em obras de infraestrutura de grande porte, notadamente aquelas de refinarias da Petrobras. Mas, ainda assim, não fazia parte do cotidiano nacional.

De repente, tudo mudou.

A partir de 2015, o TCU passou a ser um endereço típico em Brasília. A sede do Tribunal, cercada de jardins de Burle Marx, foi palco de manifestações populares durante a imensa crise política e econômica que desembocou no *impeachment* presidencial em 2016. Um procurador do Ministério Público de Contas, que atua dentro do TCU, e um auditor do TCU serviram como testemunhas do processo de *impeachment*, sendo questionados por senadores no julgamento, com transmissão para todo o país. Os ministros ficaram conhecidos do grande público e, hoje, dez anos depois, é impensável que um assunto da arena política ou econômica não passe pelo TCU.

Do desconhecimento para a expectativa social e política, o TCU passou a fazer parte do cotidiano social, seja com reportagens sucessivas na imprensa, seja com acompanhamento próximo de suas sessões de colegiado. O tribunal também passou a fazer parte da fina flor da política brasileira, atraindo cada vez mais o interesse de grandes personalidades públicas – seja para ingressar em seus quadros, seja como lócus para batalhas políticas entre situação e oposição.

Entender o que se passou tem sido uma obsessão para mim nos últimos anos.

Eu vi e vivi essa transformação. Estive incontáveis vezes no TCU entre 2015 e 2016. Meu primeiro livro, lançado no fim de 2016, registra a quente o que observei naquele período. Foi uma grata surpresa ver o livro liderar paradas de vendas em livrarias físicas e portais. Em seguida, foquei no mestrado acadêmico em administração pública e governo, na FGV-SP, cujo tema foi exatamente o processo de *impeachment*, em perspectiva histórica. Defendi em 2019 e, no ano seguinte, entrei no doutorado acadêmico – que concluí em fevereiro de 2024.

Como o TCU passou de um tribunal basicamente ignorado para uma instituição-chave, que está no centro do debate público brasileiro?

Essa é uma pergunta norteadora, que me instiga intelectualmente há anos. Como, ademais, vivi muito intensamente o processo de *impeachment* de Dilma Rousseff e, na dissertação de mestrado, me detive sobre a evolução prática da lei aqui no Brasil, essa pergunta foi qualificada na tese: tomando dois processos semelhantes em sua forma – os *impeachments* de Collor e de Dilma – como eventos comparativos, busco explicar essa evolução institucional.

Como a leitora e o leitor verão, ancoro minha inquietação em marcos teóricos bem definidos (que serão apresentados oportunamente) e na realização de entrevistas com atores-chave. Interessava-me verificar como pessoas que viveram muito intensamente os processos de afastamentos presidenciais (tanto um quanto outro, senão os dois) efetivamente encararam o papel do TCU nesses episódios. O que fiz com as entrevistas foi testar a minha tese. Caso os atores-chave discordassem, a tese cairia por terra, produzindo um efeito dominó sobre todo o restante da pesquisa. Como será exposto adiante, as entrevistas confirmam e reforçam a tese, o que me permitiu seguir adiante na pesquisa documental para ancorar meu argumento principal.

Os comentários dos integrantes da minha banca de qualificação (ministro Bruno Dantas e professora Maria Rita Loureiro), realizada a junho de 2022, foram fundamentais para que eu aprimorasse as minhas entrevistas e, com isso, meu olhar ao trabalhar na pesquisa e no texto. Agradeço, ademais, a todos os entrevistados desta tese: seu tempo precioso foi dividido comigo.

Este livro é produto de minha tese de doutorado, aprovada por uma banca seleta de pesquisadoras e pesquisadores, mas a leitora e o leitor que têm este livro agora em mãos não estão diante do mesmo texto. As reflexões continuaram. Agradeço, portanto, os comentários daqueles que avaliaram a tese original, sugerindo sua publicação – Bruno Dantas (TCU), Úrsula Peres (USP), Luiz Carlos Bresser-Pereira (FGV-SP), Celso Rocha de Barros (Banco Central) e Maria Rita Loureiro (FGV-SP).

A leitora e o leitor têm aqui um livro original. Ele está dividido em seis partes.

Na primeira, produzo uma espécie de retomada de minha dissertação de mestrado. A tese que originou este livro, afinal, partiu de uma reflexão crítica que começou em 2013 e que teve na dissertação, concluída em 2019, um desenvolvimento relevante. Discuto, na primeira parte, a noção de controle da administração pública com o advento das constituições: o império das leis e a crescente participação social com ganhos democráticos ao longo dos últimos cinco séculos permitiram aprimorar como, hoje, entendemos o ato basilar de controlar os atos do governo. Mais adiante, ainda na primeira parte, discutimos as diferenças de sistemas de governo no Brasil – a luta secular entre parlamentaristas e presidencialistas –, dado que essa disputa marcou e continua a marcar como controlamos a administração pública, tanto do ponto de vista normativo quanto do ponto de vista eminentemente social e político.

Na segunda parte, apresento uma base metodológica que sustenta todo o esforço mental aqui realizado. Estamos aqui lidando com temas históricos cujo desenlace crítico é muito recente: à luz do método do fato histórico novo, elaborado por Bresser-Pereira, realizo entrevistas com atores-chave nos dois processos de *impeachment*.

A terceira parte seria como o cérebro deste livro: o objeto (o TCU) é apresentado, e sua evolução institucional é discutida. Apresento, ali, a revisão de literatura sobre o TCU, à luz do que nos interessa neste trabalho, e parto, então, para a discussão dos marcos legais e ações políticas que, entre 1992 e 2015, permitiram que o TCU saísse da irrelevância para a centralidade histórica. Essa análise documental e a reflexão intelectual por ela ensejada culminam com a tabela que encerra a parte 3, com o ponto a ponto dessa evolução institucional que levou o TCU a desempenhar o papel central do fato histórico novo no *impeachment* em 2015-2016.

Na quarta parte, apresento uma discussão sucinta e direta dos dois processos de *impeachment* que servem de balizas para esta tese: o *impeachment* contra Fernando Collor, realizado em setembro de 1992, e o *impeachment* contra Dilma Rousseff, realizado entre dezembro de 2015 e agosto de 2016. A discussão presente na parte 4 é toda organizada tendo, claro, o TCU como objeto: sua ausência para a narrativa de 1992 é tão digna de nota quanto sua centralidade na história de 2015-2016.

A quinta parte é o coração deste livro. Se a terceira representa o cérebro, esta parte 5 representa o pulsar. Aqui apresento os atores-chave: figuras de liderança indiscutível dentro dos três maiores partidos políticos do Brasil nos dois *impeachments* – PT, MDB e PSDB – e das duas maiores centrais sindicais do país em igual período – CUT e Força Sindical. Não há como narrar a ascensão institucional do TCU entre 1992 e 2015-2016 sem passar pelos antecedentes (as lutas sociais dos anos 1970; a redemocratização de 1984-1985 e a Constituinte de 1987-1988) e pelo desenrolar das ações (e omissões) dos nossos agentes políticos. É a nossa *polity*: os principais partidos políticos e as principais centrais sindicais. São os agentes que organizam a agenda pública, que moldam o Estado que emerge de 1988 e que colocam "povo na rua". Do Partido dos Trabalhadores, do Movimento Democrático Brasileiro e do Partido da Social Democracia Brasileira saíram os presidentes do período; da Central Única dos Trabalhadores e da Força Sindical saíram ministros, deputados federais e senadores, além de convocações sociais.

O voto livre e verdadeiramente universal – incluindo os analfabetos – veio a partir de 1985, por esforço do primeiro governo civil (o de José Sarney) após 21 anos de ditadura militar. Em vez de "década perdida", os anos 1980 representaram o auge da luta social brasileira. Era, afinal, um novo começo de era, como cantava o compositor popular Lulu Santos, que surgira exatamente naquele contexto:

> Eu vejo a vida melhor no futuro
> Eu vejo isso por cima de um muro de hipocrisia
> Que insiste em nos rodear
> Eu vejo a vida mais clara e farta
> Repleta de toda satisfação
> Que se tem direito
> Do firmamento ao chão
> (...)
> Eu vejo um novo começo de era
> De gente fina, elegante e sincera
> Com habilidades para dizer mais sim do que não (SANTOS, 1982).[1]

[1] Trecho da canção *Tempos modernos*, gravada em 1981 e lançada no ano seguinte por Lulu Santos. Ela dá título ao disco de mesmo nome, o primeiro do compositor que, junto ao Barão Vermelho, Blitz, Titãs, Paralamas do Sucesso, Capital Inicial, Plebe Rude e Legião Urbana, marcaria a explosão de uma nova geração cultural brasileira, justamente nos anos 1980.

Com partidos e sindicatos livremente criados, imprensa sem censura e com uma Constituição democraticamente formulada, o país que se forjava no pós-ditadura era um que apostava – formal e simbolicamente – no controle dos atos do governo. A presente tese parte deste valor fundamental: controlar o governo é um ato democrático. Era essa a visão da sociedade que lutara para se libertar do regime autoritário, nos anos 1970 e 1980, e, como veremos nas páginas a seguir, essa visão foi de fato aplicada, do ponto de vista legal, nas décadas seguintes.

O coração do livro, nesta parte cinco, envolve justamente as entrevistas com atores-chave. Essas entrevistas são apresentadas na íntegra e são seguidas, uma a uma, com análises críticas – à luz do objetivo central deste livro, que nunca é perdido de vista.

A sexta e última parte deste livro traz o arremate. O momento em que "parte" do TCU olha para si diante de um espelho. Um ator-chave é entrevistado e incorporado a esse encerramento: o ex-senador Antonio Anastasia. Além de figura relevante do Senado Federal, Anastasia foi governador de Minas Gerais e, no processo de *impeachment* de Dilma Rousseff, fora ele o relator do caso quando este chegou ao julgamento final. Anos depois, em 2021, Anastasia foi selecionado pelo Congresso Nacional para ser o indicado do Legislativo ao TCU, tornando-se, portanto, ministro do Tribunal. Uma trajetória impressionante, que culmina justamente no TCU, traz um olhar rico sobre os procedimentos de *impeachment* e sobre o andar institucional do próprio Tribunal.

Ao final de tudo, claro, a indefectível conclusão que toda leitora e leitor aguarda.

Todo o texto deste livro tem a leitora e o leitor em mente. O objetivo de todo trabalho científico deve ser, desde sempre, contribuir com o conhecimento e, para isso, comunicar adequadamente os achados de uma pesquisa – qualquer que seja ela! – é fundamental. Este preceito, o do bem comunicar uma ideia, é tido como dogma por mim.

Eu espero sinceramente que você, que lerá as linhas a seguir, encontre páginas que informem e entretenham. A vida é curta demais para arrazoados infindáveis e indecifráveis.

PARTE 1

O OVO DA SERPENTE: CONTROLE, PARLAMENTARISMO E *IMPEACHMENT*

Controlar faz bem. Essa frase curta parece um clichê aos olhos de 2025: nos parece indiscutível que um governante tenha restrições formais, normativas e sociais para exercer seu poder. Dito de outra forma: o governo pode muito, mas não pode tudo. Ele deve ser restrito (em maior ou menor grau). Ele deve ser acompanhado de perto por instituições de controle – administrativas, políticas e sociais. O governo deve agir de forma aberta, transparente, dado que se utiliza de recursos públicos e dado que sua ação gera repercussões diretas na sociedade.

Sabemos de tudo isso, com clareza, desde os escritos de Weber, nos primeiros anos do século passado (LOUREIRO; ABRUCIO; PACHECO, 2010).

É impensável, no presente, que um governante tenha total liberdade de ação. Todos sabemos o que ocorre quando um governante usa e abusa de seu poder: não faltam exemplos do presente para o que esse excesso de liberdade do governante gera de negativo em uma sociedade. Governos autoritários, sejam eles de extrema-esquerda ou de extrema-direita (mais comuns em democracias do Ocidente no passado recente), causam destruições generalizadas.

Controlar faz bem justamente porque, com um controle bem desenhado e, muito importante, bem acompanhado pela sociedade, um governante tem sua ação maximizada para efeitos sociais positivos. Controlar é um ato democrático.

Tanto a ação democrática quanto o ato de controlar o governante são frutos de séculos de luta. Cumpre um breve sobrevoo sobre essa luta centenária. À luz do histórico do instituto do *impeachment* – instrumento máximo de controle de um governante – que pesquisamos no passado recente (VILLAVERDE, 2019), introduzimos aqui este sobrevoo.

Desde o século XIV que, na Inglaterra, havia o embate entre os controlados e o soberano: é dos anos 1370 o instituto do *impeachment* no Parlamento (PRESTWICH, 2014). Ao final do século XVI, o rei Jaime IV da Escócia teorizou que os monarcas gozavam de liberdade máxima, enquanto a sociedade – os súditos – eram os restringidos: a ideia é que Deus escolheu quem há de reinar (RIBEIRO, 2022).[1]

O advento do império das leis – e da Constituição, em particular – foi uma das grandes molas propulsoras da modernidade (VILHENA, 2018): apenas quarenta anos depois da teoria pró-monarquia de Jaime I, a Inglaterra assistiria ao *impeachment* do Conde de Strafford por ter defendido um "governo arbitrário e tirânico contra as leis" (BERGER, 1973).

Pouco depois, a 1651, Thomas Hobbes apresenta em *O Leviatã* a ideia do contratualismo: o contrato fechado entre a sociedade e seu soberano. Trata-se de uma evolução intelectual extraordinária. Embora estivesse escrevendo da França (devido à imensa crise social que ocorria em seu país natal, a Inglaterra), *O Leviatã* é publicado primeiro em inglês e em Londres, provocando grande impacto de imediato (WOOTTON, 2015, p. 288).

A evolução da ideia de controle da sociedade sobre o soberano e, em seguida, sobre a administração geral do Estado passou pela superação da noção cristalizada em ideologia religiosa. Agora, o conhecimento deveria passar por uma série de testes científicos. Ademais, a inquietação intelectual sobre o estado da natureza, da sociedade e dos cosmos ganhava asas para fluir. O conhecimento passava a circular e a observação da realidade ganhava, enfim, centralidade no avanço das sociedades. Como conta David Wootton em seu saboroso livro sobre a revolução científica, a própria disseminação do termo "fato" foi ponto-chave para a consolidação científica: a vitória da realidade (ainda que constantemente transformada por ação coletiva) sobre a fantasia.

Aliás, é incrível notar que foi também Hobbes, esse notável pensador inglês que revolucionou os estudos sociais, quem primeiro introduziu o termo *"fact"* (fato) em inglês: em seu *Elementos da lei, da natureza e da política*, escrito em 1640 e publicado em 1650 (um ano

---

[1] Apenas cinco anos depois de publicar suas ideias equiparando os monarcas a Deus, Jaime IV tornou-se rei da Inglaterra, adotando o nome de Jaime I (RIBEIRO, 2022).

antes de *O Leviatã*). "Hobbes foi secretário de Francis Bacon, mas ele também conheceu Galileu, a quem ele inquestionavelmente admirava; um dos dois ou ambos possivelmente estavam por trás de seu uso do termo 'fato'", conta Wootton (2015, p. 286). O termo já começara a se difundir em fins do século XV na Itália e na França, e sua chegada na Inglaterra, por meio de Hobbes, marca essa transição de um período impressionista para um período científico, em que a realidade se impõe. As teorias de transformação social, do liberalismo ao marxismo, só poderiam ocorrer a partir da revolução científica, e esta só poderia de fato se universalizar com o advento da imprensa (com jornais e livros circulando em grande escala) e a difusão desta nova palavra: "fato".

Quarenta anos depois do imenso impacto causado por Hobbes, a Inglaterra passara por transformações ainda mais poderosas: em 1689, ocorre a chamada "revolução inglesa", com a separação definitiva entre a administração pública, organizada em leis e toureada pela política chancelada de forma popular, e a monarquia. É nesse momento que, observando o que ocorria ao seu redor, o pensador inglês John Locke vai aprofundar a evolução teórica – com implicações práticas imediatas – de um governo controlado pela sociedade, com subjeção do Executivo pelo Legislativo (WEFFORT, 2011). Na mesma época, isto é, fins do século XVII, os partidos políticos já estavam devidamente institucionalizados, tanto na situação quanto na oposição (DALLARI, 2016), o que demarca relativamente bem como os conflitos políticos envolvendo a ação do Estado passaram a ocorrer.

Através dos princípios de um direito natural, preexistente ao Estado, de um Estado baseado no consenso, de subordinação do Poder Executivo ao Poder Legislativo, de um poder limitado, de direito de resistência, Locke expôs as diretrizes de um Estado liberal (BOBBIO, 2000).

Mudanças institucionais no regime político inglês, com ampliação do controle sobre o Estado e liberdades sociais crescentes a partir de meados do século XVII, foram fundamentais para o desenvolvimento daquele país (NORTH, 2018).

> Os revolucionários [ingleses de 1688-92] buscavam *conter o poder arbitrário* (...) então firmaram-se a supremacia parlamentar, *o controle (parlamentar) centralizado em assuntos financeiros*, o cerceamento das prerrogativas régias, a independência do Judiciário (pelo menos em relação à Coroa) e a supremacia dos órgãos de justiça (NORTH, 2018, p. 232, destaques nossos).

No início do século XVIII, portanto, a Inglaterra já tinha colocado de pé um governo completamente diferente daquele que vigorara durante toda a Idade Média: em vez de um soberano descontrolado, passando o poder de forma hereditária, distribuindo benesses ou coagindo a sociedade sem qualquer transparência ou debate (prévio, concomitante ou posterior) e promiscuamente ancorado em uma visão essencialmente religiosa de andamento social, agora, estava em situação oposta. O instrumento de *impeachment* já existia há mais de três séculos, ameaçando com expulsão de cargos públicos aqueles representantes que cometiam delitos; o surgimento da imprensa permitia, por meio de jornais e livros, a disseminação de conhecimento científico e a perseguição da verdade, por meio da observação da realidade e da vitória dos "fatos" sobre a fantasia. O debate social era intermediado por partidos políticos que emanavam os anseios das diferentes classes sociais.

Montesquieu olha para a Inglaterra de seu tempo quando escreve sua obra máxima: *O espírito das leis*, de 1748. Ele caracteriza o Estado como "uma sociedade onde existem leis", e a liberdade, como o instituto de "poder fazer o que se deve querer". Ele aponta para a importância de se controlar o poder do Estado, num salto argumentativo importante e moderno:

> A experiência eterna nos mostra que todo homem que tem poder é sempre tentado a abusar dele; e assim irá seguindo até que se encontre limites. E – quem o diria! – até a própria virtude tem necessidade de limites (MONTESQUIEU, 2002, p. 129).

É justamente para controlar o poder que o pensador político francês defende a Constituição, um contrato legal que subordina a ação do Estado perante a sua sociedade. Montesquieu, então, analisa a Inglaterra e percebe ali três poderes: o Legislativo ("o príncipe ou magistrado cria as leis para um tempo determinado ou para sempre, e corrige aquelas que já estão feitas"); o Executivo ("que determina a paz ou a guerra, envia ou recebe embaixadas, estabelece a segurança, previne as invasões") e o que ele chama de "Executivo com poder de julgar", que seria o Judiciário (responsável pela punição dos crimes ou que "julga as questões dos indivíduos").

Para que se tenha "liberdade política", diz Montesquieu, "cumpre que o governo seja de tal modo que um cidadão não possa temer outro cidadão". O povo, para ser livre, deve exercer seu poder por meio dos seus representantes no Legislativo.

O constitucionalismo surge como fenômeno histórico-político, cuja função consiste em limitar e racionalizar o poder político, estabelecendo todas as regras normativas a partir das quais o Estado pode agir. Ademais, é o constitucionalismo que impõe limites ao poder soberano, mediante a divisão de poderes (ABBOUD, 2016; DALLARI, 2016).

Justamente a partir daquele momento que textos icônicos distribuídos em diversos países (notadamente Suécia, Inglaterra e França) e constituições de um único documento destinadas a restringir governos tornaram-se mais numerosos (COLLEY, 2022). Quinze anos depois, na Rússia, a rainha Catarina II escreve o *Nakaz* ou Grande Instrução e prevê que "a igualdade dos cidadãos consiste em estarem todos eles sujeitos às mesmas leis" (COLLEY, 2022, p. 78).

É nesse contexto que, a 1762, Jean Jacques Rousseau publica seu *Contrato social*, em que estipula uma espécie de pacto social entre a sociedade e seu soberano: em vez de cessão de direitos a um governante, caberia à sociedade pactuar com o governante. O corolário disso é que a sociedade, para Rousseau, ganha contornos de poder de controlar efetivamente como o poder é exercido.

> Rousseau previne o seu leitor, no entanto, que os magistrados (governo) incumbidos de aplicar as leis estão sempre reunidos e partilham interesses próprios, distintos do interesse público. Enquanto isso, os cidadãos estão dispersos cuidando de seus afazeres. A consequência seria uma constante ação por parte dos magistrados para sobrepor os seus interesses privados aos interesses gerais dos cidadãos. Essa seria a causa fundamental da degeneração das constituições democráticas. Para combatê-la, *os cidadãos deveriam permanecer sempre reunidos e em alerta (...) A participação e a vigilância dos cidadãos serão a única forma de lutar pela integridade da vontade geral* (VILHENA, 2018, p. 115, destaques nossos).

Um pouco mais adiante no tempo, a 1787, nos Estados Unidos, surge a Constituição americana, forjada majoritariamente por militares que tinham combatido o império inglês e que buscavam, fundamentalmente, uma forma de governo que afastasse o risco de repetir em solo americano o poder do soberano inglês (LEVITSKY; ZIBLATT, 2018, p. 99).

Montesquieu influenciará muito os pensadores americanos quando da formulação da Constituição de 1787 (SUNSTEIN, 2017), seguida pelos textos dos federalistas, que foram produzidos para "convencer" as lideranças regionais quanto à necessidade de uma regra maior e unitária. Com a Constituição dos Estados Unidos, enfim aprovada universalmente pelos 13 estados originais em 1789, é criado algo inédito então: uma república com regras de monarquia, com presidencialismo no Executivo e uma federação de estados, todos com o controle pelo Legislativo eleito pelo voto popular (na Câmara dos Deputados) e equilibrado pela casa maior (o Senado, responsável pela representação igualitária dos estados), e o poder Judiciário, formado a partir da criação da Suprema Corte (curiosamente instaladas 29 inicialmente no mesmo prédio onde ocorreram os debates da convenção da Filadélfia, que gerariam a Constituição). Cabe à Suprema Corte o papel de guardiã da Constituição, enquanto o Executivo tem poderes relevantes – e crescentes –, e o controle deste é feito a partir do Legislativo e da imprensa.

> Benjamin Franklin, Alexander Hamilton e seus colegas pensaram muito sobre impeachment. Na visão deles, o poder de impeachment era central para o estabelecimento de um 'bom governo a partir da reflexão e da escolha'. Sem o poder do impeachment, nós provavelmente teríamos nos negado a ratificar a Constituição. O impeachment reside no coração do esforço intricado e majestoso dos pais fundadores de equilibrar os comprometimentos republicanos, quais sejam, a liberdade, a igualdade e o autogoverno com a crença em um forte e enérgico governo nacional. Eles atingiram esse equilíbrio com diversos mecanismos da Constituição (...). É irônico que o impeachment, visto em 1787 como um componente essencial desse equilíbrio, seja hoje tão pouco compreendido pelas pessoas desse país (SUNSTEIN, 2017, p. 5).

Segundo as anotações de um dos federalistas (James Madison) em seu diário, estabelecer onde se daria o processo de *impeachment* foi "um dos pontos mais intrigantes da Constituição republicana" (WOOD, 2006, p. 65). O longo debate, na Convenção da Filadélfia durante o verão de 1787, terminou com a inclusão, na Constituição, das previsões de que caberia à Câmara dos Deputados abrir o processo de *impeachment* e caberia ao Senado realizar o julgamento, tendo, neste último caso, a sessão presidida pelo chefe da Suprema Corte. Em caso de derrota, o chefe do Executivo teria como punições o afastamento do cargo e a inelegibilidade. Isto é, seriam punições políticas. Para punições penais, caberia novo julgamento na justiça comum.

"Atribuir a um o direito de acusar e a outro o direito de julgar evita o inconveniente de fazer as pessoas acusadoras e julgadoras ao mesmo tempo; e defende contra o perigo da perseguição", defendeu Hamilton, de acordo com *O federalista* (SUNSTEIN, 2017). Esse modelo – em que a Câmara dos Deputados aprova o processo de *impeachment* com uma maioria simples de votos, e o julgamento do processo é realizado no Senado, em sessão presidida pelo chefe da Suprema Corte, estipulando a necessidade de dois terços dos votos para configurar o afastamento e, consequentemente, as punições políticas –, inaugurado em 1787 pelos Estados Unidos, segue o procedimento inglês, com a Câmara dos Comuns abrindo o processo e a Câmara dos Lordes realizando o julgamento.

A relação entre a política e os funcionários públicos seria tema fundamental dos escritos de Woodrow Wilson nos anos 1880, três décadas antes dele assumir a presidência dos Estados Unidos, e também do sociólogo alemão Max Weber, nos primeiros anos do século XX. A forma como Loureiro, Abrucio e Pacheco (2010) demarcam esse debate é especialmente interessante:

> Enquanto Wilson propunha uma complementaridade harmoniosa entre política e burocracia, Weber definia essa relação como um convívio necessário, porém, marcado por tensões. A principal delas está no campo do controle das decisões burocráticas, nas quais Weber já percebera um espaço de grande autonomia para os funcionários públicos (...) *É o tema do controle o principal divisor de águas* da obra dos dois autores. O modelo wilsoniano resolvia o dilema do controle de duas formas. A primeira seria meramente técnica, pela seleção dos melhores e o desenvolvimento da ciência da administração. A segunda seria por meio das eleições, nas quais os cidadãos referendariam ou não as ações governamentais, com impactos sobre a forma como a burocracia implementa as políticas. Nessa concepção, haveria controles *ex ante* (qualidade do recrutamento) e *ex post* (processo eleitoral), mas não ao longo do mandato. *Embora Weber concordasse com esses instrumentos propostos por Wilson, a eles acrescentava mais um, que é central em sua concepção. Tratava-se da criação de mecanismos de controle parlamentares da burocracia, instituindo aí formas de fiscalização ao longo do mandato* (LOUREIRO; ABRUCIO; PACHECO, 2010, p. 13, destaques nossos).

O trecho acima guarda especial interesse porque introduz justamente o conceito do "controle concomitante" ao mandato político. Em vez de entender o mandato como uma carta-branca – que podemos resumir naquela frase típica do eleitor cujo político preferido sofre *impeachment*: "o mandato tem que ser cumprido até o final e qualquer interrupção é golpe" –, a evolução do pensamento social, político e administrativo revela a necessidade de fiscalizações periódicas, que acompanham a duração do mandato. Nesse sentido, o processo de *impeachment* surge como instrumento constitucional, democrático, de maior força: um que não pode ser usado a todo momento, mas, ao mesmo tempo, aquele que está lá, salvaguardando a sociedade de um mandatário(a) que perde as condições políticas de exercício do poder.

Esse controle periódico, concomitante, do mandato não pode ser essencialmente exercido pela política, pensa Weber. Aqui, seguimos com a forma ideal que encontramos em Loureiro, Abrucio e Pacheco (2010):

> Weber deixou uma pergunta sem resposta: como controlar os aspectos técnicos utilizados pela burocracia para os quais os políticos não têm informação ou formação para melhor orientar a fiscalização? A essa pergunta foram dadas três respostas nas últimas décadas. A primeira foi a multiplicação dos mecanismos de controle democrático, particularmente no momento do mandato. *A chamada accountability horizontal, entre instâncias de poder, cresceu muito, o que no caso brasileiro pode ser notado nas ações do Ministério Público, dos tribunais de contas* e do Judiciário, além do próprio Parlamento (LOUREIRO; ABRUCIO; PACHECO, 2010, p. 14, destaques nossos).

A discussão sobre o papel do tribunal de contas será tema principal da parte 4 deste livro. Nos interessa, agora, seguir colocando os tijolos para a estruturação do prédio em que se dará o debate fulcral da tese deste livro. Para isso, devemos focar energias no instituto do *impeachment* e, mais detidamente, sua chegada ao Brasil.

O instrumento do *impeachment* seria copiado – para usar o termo de Sadek (1992) – pelo Brasil a partir de Rui Barbosa, ministro da Fazenda do primeiro governo republicano e patrono de nossa primeira Constituição republicana, de 1891. Como registraria Oliveira Viana, Rui Barbosa ignorava a realidade prática em que a sociedade brasileira estava, estrutural e culturalmente, colocada: acreditava piamente que a simples importação de um arcabouço legal de países desenvolvidos poderia trazer resultados semelhantes por aqui (VILHENA, 2018).

1.1 O parlamentarismo e o presidencialismo

Em sua obra paradigmática, o cientista político Arend Lijphart define claramente como funciona o que ele chama de "modelo de democracia Westminster", isto é, como se organiza o sistema político inglês, pedra fundamental do parlamentarismo no mundo. É um modelo que resulta de 50 anos de pesquisas e observações da realidade prática. São dez as variáveis de análise no modelo de Lijphart, mas o que mais nos interessa, dado o tema em tela, são quatro desses pontos. Apresentamos, a seguir, um breve resumo do que consta em Lijphart (2019, p. 32-39):

(i) *concentração do Poder Executivo em gabinetes unipartidários*: o gabinete do primeiro-ministro lidera o governo e conta, via de regra, com um único partido – necessariamente aquele que detém a maior parte dos parlamentares no Legislativo. Isso dá dinamismo ao Executivo, além de, obviamente, garantir uma taxa de sucesso mínimo para suas proposições no Legislativo, dado que ele comanda a maior parte dos votos. Esse modelo funcionou relativamente bem por muito tempo, em especial no período que vai de 1940 a maio de 2010, quando o gabinete passou a ser formado por coalizões. Os problemas vieram, mesmo, a partir da desordem política pós-Brexit, de 2016;

(ii) *gabinete dominante*: quando o gabinete é composto de líderes de um partido com maioria coesa na Câmara dos Comuns, geralmente possui o apoio da maioria e tem segurança de que permanecerá no cargo e de que suas propostas legislativas serão aprovadas. Mesmo durante o teste de estresse dessa variável, nos anos caóticos do pós-Brexit, o gabinete do Executivo resistiu a moções de desconfiança (equivalente ao *impeachment*) do Legislativo no Parlamento;

(iii) *sistema bipartidário*: a política britânica é basicamente uma disputa entre o Partido Conservador (apelido de Tory) e o Partido Trabalhista. Foram eles que dominaram os diferentes governos, de forma isolada, entre 1940 e 2010. A partir de 2010, no entanto, foi necessário formar coalizão para governar (no caso, entre os conservadores e os liberais democratas). A maior parte da população, no entanto, continua a concentrar seus votos nos dois principais partidos;

(iv) *pluralismo de grupos de interesse*: "Ao concentrar o poder nas mãos na maioria, o modelo de democracia de Westminster estabelece um padrão governo-versus-oposição que é competitivo e combativo" (LIJPHART, 2019, p. 38). A competição e o conflito caracterizam um sistema "radicalmente" pluralista. Há múltiplos grupos de interesse exercendo pressão sobre o governo de maneira descoordenada e competitiva. O oposto do pluralismo seria o corporativismo de poucos (e organizados) grupos de interesse, que costumam reunir integrantes do governo, sindicatos de trabalhadores e patronais e algumas organizações sociais – estes todos, juntos, tendem a buscar concertações e arranjos "por cima".

Há questões acima que guardam grande interesse para nossa análise. De maneira resumida, fica claro que o modelo britânico funcionou relativamente bem por vários séculos, estando assentado em crescentes ganhos de acesso democrático a diferentes grupos sociais, que foram aumentando a sua representação no Parlamento. Notadamente a partir de 1940, quando o Reino Unido passa a liderar na Europa Ocidental o combate ao fascismo e ao nazismo na Segunda Guerra Mundial, e maio de 2010, o governo inglês obteve extraordinários resultados econômicos e políticos, estando assentado em um modelo de parlamentarismo que combina apenas dois partidos grandes, com Executivo unipartidário, gabinete dominante e pluralismo de grupos de interesse.

Como apontamos em Villaverde e Brandão (2022), mesmo modelo foi verificado na Espanha do pós-fascismo: de 1978 até 2015, o parlamentarismo espanhol contou com apenas dois partidos grandes que se alternavam no poder (PSOE, à esquerda; PP, à direita), com Executivo unipartidário, gabinete dominante e pluralismo de grupos de interesse.

Esse modelo, aliás, permite explicar boa parte da estabilidade de outro sistema – o presidencialismo – nos Estados Unidos. De 1789 até o presente, o governo americano sempre foi ocupado pelo vitorioso de uma disputa entre apenas dois partidos (que, desde meados do século XIX, são Republicanos e Democratas). Assim sendo, eis que, mesmo no presidencialismo, essa combinação entre apenas dois partidos grandes, com Executivo unipartidário, gabinete dominante e pluralismo de grupos de interesse, permitiu relativa estabilidade política por um tempo histórico largo.

Os ruídos no modelo de democracia de Westminster, mas também na Espanha e nos Estados Unidos, começaram recentemente: no caso inglês, com o Brexit em 2016; no caso norte-americano, com a eleição de Donald Trump no mesmo ano; no caso espanhol, com a ruína do governo de Mariano Rajoy, do PP, entre 2015 e 2016. A coincidência de datas é incrível. A coincidência com a explosão de redes sociais e o uso de *smartphones* tem levado a um *boom*, na literatura de sociologia e ciência política, sobre uma correlação entre fricções políticas e o uso disseminado e não regulado de redes sociais.

Mas não só no marco temporal que há um padrão nas fricções políticas. No caso inglês, os Conservadores estavam já há seis anos em um atípico governo de coalizão, com os liberais democratas. A perda de representatividade – na centro-esquerda e na centro-direita – levou ao surgimento (ou ao fortalecimento) de siglas essencialmente identitárias (como de movimentos nacionalistas) ou mais radicais no espectro político. Isso foi especialmente verdadeiro no caso espanhol, em que o PSOE, de centro-esquerda, perdeu *momentum* durante a década de 2010 para uma sigla claramente mais à esquerda (Podemos), enquanto o PP, de centro-direita, viu seu eleitorado migrar em parte para uma nova sigla de direita (Ciudadanos), e outra, essencialmente fascista (Vox). Já nos Estados Unidos, presidencialista, os ruídos não envolveram o surgimento de novas siglas, mas a tomada de assalto de uma das duas – os Republicanos – por parte de um grupo político assemelhado ao fascismo (encarnado por Donald Trump). Moções de desconfiança e *impeachments* foram o corolário desse caos verificado no Reino Unido, na Espanha e nos Estados Unidos a partir de 2016.

Consideramos importante ter clareza sobre esses modelos – como eles funcionam e como eles fracassam – agora que migraremos para o caso brasileiro.

> Os sistemas de governo parlamentarista e presidencialista têm três diferenças cruciais. A primeira delas é que no sistema parlamentarista o chefe de governo – que tem vários títulos oficiais, como primeiro-ministro, *premier*, chanceler (...) – e seu gabinete são responsáveis perante o Legislativo, no sentido de que dependem da confiança do mesmo e podem ser demitidos do cargo por um voto legislativo de desconfiança, ou de censura. No sistema presidencialista, o chefe de governo – sempre chamado de presidente – é eleito por um período fixo previsto na Constituição, e em circunstâncias normais não é obrigado a renunciar se houver um voto legislativo de desconfiança (*embora possa ser afastado por um delito*

> *criminal por meio de um processo de impeachment*). A segunda diferença entre os governos presidencialistas e parlamentarias é que *os presidentes são eleitos pelo voto popular*, diretamente ou por intermédio de um colégio eleitoral presidencial eleito popularmente, e *os primeiros-ministros são selecionados pelo Legislativo* (...) A terceira diferença fundamental é que os sistemas parlamentaristas têm Executivos colegiados ou coletivos, ao passo que no sistema presidencialista o Executivo não é um colégio, mas ocupado por uma só pessoa (...) *As decisões mais importantes nos sistemas parlamentaristas são tomadas pelo gabinete como um todo, e não só pelo primeiro-ministro; nos sistemas presidencialistas as decisões mais importantes podem ser tomadas pelo presidente*, com ou sem, e até mesmo contra o posicionamento dos demais membros do gabinete (LIJPHART, 2019, p. 136-137, destaques nossos).

No Brasil, a troca do parlamentarismo pelo presidencialismo se deu no susto, a partir da tomada do poder pelo marechal Deodoro da Fonseca, em 1889, e pela Constituição de 1891. À luz das quatro variáveis que invocamos do modelo de Lijphart (2019) para avaliar o que ele chamou de democracia de Westminster, eis que temos uma situação idiossincrática para o sistema de governo brasileiro.

De partida, eis que tanto a II República (1945-1965) quanto a III República (inaugurada com a redemocratização de 1985) foram assentadas em um modelo pluripartidário em vez de bipartidário. O Executivo nunca foi, em tempos democráticos, unipartidário, mas, sim, fruto de coalizões entre, no mínimo, mais um partido, além daquele do presidente eleito. O gabinete de governo nunca foi dominante: o Congresso Nacional invariavelmente exerceu força sob o Executivo, em maior ou menor grau. Foram três os processos de *impeachment* votados no Congresso contra chefes do Executivo, sendo um na II República (contra Getúlio Vargas, em 1954) e dois na III República (Fernando Collor, em 1992; Dilma Rousseff, em 2015-2016). Além disso, o pluralismo de grupos de interesse é um fenômeno relativamente novo na organização política brasileira: via de regra, o sistema político respondeu a um grupo pequeno e organizado de pressão.

1.2 O parlamentarismo e o presidencialismo: disputa secular brasileira

É digno de nota o ensaio em que o modernista Paulo Prado, escrevendo em 1926, rememora que durante o Segundo Reinado ocorrera a "comédia do parlamentarismo à inglesa". A mudança de sistema de governo, para o presidencialismo, gerou vitalidade inicial... e apenas isso, segundo Prado:

> Além das leis liberais, que eram votadas como se se destinassem ao mais esclarecido dos condados da Inglaterra, e além dos discursos de admirável eloquência parlamentar, só nos ficou, talvez, dessa época falsa e estéril, a consolidação da unidade nacional e a abolição. Apenas duas datas para um longo reinado. O país desconhecia geralmente o que fosse administração pública (...) A questão militar, mal de nascença de que nunca se curou o país, a desorganização dos partidos, as falhas da administração, o romantismo da abolição, a desordem geral dos espíritos – fizeram a República (...) O profundo abalo da mudança da forma de governo, a inevitável transmutação de valores sociais e políticos, deram a princípio uma aparência de vitalidade ao organismo nacional. Mas não estava longe o atoleiro em que hoje chafurdamos (PRADO, 2011, p. 140).

O ensaio de Paulo Prado, escrito há quase um século, termina com um chamado à revolução, de forma a sacudir o estado de coisas do país. Ela viria logo depois, em 1930. O presidencialismo ganharia, então, um novo significado.

A forma como o presidencialismo funciona por aqui é, no entanto, idiossincrática. Enquanto, nos EUA, o presidencialismo funciona desde o princípio com apenas dois partidos tendo representatividade (que são, desde 1850, os Republicanos e os Democratas), por aqui o presidencialismo opera com uma miríade de agremiações representadas no Congresso. Desde o fim da Segunda Guerra Mundial, como diagnosticou Abranches (2018), há entre o Executivo e o Legislativo o modelo do "presidencialismo de coalizão". Basicamente, o presidente precisa montar uma coalizão de partidos de forma a ter maioria congressual, a fim de passar projetos de lei de seu interesse – ou, no mínimo, para evitar um *impeachment*.

> O Brasil é o único país que, além de combinar a proporcionalidade, o multipartidarismo e o "presidencialismo imperial", organiza o Executivo com base em grandes coalizões. A esse traço peculiar da institucionalidade concreta brasileira chamarei, à falta de melhor nome, "presidencialismo de coalizão" (ABRANCHES, 1988, p. 21-22).

O presidencialismo de coalizão vem ficando mais complexo com o passar do tempo. O número de partidos (grandes, médios, pequenos e minúsculos) com representação no Congresso foi aumentando dramaticamente. Ainda no começo do presidencialismo à brasileira, o deputado federal paraibano Osvaldo Trigueiro, da União Democrática Nacional (UDN), fez um diagnóstico preciso:

> Como nenhum partido [sozinho] está em condições de eleger presidentes, senadores, governadores e prefeitos, as coligações de partidos, dando lugar às mais variadas, imprevistas ou mesmo absurdas combinações, tornam-se não apenas prováveis como imprescindíveis (MELO, 2019, n.p).

Nos anos da II República, entre 1945 e 1965, eram basicamente três partidos grandes – Partido Trabalhista Brasileiro (PTB), à esquerda; Partido Social Democrático (PSD), ao centro; UDN, à direita), com algumas siglas de tamanho pequeno servindo para fortalecer alguma maioria oportunista – caso do Partido Social Progressista (PSP), de Adhemar de Barros e Café Filho. Como "partido âncora" – ou "pivô" entre a esquerda e a direita, para usarmos a nomenclatura de Singer (2018) –, o PSD servia de ponto de equilíbrio inescapável à governabilidade e, portanto, ao bom funcionamento do presidencialismo. A ditadura extingue os partidos no fim de 1965, colocando em suspenso o modelo de presidencialismo até 1980, quando o regime em seus estertores permite a volta da livre organização partidária. É quando ressurge o presidencialismo de coalizão.

De 1981 até o presente, o jogo ficou mais complexo. Resta claro que na III República, que nasce com a redemocratização, o Partido do Movimento Democrático Brasileiro (PMDB) exerceu o papel de pivô que cabia ao PSD anteriormente. Era necessário ter o PMDB como aliado para garantir o bom funcionamento do sistema. Mas, de partida, a esquerda passou a ter pelo menos dois partidos relevantes – o Partido dos Trabalhadores (PT), de Lula; e o Partido Democrático Trabalhista (PDT), de Leonel Brizola), e a direita passou a ter agremiações igualmente robustas no jogo institucional – como o Partido Progressista Brasileiro (PPB), de Paulo Maluf; e o Partido da Frente Liberal (PFL), de Marco Maciel, Jorge Bornhausen e Antônio Carlos Magalhães). Com o passar dos anos, mais siglas foram surgindo, de variados tamanhos: de partidos grandes, como o Partido da Social-Democracia Brasileira (PSDB), a partidos médios, passando por pequenos e até minúsculos.

No século XXI, o presidencialismo de coalizão continua soberano, mas são quase 30 as siglas com representação no Congresso Nacional. Temos, segundo Nicolau (2017), a maior proliferação partidária de todo o mundo.

> Nosso presidencialismo de coalizão funciona. O problema nessa interpretação, no entanto, é que, para garantir a tão falada "governabilidade", mantendo a lealdade de sua base de governo para, assim, aprovar a agenda legislativa, o presidente da República tem que fazer muitas concessões: nomeações de apadrinhados para cargos comissionados e diretorias de estatais, execução de emendas parlamentares e até mesmo certa leniência com a corrupção. Para agravar a situação, como as coalizões governamentais não são montadas com base no alinhamento de visões ideológicas, essas negociações precisam ser feitas no varejo (CARAZZA, 2018).

São diversos os empecilhos colocados ao parlamentarismo no Brasil. Alguns são conhecidos, como a ojeriza das Forças Armadas ao regime de soberania parlamentar (NÓBREGA, 2011).

Resta claro, no entanto, que o "embate" entre parlamentaristas e presidencialistas sempre esteve presente em nossa arena pública. Mais que isso: ele moldou a forma como o governo brasileiro atuou na II República (1945-1965) e na III República (pós-1985).

Em Villaverde (2019), discutimos como se deu a introdução do debate sobre *impeachment* em nossa primeira Constituição republicana e naquelas que a sucederam, em especial na de 1946 e na de 1988. No primeiro caso, 1946, a importância analítica se dá porque vem dela a Lei nº 1.079, que regulamenta o instrumento do afastamento constitucional do presidente da República: a lei, de inspiração parlamentarista (VILLAVERDE, 2019; MAFEI, 2021; BANDEIRA DE MELLO, 2024), foi sancionada pelo presidente Gaspar Dutra a 10 de abril de 1950 e permanece em vigor até hoje. Diferentes decisões do Supremo Tribunal Federal, notadamente aquela em 1992 que ensejou o amparo legal do *impeachment* de Fernando Collor, deram guarida ao entendimento de que a lei permanece válida para *impeachment* até que uma nova seja aprovada pelo Congresso Nacional.

Desde a II República, introduzida com a redemocratização de 1945 e destruída pelo golpe militar de 1964, seguido do Ato Institucional nº 2 (AI-2), que extinguiu os partidos políticos (outubro de 1965), que temos no Brasil uma espécie de "mistura" entre o regime presidencialista de governo com o regime parlamentarista. Não só percorremos um período efetivamente parlamentarista (entre setembro de 1961 e fevereiro de 1963) como, também, tivemos sempre uma força política muito importante – dentro do Congresso Nacional – favorável ao parlamentarismo. Isso também é verdade na III República, aquela inaugurada com a redemocratização de 1985.

> Uma diferença importante entre os dois regimes é que o presidencialismo é bom para *eleger* um governante com legitimidade, enquanto o parlamentarismo é ótimo para *tirar* um dirigente que tenha perdido o apoio popular. Neste último, a destituição se efetua com pouco ou nenhum trauma (...) O presidencialismo garante a mais democrática *escolha* do governante, porque (...) o mais votado sempre vencerá; já o parlamentarismo permite a menos traumática *destituição* do governante, e também a mais democrática, porque, no fundo, o eleito é um partido ou uma coligação, não um indivíduo (RIBEIRO, 2022, p. 62-63).

A Constituição de 1988 prevê rigorosamente o mesmo funcionamento do processo de *impeachment* que vem desde a Carta de 1946. E, tal qual aquela, veio imersa do debate que "mistura" componentes do parlamentarismo no regime presidencialista. Como rememora o ex-presidente Fernando Henrique Cardoso, que foi constituinte:

> Na Constituinte voltamos ao debate (...) sobre o sistema: presidencialista ou parlamentarista? A questão central é a do ovo e da galinha: sem partidos, como criar um sistema de partidos, como é o parlamentarismo? Por outro lado, como criar partidos que representem os diversos setores da sociedade, seus pensamentos e interesses, quando "autenticamos" o sistema tradicional com ênfase no Poder Executivo? (...) criamos um sistema esdrúxulo: parte da Constituição supõe um regime de gabinete e, no final, se aprovou o presidencialismo. Apesar da mudança final, o texto reflete certa ambiguidade (...) Como determinado pela Carta, cinco anos depois de sua promulgação foi feita uma consulta aos eleitores, que se definiram pelo presidencialismo. Não obstante, a Constituição havia sido escrita em momento no qual parecia haver tendência ao parlamentarismo (...) O resultado foi o de uma Constituição com resquícios de um futuro poder parlamentar e a manutenção da tradição cultural e de decisão da regra votada, finalmente, em favor do presidencialismo (CARDOSO, 2021, p. 206).

Essa "mistura" entre dois regimes gera idiossincrasias para a forma de governo no Brasil pós-1988. Uma delas é o instituto da medida provisória, uma espécie de proposta de lei, mas que apenas o Executivo tem a prerrogativa de formular e, mais do que isso, entra em vigor imediatamente. Com a palavra, outro ex-presidente da República que também fora constituinte, Michel Temer, do MDB:

> De que outras disposições [constitucionais] o senhor não gosta?
> *Michel Temer*: Da medida provisória. Eu sempre combati, na medida em que ela era pior do que decreto-lei, porque no primeiro momento ela poderia versar sobre qualquer matéria. E o decreto-lei tinha limites. Ela entrou no bojo de um projeto parlamentarista, com o qual é compatível, mas acabou ficando quando prevaleceu o presidencialismo, como meio de fortalecer o Poder Executivo (MAKLOUF, 2018, p. 398).

Durante todo o primeiro ano da Constituinte, instalada a 1º de fevereiro de 1987 e presidida por Ulysses Guimarães, do MDB, o projeto de Constituição tinha clara maioria parlamentarista. Havia, inclusive, entendimento entre os principais parlamentares com o presidente José Sarney, também do MDB, para que o parlamentarismo fosse o regime a ser introduzido quando da promulgação da nova Constituição (MAKLOUF, 1988). Mas depois o quadro virou.

> *Em determinado momento da Constituinte, o senhor disse ao PMDB, através do senador José Richa, que era muito seu amigo, que aceitaria o parlamentarismo, sob determinadas condições. Euclides Scalco foi encarregado de ouvir Covas, que estava convalescendo de um infarto em São Paulo, e Covas disse que não.*
> *José Sarney*: O Scalco foi fundamental nessa articulação.
> *Qual é a sua versão dessa história?*
> *Sarney*: Essa proposta de parlamentarismo me veio trazida pelo Zé Richa, e pelo Cid Carvalho (...) O Zé Richa me disse: "Nós fazemos cinco anos, aprovamos e no último ano nós fazemos uma preparação para implantar o parlamentarismo." (...) Eu disse: "Eu não tenho nenhuma ambição de poder. Eu quero realmente evitar que o país degringole". A situação que eu vivi, naqueles cinco anos, não foi fácil; foi muito difícil. Naquele tempo, o pessoal esquece, as Forças Armadas não tinham voltado ainda aos quartéis, ainda estavam muito atuantes (...) Eu aceitei a proposta [do parlamentarismo] que eles me trouxeram e autorizei que fizessem a negociação. Eu sempre fui parlamentarista. E ainda disse: "Eu ficarei muito feliz, porque vou deixar o país parlamentarista". Muito bem. Fiquei esperando a resposta deles. Depois eu soube que o Covas vetou (MAKLOUF, 2018, p. 52-53).

Embora o regime estivesse aprovado em votação nas comissões específicas da Constituinte no segundo semestre de 1987 e contava com apoio das lideranças do PMDB, incluindo o presidente da República, o parlamentarismo deu em água. De acordo com diversas fontes, notadamente Fernando Henrique Cardoso (MAKLOUF, 2018) e Nelson Jobim (MAKLOUF, 2018), a razão principal se deu por questão eleitoral: havia expectativa generalizada quanto às eleições presidenciais – diretas – para presidente da República, a serem realizadas em 1988 ou em 1989 (como viria a ser definido). Com isso, a pressão de lideranças que percebiam chance real de vencer a disputa acabou reduzindo o ímpeto parlamentarista que estava latente no Congresso Nacional. Vale destacar que os principais partidos já tinham, em fins de 1987, seus nomes colocados para a disputa presidencial: Leonel Brizola (PDT), Lula (PT) e uma disputa aberta, ainda que velada, no PMDB, entre Ulysses Guimarães e Mário Covas. Este, em meados de 1988, deixaria o partido para fundar um próprio, o PSDB – e ambos, Ulysses e Covas, seriam candidatos presidenciais.[2]

O relator da subcomissão específica para discutir sistema de governo era o senador José Fogaça, do MDB-PMDB do Rio Grande do Sul:

> Eu apresentei uma proposta de parlamentarismo francês, com quatro anos de mandato. Passou apertado, mas passou. Se chegasse ao final, nós teríamos um país com o presidente da República quase totalmente destituído de poderes (MAKLOUF, 2018, p. 147).

A despeito da aprovação do parlamentarismo, o jogo mudou em prol do presidencialismo a partir da passagem de ano. Ao final, a 22 de março de 1988, na chamada "reta final" dos trabalhos, o sistema de governo efetivamente aprovado foi o presidencialismo.

1.3 O *impeachment* no Brasil

Segundo anotou o relator do Projeto de Lei do Senado (PLS) de número 22, o maranhense Valdemar Pedrosa (do antigo PSD), o *impeachment* "é uma instituição de direito constitucionalista que reveste uma característica eminentemente política" (BRASIL, 1948). A manifestação

---

2 A parte 5 da presente tese será especialmente dedicada aos principais partidos políticos, além das principais centrais sindicais, dada a metodologia empregada para a pesquisa da tese.

do senador é importante: foi produzida em julho de 1948 após dois anos de trabalhos intensos na mesma legislatura que formulara a Constituição de 1946. O trabalho do PLS nº 22 era, afinal, produzir a lei que regulamentava o instrumento constitucional do *impeachment*.

Tratava-se de uma legislatura especial: entre os constituintes estavam, também, os escritores Gilberto Freyre e Jorge Amado; o ex-presidente Getúlio Vargas; ex-ministros, como Gustavo Capanema; e o líder parlamentarista Raul Pilla, do Rio Grande do Sul. Como principal proponente do parlamentarismo, Pilla conseguiu arregimentar nada menos do que 110 deputados entre os 304 que existiam então (VILLAVERDE, 2019). Uma quantidade expressiva, que indicava claramente a força do parlamentarismo quando da produção do PLS nº 22, mas não suficiente para mudar o regime presidencialista.

O PLS nº 22 seria aprovado pelo Congresso com folga, em fins de 1949, e viria a se transformar na Lei nº 1.079: justamente a "Lei do *Impeachment*", em vigor até hoje.

O *impeachment* presidencial foi testado logo na "infância" da Lei nº 1.079: contra o presidente Getúlio Vargas, no início de 1954 (LIRA, 2014; VILLAVERDE, 2019). Como vimos em Villaverde (2019), quando três profundos estudos de casos sobre os *impeachments* presidenciais foram produzidos, o caso contra Vargas é especialmente pedagógico: o modelo teórico clássico do *impeachment* (BAUMGARTNER; KADA, 2003) indicaria que, tal como com Collor e com Dilma, era esperado que Vargas fosse impedido de continuar na Presidência. Mas ele permaneceu no cargo. Venceu o *impeachment*. A pesquisa em Villaverde (2019) indica a razão: o tempo de mandato. Enquanto Collor e Dilma tinham a maior parte do mandato para cumprir, Vargas, em junho de 1954, estava apenas 17 meses distante do fim de seu mandato. Isso reduzia os incentivos para os parlamentares cruzarem o rubicão (VILLAVERDE, 2019; BANDEIRA DE MELLO, 2024).

Grave e sempre traumático (VILLAVERDE, 2019), o *impeachment* significa, sempre, a inabilitação de milhões de votos e conexões construídas no tecido social pelos partidos políticos e pelo cidadão (TAVARES, 2016). Dada essa característica ao instrumento de controle do soberano em regimes presidencialistas, o *impeachment* não pode ser compreendido ou usado como um "voto de desconfiança" dos parlamentares ao chefe do Executivo, como ocorre nos regimes parlamentaristas.

> Não se pode subverter nosso sistema para atender ao desejo de fazer uso do (e instaurar o) voto de desconfiança, típico de modelos parlamentaristas, mas completamente descabido em nosso sistema. Utilizar essas razões para permitir a abertura do processo de impeachment seria atuar completamente à margem da Constituição (...) O impeachment não é um mecanismo para testar novamente o resultado das urnas ou a vontade formalmente manifestada por toda a sociedade. Entende-se, pois, que essas sequer se tornem preocupações manifestas das Casas do Congresso Nacional quando se trata legitimamente de um impeachment. É, em realidade, um mecanismo típico do modelo Presidencialista brasileiro, de defesa da Constituição e, portanto, de suas instituições (TAVARES, 2016, p. 1.060).

O *impeachment* é um procedimento essencialmente político (BROSSARD, 1964; 1992; BLACK, 1974; BONAVIDES; PAES DE ANDRADE, 1991; BAUMGARTNER; KADA, 2003; PÉREZ-LIÑÁN, 2007; GERHARDT, 2018; VILLAVERDE, 2019; TEMER, 2019; BANDEIRA DE MELLO, 2024; PAULINO, 2024). Um presidente pode estar impopular, em meio a uma crise econômica e com um processo robusto diante de si, mas, se a Câmara dos Deputados não abrir um procedimento de *impeachment*, esse presidente hipotético permanecerá no cargo a despeito de tudo. Não faltam exemplos em nossa história. Muita energia sempre é gasta para tentar tornar a análise do *impeachment* algo próxima do direito penal, em que a produção de provas é essencial, de forma a afastar a condenação de um inocente. Essa energia é desperdiçada: o *impeachment* é um procedimento essencialmente político. Isso quer dizer que as provas são secundárias para os deputados que acusam e para os senadores que julgam.

> Quando os presidentes se isolam das forças política e economicamente dominantes, e, pior, quando menosprezam o poder das forças entrincheiradas no Congresso, estão a um passo da renúncia ou do impeachment (escreveu em suas memórias o ex-presidente Fernando Henrique Cardoso (2021, p. 97)).

O trecho acima é digno de nota porque escrito por um ex-presidente da República que fora constituinte e, como se tudo isso não bastasse, foi também figura ativa nos dois processos de impeachment presidenciais de nossa análise: em 1992 e em 2015-2016.

Nosso sobrevoo teórico passará pelo objeto deste livro – o Tribunal de Contas da União – e nosso tema fundamental (o papel do

TCU nos dois impeachments presidenciais). Mas, antes de avançarmos, precisamos, agora, nos determos na metodologia empregada para este esforço argumentativo.

PARTE 2

A METODOLOGIA

Este livro tem como raiz a extensa pesquisa realizada em Villaverde (2019). Naquele trabalho, o método empregado foi de estudo de casos, que podemos resumir – para não retomar toda a explanação contida em Villaverde (2019) – pela frase de Lijphart (1971, p. 689-691): "A intensa análise comparativa de poucos casos pode ser mais promissora que uma análise estatística superficial de muitos casos". Os estudos de caso foram aprofundados, na ocasião, por revisão de literatura e análise documental (os anais do Senado Federal e da Câmara dos Deputados consultados para os anos de 1946, 1947 e 1948; 1992 e 2016; e os arquivos dos jornais *O Globo*, *Folha de S. Paulo* e *O Estado de S. Paulo* para os anos 1954, 1991-1992 e 2015-2016).

Estes são nossos *pilotis*. A leitora e o leitor deste livro verificarão, na parte 4, que os estudos de caso com análise documental serão retomados – ainda que de forma mais expressa – como forma de preparação para a parte 5, momento a partir do qual será empregada a metodologia predominante deste livro.

A realização de entrevistas com atores-chave para os dois processos de *impeachment* foi a escolha metodológica.

2.1 Entrevistas

Por que entrevistas como método? Há vasta literatura defendendo o uso de entrevistas como método robusto de investigação científica. Tal como define Gil (1999), trata-se de um método de pesquisa qualitativa que envolve interação direta entre pesquisadora e entrevistada, com o objetivo de coletar dados.

Minichiello, Aroni, Timewell e Alexander (1995) argumentam que as entrevistas permitem preencher um espaço de conhecimento que esteja total ou parcialmente vazio, especialmente quando envolvem comportamentos complexos. Como veremos na parte 3, o conhecimento sobre o TCU tem sido majoritariamente construído a partir do campo do direito – em particular, do direito administrativo – e, apenas recentemente, campos da ciência política e da administração pública começaram a se apoderar do tribunal como protagonista. Faz sentido: o auge institucional do TCU ocorreu entre 2015-2016. Em termos históricos, esse evento "acabou de acontecer".

Entendo, portanto, ser absolutamente relevante o uso de entrevistas como método, dado que estamos diante de um fato histórico novo (BRESSER-PEREIRA, 2003). Encaramos nosso objeto (o TCU) e o tema em tela deste livro (o papel do TCU em dois *impeachments* presidenciais diferentes) em termos histórico-dedutivos. A explicação a seguir encaixa-se perfeitamente no que propomos, metodologicamente:

> O método histórico, ou histórico-dedutivo, na sua definição [na de Bresser-Pereira], requer que o problema econômico que se pretende estudar seja situado na história. Isto é, *que seja situado no conjunto de relações, não apenas econômicas, mas também sociais, culturais, políticas e institucionais que definem o processo e cada momento histórico.* O método histórico vem sempre sendo usado pelos filósofos e cientistas sociais, desde Aristóteles até os pragmáticos americanos, desde Maquiavel até Marx. O método histórico proposto por Bresser-Pereira, entretanto, é específico – é o "método do fato histórico novo". Este método, que não é um método de verificação, mas de descoberta da verdade, propõe que se identifiquem fatos históricos novos que mudaram a realidade anterior. Seu pressuposto é o de que a realidade econômica até aquele momento estava razoavelmente bem estudada e analisada, mas os fatos novos exigem uma análise, que será tão mais inovadora quanto maior for a mudança econômica e social causada pelo fato. A partir daí, buscam-se empiricamente novas regularidades, indaga-se sobre as motivações racionais dos novos comportamentos e reúnem-se elementos para construir a nova teoria e testá-la (GODOI, 2004, p. 115-116, destaques nossos).

São os fatos históricos novos que nos comovem e nos impulsionam neste livro. O trecho acima é central para o que buscamos aqui, em particular aquilo destacado no trecho: não é à toa que a leitora e o leitor verão tanto na parte 3 (quando se coloca o nosso objeto – o TCU) quanto na parte 5 (quando utilizamos as entrevistas junto a atores-chave) referências ao contexto histórico dos dois períodos, envolvendo referências a canções populares e literatura, além, é claro, das condições políticas, institucionais e econômicas.

Justamente por conta do fato histórico novo – a ascensão institucional do TCU entre duas conjunturas críticas (os *impeachments* de 1992 e de 2015-2016) – que fizemos as opções metodológicas. Então, para além do esforço intelectual de posicionar a evolução institucional do TCU entre 1992 e 2015 (como se verá na parte 3) à luz da literatura disponível e de análise documental, há a realização de entrevistas junto a atores-chave nos dois *impeachments* (a parte 5) para confirmarmos nossa hipótese e consolidarmos a tese deste livro. Afinal, como explica Bresser-Pereira (2012), a construção social de um Estado-Nação – e o Brasil, em particular – cabe geralmente a uma elite política a tomada de iniciativas – isso é especialmente claro nos dois processos de *impeachment*. Por isso, afinal, que selecionamos integrantes do topo de nossa elite política: lideranças dos três maiores partidos políticos brasileiros (não há *impeachment* sem Congresso Nacional) e lideranças das duas maiores centrais sindicais brasileiras (não há *impeachment* sem povo na rua).

Como essa elite política, esses atores-chaves, percebeu o TCU nos dois processos?

Essa foi a pergunta que nos guiou nas entrevistas.

Seguindo a nomenclatura de Gil (1999), os principais métodos de entrevistas também podem ser chamados de "informais", "focalizados" (semiestruturais) e "formalizados" (estruturais):

> O tipo de entrevista informal é o menos estruturado possível e só se distingue da simples conversação porque tem como objetivo básico a coleta de dados. É recomendado nos estudos exploratórios, que visam a abordar realidades pouco conhecidas pelo pesquisador, ou então oferecer visão aproximativa do problema pesquisado. A entrevista focalizada é tão livre quanto a anterior; todavia, enfoca um tema bem específico, quando, ao entrevistado, é permitido falar livremente sobre o assunto, mas com o esforço do entrevistador para retomar o mesmo foco quando ele começa a desviar-se. É bastante empregado em situações experimentais, com o objetivo de explorar a fundo alguma experiência vivida em condições precisas. Também é bastante utilizada com grupos de pessoas que passaram por uma experiência específica, como assistir a um filme, presenciar um acidente etc. (...) No caso da entrevista estruturada, ou formalizada, se desenvolve a partir de uma relação fixa de perguntas, cuja ordem e redação permanecem invariáveis para

todos os entrevistados que geralmente, são em grande número. Por possibilitar o tratamento quantitativo dos dados, este tipo de entrevista torna-se o mais adequado para o desenvolvimento de levantamentos sociais (BRITTO; NAZIR, 2011).

Entrevistas informais ou *grounded theory* portanto, são aquelas em que o pesquisador vai a campo com poucas referências teóricas, deixando que as entrevistas ocorram livremente, quase que espontaneamente, e a partir da análise do que é coletado junto aos entrevistados é que a teoria emerge (MATTOS, 2005). Na outra ponta está a entrevista "estruturada": aquela em que um formulário fixo é apresentado, com as perguntas sempre respeitando a mesma ordem e a mesma escolha de palavras. Dada sua rigidez, é este o formato que melhor permite o uso de métodos quantitativos a partir dos dados coletados nas entrevistas (GIL, 1999). Optamos, aqui, pelo caminho do meio, chamado de "*mixed approach*" ou de entrevistas "semiestruturadas".

Diante das desvantagens que formulários estruturados de entrevistas trazem – evitam análises profundas sobre temas específicos trazidos por cada entrevistado –, a opção da investigação será por entrevistas semiestruturadas. Elas não são totalmente livres, dado que há um eixo de perguntas a ser seguido e repetido com cada entrevistado. Mas esse caminho semiestruturado permite nuances importantes para a construção do conhecimento no campo da administração pública sobre o papel do TCU nos dois *impeachments*. Segundo Dunn (2000), as entrevistas semiestruturadas garantem comparação dos dados levantados, ao mesmo tempo em que permitem perguntas adicionais caso surja uma linha interessante a partir de um ou mais entrevistados.

Por fim, depois de realizada a entrevista, independentemente do método de abordagem escolhido, cabe ao pesquisador extrair as informações necessárias para a pesquisa. Em nosso caso, como vimos, optamos por um caminho "focalizado" ou "semiestruturado", de forma a permitir relativa padronização das perguntas, mas sem enrijecer totalmente o questionário, o que levaria a um apagamento de toda a riqueza interpretativa que atores-chave nos trazem.

> Toda interpretação é uma recriação. Cada pesquisador-autor tem sua ótica e seus objetivos para a peça que pretende produzir. Haverá, em certo momento, um "desprender-se" do texto do entrevistado. Tudo o que se pode exigir é que isso se faça com evidência argumentativa plenamente objetiva e justificável (MATTOS, 2005, p. 837).

São diversos os textos na literatura de metodologia de pesquisa que tratam das diferentes técnicas para seleção de entrevistados. Menciono um que trata de forma bem direta e resumida, Newing (2010), que aponta cinco macroformas de técnicas de seleção:

1) amostragem *snowball* (bola de neve) - ocorre quando há uma primeira seleção de entrevistados e as subsequentes entrevistas são montadas a partir de indicação dada pelos primeiros entrevistados;
2) amostragem teórica – quando alguns informantes são entrevistados inicialmente, mas o segundo grupo de entrevistados é selecionado apenas após a transcrição e a análise do material das primeiras entrevistas, tendo como foco o estabelecimento de padrões teóricos;
3) amostragem de informantes-chave – quando o pesquisador estabelece alvos claros de pessoas com conhecimento indiscutível sobre o tema da investigação;
4) amostragem representativa – quando a amostra é selecionada a partir da estratificação de pessoas representativas de uma população;
5) amostragem aleatória – quando as pessoas entrevistadas são selecionadas de forma randômica.

Este trabalho estará assentado a partir da técnica de número 3, seguindo a ordem de Newing (2010) descrita de forma sumária no parágrafo anterior. Atores sociais e políticos foram previamente selecionados a partir de suas funções desempenhadas nos dois períodos históricos que nos servirão de "*temporal bracket*".

Nos dois períodos históricos, os três maiores partidos políticos foram os mesmos: PT, PMDB e PSDB. Nos dois períodos históricos, as três maiores centrais sindicais foram praticamente as mesmas: CUT, Força Sindical e CGT (em 2015-2016, o papel de "terceira força" foi exercido pela UGT).

Os atores sociais são cruciais para um procedimento da envergadura de um *impeachment*. Temos as centrais sindicais em primeiro plano nas entrevistas por diversos motivos, aqui brevemente elencados:

1) após os 21 anos de ditadura, em que o movimento sindical foi reprimido e as centrais eram proibidas, a partir de 1985 há livre organização sindical;

2) das centrais sindicais saíram importantes figuras políticas, notadamente o ex-presidente Luiz Inácio Lula da Silva;
3) com amplo poder de organização social e de manifestação nas ruas, as centrais oferecem privilegiado campo de análise para processos de *impeachment*. Cumpre dizer que havia divisões claras no movimento sindical quanto à oportunidade de se afastar Collor, em 1992, e Dilma, em 2015-2016 – isso torna a análise ainda melhor.

Cada uma das entrevistas seguiu o roteiro preconizado em Duarte (2004) para a realização e a formalização de boas entrevistas em pesquisas acadêmicas, qual sejam:

a) as razões pelas quais se optou pelo uso daquele instrumento (feito aqui na parte 2);
b) os critérios utilizados para a seleção dos entrevistados (como será justificado na parte 5);
c) número de informantes (como será justificado na parte 5);
d) quadro descritivo dos informantes (parte 5);
e) como se deram as situações de contato (parte 5);
f) roteiro da entrevista (parte 5);
g) procedimentos de análise (como discriminado a partir do método do fato histórico novo).

Entendo, por fim, que as principais vantagens de uma tese de doutorado (base deste livro) cuja principal mola propulsora seja a realização de entrevistas são humanizar as pesquisas e trazer informações e motivações para dentro do trabalho final que não possam ser obtidas de nenhuma outra forma ou método. Nas ciências sociais e, em particular, nas pesquisas no chamado "campo de públicas",[3] o objeto invariavelmente envolve o pensamento e a ação humana. Há uma miríade de pesquisas feitas usando apenas dados e sofisticados programas de *software* sem qualquer avaliação sobre o contexto em que determinada política pública ou determinada ação histórica foi formulada, incrementada e aplicada.

---

[3] Minha forma de homenagear a grande professora Marta Farah, que sempre denominou as áreas de gestão pública, administração pública, políticas públicas e governo como "campo de públicas".

As entrevistas colocam justamente os protagonistas no centro da análise. Ao humanizar a pesquisa acadêmica, a entrevista traz, também, uma linguagem mais acessível, completando a missão da boa pesquisa científica: mais do que comunicar apenas com os pares acadêmicos, o pesquisador consegue dialogar com um público mais amplo e, assim, alterar contexto particular com a disseminação de conhecimento novo.

Como última palavra sobre o método de verificação escolhido – a entrevista junto a atores-chave –, invocamos o saudoso Paul Singer:

> A econometria é o uso profundo dos instrumentos estatísticos para verificar em que medida as generalizações teóricas têm aplicação na realidade humana. É uma coisa absolutamente essencial (...) mas é fácil fazer teses e trabalhos dessa natureza [com o uso de econometria sem embasamento teórico]. Existe um foguetório econométrico desnecessário (...). Uma parte dos meus trabalhos tem sido feita através de entrevistas e, em geral, rende muitíssimo. *A entrevista é uma forma importante de captar coisas que, mesmo quando o entrevistado é um autor, como no meu caso, ele jamais sabia que sabia, porque não pensou. A entrevista livre, fluindo, leva a pensar coisas em função exatamente do diálogo*. Eu sou um partidário e um entusiasta do método (SINGER, 1999, p. 59-61, destaque nosso).

A defesa de nossa escolha de entrevistados, a partir do marco teórico selecionado, ficará, é claro, concentrada na parte 5 – o momento em que as entrevistas serão apresentadas e discutidas. De forma a não cansar a leitora e o leitor, adotamos aqui o entendimento de que tudo deve ocorrer em seu devido tempo.

Agora é chegada a hora de encararmos o objeto da tese que embala este livro: o Tribunal de Contas da União. Verificaremos seus antecedentes históricos e apresentaremos o eixo explicativo deste livro: tendo o papel agigantado desempenhado pelo TCU no *impeachment* em 2015-2016 como fato histórico novo, avaliaremos a evolução institucional do tribunal à luz da literatura disponível e de análise documental.

PARTE 3

A EVOLUÇÃO INSTITUCIONAL DO TCU

> "Em duas décadas, o TCU passou de um órgão irrelevante da esfera pública para um dos principais protagonistas da governação do país."
> Francisco Gaetani e Miguel Lago[4]

Chegamos no momento em que devemos encarar nosso objeto: o Tribunal de Contas da União (TCU). Mais que isso, chegou a hora de migrarmos para a pergunta norteadora: *por que o papel do TCU foi tão diferente em eventos tão parecidos, como os processos de impeachment presidenciais de Fernando Collor e de Dilma Rousseff?*

Nossa hipótese para responder essa pergunta é que a ascensão institucional do TCU cumpriu os objetivos dos formuladores e defensores da Constituição de 1988: eram ventos de liberdade democrática e de rechaço dos descontrolados regimes de exceção. Por outro lado, esse mesmo "agigantamento" do TCU, como verificado no *impeachment* de 2015-2016, terminou por ocupar um espaço político que, no *impeachment* de 1992, tinha sido de partidos e de movimentos sociais.

Nossa hipótese está assentada no conceito da evolução institucional a partir de conjunturas críticas. A mudança institucional é predominantemente incremental (NORTH, 2018, p. 153). Os casos de mudanças a partir de rupturas, como aquelas geradas após revoluções ou golpes, são pontuais e raros. A evolução do TCU foi incremental, tendo como ponto de partida a conjuntura crítica da Constituição de 1988. É a partir dela que a caminhada institucional do TCU começa – desembocando no papel exercido em 2015-2016. Esse ponto será destrinchado e detalhado

4 Gaetani e Lago (2022, p. 92).

em segmentos subsequentes deste texto. Aqui, cumpre notar a questão específica do desenvolvimento institucional à luz de autores que trabalharam esse conceito teórico, que fundamenta minha hipótese.

Nesse terreno teórico em que minha hipótese convive, a história é central. Escrevendo em 1989 (e, portanto, influenciando todos os demais que escreveram depois sobre temas correlatos), o economista e prêmio Nobel Douglass North defende da seguinte forma a relevância da trajetória pregressa como determinante da atuação no presente (*path dependence*): "Se o processo mediante o qual chegamos às instituições atuais for relevante e condicionar as escolhas futuras", então, evidentemente, o que aconteceu antes – a história – importará (NORTH, 2018, p. 158).

Em uma frase: não há como compreender o papel de protagonista desempenhado pelo TCU no *impeachment* de 2015-2016 sem avaliar sua caminhada histórica desde 1988.

É neste sentido, de compreensão do desenvolvimento institucional entre 1988 e 2015-2016, que usaremos o conceito de Pierson (2004), de desenvolvimento a partir de conjunturas críticas.

> A noção de desenvolvimento permite dar conta de transformações que ultrapassam as ações individuais e apresentam uma temporalidade de mais longo prazo. Leva em conta a sequência dos processos e as variações no ritmo das transformações, mais ou menos lentas e graduais. O conceito de desenvolvimento institucional considera também que as transformações graduais das instituições são frequentemente marcadas por situações de *path dependence*, isto é, por processos históricos que se caracterizam por trajetórias ou caminhos que, uma vez tomados, são de difícil reversão (...) Mesmo que a análise do desenvolvimento de instituições políticas exija que se leve em conta o processo de *path dependence*, é necessário olhar também para os momentos ou conjunturas críticas que produzem mudanças significativas ou pontos de inflexão da trajetória anterior (TEIXEIRA; LOUREIRO; CACIQUE, 2004, p. 741).

Os ventos de liberdade democrática foram fundamentais para determinar os rumos da Constituição de 1988. Como já pontuado, a sociedade brasileira estava, enfim, livre para formar e dirigir todo tipo de organização – de partidos políticos a sindicatos, passando por movimentos sociais de todo tipo (de reforma agrária a educadores, de sanitaristas a agropecuaristas, de cientistas a esportistas). As organizações, aqui, são compreendidas em seu conceito mais amplo, isto é, "grupos de indivíduos vinculados por algum propósito comum em busca da consecução de determinados objetivos" (NORTH, 2018, p. 16).

São essas diversas organizações sociais, que nascem durante os anos 1980 no Brasil, que forjarão as novas instituições a partir de 1988. Inicia-se, ali, um movimento de influência cruzada: as organizações influenciam as instituições e são por elas influenciadas (NORTH, 2018, p. 16).

Todos os pontos que marcam nossa lente de análise sobre o desenvolvimento institucional do TCU entre os dois fenômenos políticos idênticos – os *impeachments* presidenciais de 1992 e de 2015-2016, realizados sob a mesma Constituição, a mesma lei, e liderados pela Câmara dos Deputados, na mesma cidade – são assentados pela conjuntura crítica. Isso será detalhado mais adiante neste texto. Cabe, aqui, tratar de forma resumida: a Constituição de 1988 amplia os poderes de fiscalização do TCU; a lei orgânica do tribunal surge em 1992; a Lei de Licitações, de 1993, dá novos instrumentos ao TCU no controle da administração pública; o poder concedido pelo Congresso Nacional a partir de 1997 para o TCU fiscalizar obras públicas em andamento; a Lei de Responsabilidade Fiscal, de 2000, aumenta o poder do tribunal e concede novos instrumentos a ele; o processo de *impeachment* em 2015-2016, que é "liderado" por investigações e julgamentos do TCU.

3.1 A perspectiva de controle da administração pública

Seguindo modelo desenvolvido por McCubbins e Schwartz (1984, p. 167), a relação entre a administração pública brasileira e o TCU é de "alarme de incêndio", isto é, descentralizada e reativa. De acordo com Przeworski (1998), a supervisão do tipo "alarme de incêndio" é um mecanismo de *accountability* da burocracia para os cidadãos.

> Embora sejam comuns dispositivos de impeachment ou de voto de desconfiança, não há nenhum relativo à quebra de promessa feita em campanha eleitoral (...) portanto, a partir do momento que os cidadãos elegem seus representantes, ficam sem instrumentos institucionais para obrigá-los a cumprir o que prometeram (PRZEWORSKI, 1998, p. 60).

É por conta disso que, advogam Loureiro, Couto, Arantes e Teixeira (2010), os instrumentos – institucionais ou sociais – de controle e fiscalização pelos cidadãos são tão importantes. Também os ocupantes de cargos públicos não eleitos, os burocratas e os dirigentes, devem estar sujeitos a esses mecanismos, por conta de sua crescente importância na definição dos rumos das ações estatais.

O controle dos atos, na medida em que aproxima o político eleito e a burocracia pública da sociedade por ele representada, também aumenta a eficiência de políticas públicas ao reduzir o desperdício de recursos (DANTAS, 2023). A ideia geral de que a atuação do poder público poderia – e deveria – ser controlada pela sociedade é uma das conquistas sociais depois dos anos consecutivos sob o regime de exceção. Em artigo seminal publicado justamente no olho do furacão da retomada da democracia no Brasil, o professor de Ciência Política da USP, Carlos Estevam Martins, pontuou três tipos de controle e estabeleceu que todos eles eram sintomas da modernidade e da democracia. Eram eles: 1) o controle do Estado sobre a sociedade; 2) o controle da sociedade sobre o Estado; e 3) o controle do Estado sobre o próprio Estado. Neste último, estavam inseridos os tribunais de contas, também eles frutos de grande reformulação no contexto de redemocratização.

> Nas democracias, presume-se que o povo detém o poder soberano e, portanto, é ao povo que cabe a função de controlador. *Estar a favor dos controles, para os democratas, nada implica de antipopular: ao contrário, é ser consequente* (MARTINS, 1989, destaque nosso).

Era hora, na redemocratização brasileira, de salvaguardar a sociedade contra um novo arbítrio a partir do Estado, tal como ocorrera durante a longa ditadura militar brasileira. "O controle público origina-se, portanto, a partir do risco de que a atuação dos governantes possa estar em desacordo com a vontade primordial dos governados" (DANTAS, 2023, p. 23).

Segundo o constitucionalista Ingo Wolfgang Sarlet:

> O princípio da separação dos poderes tem como objetivo o controle do poder pelo poder num esquema de fiscalização recíproca, que se materializa por um conjunto diferenciado de técnicas e de instrumentos, como é o caso do direito de veto do chefe do Poder Executivo, a própria possibilidade de edição de atos normativos pelo Executivo, a aprovação pelo Legislativo do orçamento dos demais órgãos estatais, o controle judicial dos atos dos demais poderes, entre outros (SARLET, 2017, p. 59).

Sobre isso, retomamos Bobbio: "A sabedoria institucional da democracia, que enseja um controle dos governantes através da ação dos governados, com isto institucionalizando um dos poucos remédios válidos contra o abuso de poder" (BOBBIO, 2017, p. 25). O arremate: "A única garantia de respeito aos direitos de liberdade está no direito de controlar o poder" (BOBBIO, 2009, p. 28). Em tese e também na prática, esse papel estaria, no caso do governo federal brasileiro, conferido ao Poder Legislativo, com auxílio do Tribunal de Contas da União:

> A tendência natural da administração pública é ocultar-se, por razões bastante objetivas: um dos pilares da democracia é a legitimidade do poder político pelo sufrágio universal, o voto; estabelece-se aí, no contexto de um Estado Democrático, a rotatividade do poder, ou seja, o poder político na democracia tem tempo de durabilidade e deseja realizar, no menor lapso temporal possível, o programa prometido aos eleitores. Neste caso, tempo e controle não se combinam. Entretanto, na democracia, para impedir a natural tendência autoritária do Estado, o controle tem papel fundamental (SILVA FILHO, 2019, p. 60).

O Tribunal de Contas da União (TCU) e suas contrapartes estaduais (os TCEs) e municipais (os TCMs) podem ser considerados agências de *accountability* na área das finanças públicas, mais especificamente *accountability* horizontal – é aquela em que agências estatais possuem o direito, poder legal, disposição e capacidade para controlar e corrigir a gestão (SACRAMENTO, 2005).

O modelo de controle de contas brasileiro, estabelecido na forma de uma "Corte de Contas", é um dos três da tipologia organizada pelo pesquisador do Banco Interamericano de Desenvolvimento (BID), Carlos Santiso, em longo estudo sobre o controle externo. Segundo ele, o modelo advém da lei romana e é seguido também na França, na Itália e na Espanha – na América Latina, é verificado também em El Salvador.

> O modelo de corte é aquele de um colegiado de auditores ou de um tribunal de conselheiros, dotados de poderes quase judiciais em matérias administrativas, muitas vezes atuando como tribunais administrativos. Esse modelo quase-judicial em formato de Corte privilegia a conformidade legal e financeira em detrimento da auditoria da performance. As ligações com o Legislativo são mais fracas do que no modelo monocrático; mas aqueles com o Judiciário são ambíguos. Como resultado, há recorrentemente incerteza sobre quem é o "principal" nessa relação "agente-principal" (SANTISO, 2009, s.p., tradução própria).

Os outros dois modelos estabelecidos por Santiso são o monocrático e o de colegiado. No primeiro caso, a instituição de auditoria de contas é liderada por um único auditor-geral e atua, geralmente, como uma organização auxiliar do Legislativo, embora com "ampla autonomia". Nesse modelo, o foco de auditoria é *ex post*, e não um controle *ex ante*, e enfatiza a auditoria de *performance* da política pública e desempenho financeiro do Estado, em vez do controle de conformidade legal. "O controle que eles fazem objetiva a correção e não a penalização" (SANTISO, 2009, s.p.). Esse é o modelo que prevalece em países anglo-saxões, como Estados Unidos, Reino Unido e Canadá. Na América Latina, o modelo é seguido no Chile, na Colômbia, no México e no Peru, sendo que, no Chile, o modelo é "misto", uma vez que há grande atenção para a conformidade legal e o controle de *performance* e mais difuso. Já o modelo de colegiado é um híbrido institucional. Trata-se, segundo Santiso, de uma agência com um colegiado semelhante ao de tribunais, liderado por um colegiado de auditores, mas sem poderes judiciais ou quase-judiciais. Nesse modelo, a instituição de auditoria e controle emite uma opinião sobre a confiabilidade das contas do Executivo para a análise do Legislativo. Esse modelo de colegiado é seguido na Alemanha, na Holanda e na Suécia. Na América Latina, são Argentina e Nicarágua os países adeptos dessa instrumentalização.

O TCU foi, portanto, fruto direto do modelo europeu, notadamente francês e espanhol, de controle administrativo das finanças do Estado. Logo no início do século XIX, Napoleão Bonaparte comandava a França e, lá, aplicou uma série de reformas administrativas mais tarde emuladas na América Latina e no Brasil.

> Os franceses haviam se livrado de um centro e criado outro, seguindo um modelo de Estado que concentrava e subordinava os poderes dos governos regionais e locais. Esse modelo se refletia na história da América Latina. Mais ainda, era enunciado em uma linguagem e num contexto legal que compartilhavam a tradição romana de Espanha e Portugal. As "audiências" coloniais tinham *assumido responsabilidade também pela supervisão administrativa*; a lei e a administração estavam vinculadas. Para Napoleão, a criação de um sistema de administração e de Estado exigiu o estabelecimento de regras e procedimentos para tal sistema (SPINK, 1998, p. 151-152, destaque nosso)

O TCU chegou ao Brasil na primeira Constituição republicana, de 1891, emulando a experiência internacional. Foi fruto de décadas de luta política – contra e a favor de sua criação. Em 1857, o senador paulista José Antônio Pimenta Bueno anotou em seu livro *Direito Público Brasileiro*:

> É de suma necessidade a criação de um tribunal de contas, devidamente organizado, que examine e compare a fidelidade das despesas com os créditos votados, as receitas com as leis do imposto, que perscrute e siga pelo testemunho de documentos autênticos em todos os seus movimentos a aplicação e emprego dos valores do Estado e que enfim possa assegurar a realidade e a legalidade das contas (LOPES JR., 2007, p. 61).

Lopes Jr. (2007) registra diversas outras manifestações, durante o Império, de parlamentares ciosos para estabelecer um controle relativamente independente do Estado quanto às contas do próprio Estado. Afinal criado pela Constituição de 1891, o TCU ainda teve atraso forçado em sua instituição inaugural: a Lei nº 23, a última assinada pelo marechal Deodoro da Fonseca antes de ser deposto por Floriano Peixoto, foi ignorada pelo novo presidente (LOPES JR., 2007). Apenas a 1894, com o novo governo instituído (o de Prudente de Moraes), que o TCU de fato começou a sair do papel.

> O controle de contas do Executivo por órgão distinto dele é da tradição do nosso direito constitucional. A Constituição do Império não previa a existência de uma Corte de Contas, mas exigia a apresentação dos orçamentos a uma das Casas legislativas, a Câmara dos Deputados (...) O controle de contas, mediante ação fiscalizadora, foi, pois, desde o nascimento do Estado brasileiro, exercido pelo Poder Legislativo. Mas o Tribunal de Contas ingressou no sistema jurídico nacional em 7/11/1890, por meio do Dec. 966-A. E ganhou nível constitucional em 24 de fevereiro de 1891, quando o constituinte estabeleceu: "Art. 89. É instituído um Tribunal de Contas para liquidar as contas da receita e despesa e verificar a sua legalidade, antes de serem prestadas ao Congresso". Verifica-se, já na primeira Constituição republicana, o intuito de institucionalizar o Tribunal de Contas como órgão auxiliar do Poder Legislativo, pois incumbia ao Congresso Nacional (...) tomar as contas da receita e despesa de dado exercício financeiro (TEMER, 2019, p. 135).

Mas uma centena de anos depois de ser criado, em 1891, e o TCU permanecia relativamente sob sombras: com poderes largamente ignorados pela administração pública e pouco conhecidos do grande público. Como anota Lopes Jr. (2007), foi apenas em 1976 que as auditorias promovidas pelos técnicos do TCU foram regulamentadas:

> O Tribunal de Contas, acostumado às formalidades contábeis do registro prévio, não estava preparado tecnicamente para exercer as atribuições de controle que se lhe estavam sendo transferidas. A instituição, pois, percorreu um longo caminho até que sua estrutura funcional esboçasse a eficácia necessária à fiscalização descentralizada, concomitante ou a posteriori. Somente em 1976, nove anos após a promulgação da CF de 1967, as auditorias do tribunal foram regulamentadas pela Resolução nº 176. Apenas a partir de 1980, através da Resolução nº 206, as avaliações operacionais (art. 72, III, CF de 1967) passaram a representar uma atividade rotineira do tribunal. Esse longo percurso de modernização da instituição se deve, principalmente, à cultura organizacional de autarquias e entes da administração que, além de constituírem instâncias não-eletivas de representação de interesses diversos, não estavam acostumados a nada que se assemelhasse a um controle de qualidade financeira (LOPES JR., 2007, p. 78).

Foi com o advento dos Estados modernos que a gestão das finanças públicas começou a ser conduzida de maneira sistemática e técnica, devido à criação de órgãos especializados para esse fim (CAMPELO *et al.*, 2003). De acordo com Odete Medauar (1993), o modelo brasileiro de controle de contas, mais semelhante ao francês, é aquele no qual a fiscalização ocorre *a posteriori*, após a realização da despesa. Já outros modelos, como o italiano e o belga, consistem em fiscalização efetuada antes da realização da despesa:

> No modelo italiano, o veto prévio acarreta impedimento, absoluto ou relativo, à despesa, no sentido de proibir ou suspender respectivamente o ato submetido ao controle (veto absoluto e veto limitado). No modelo belga só ocorre veto limitado (MEDAUAR, 1993, p. 114).

3.2 A Constituição de 1988 como marco inaugural: o novo TCU

De modo geral, o TCU tem figurado mais na literatura do direito administrativo (MEDAUAR, 1993; CAMPELO *et al.*, 2003; SILVA, 1999; MACIEIRA, 2009; ASSONI, 2009; DAL POZZO, 2010; CABRAL, 2014; ABBOUD, 2016; COUTINHO, 2017; ROSILHO, 2019; LIMA, 2018; SUNDFELD; ROSILHO, 2020; LIMA, 2023; DANTAS, 2023) do que em outros campos. Apenas recentemente o tribunal ganhou proeminência em importantes trabalhos nos campos da administração pública e da ciência política (TEIXEIRA *et al.*, 2009; SANTISO, 2009; ROCHA, 2017; RAMALHO ALVES, 2024), mas, ainda assim, com quantidade de publicações muito pequena – tanto em números absolutos quanto em relativos.

O TCU existe desde 1891, mas sua modernização institucional se dá com a recepção, pela Constituição de 1988, da Corte de Contas e do seu Ministério Público Especial. Até aquele momento, por todo um século, portanto, o TCU era um órgão preponderantemente burocrático, de registro contábil e apostilamento de informações oficiais (DANTAS, 2023, p. 80).

É a partir da Constituição de 1988 que o TCU passa a ter um poder que, em tempos de ditadura, nunca poderia ser exercido: controlar o governo federal.

> Por representar uma visão externa – e, portanto, mais independente – sobre a integridade dos atos e das informações públicas, colocando lupa e luz sobre os fatos da gestão mais relevantes, as Cortes de Contas necessitam de garantias que lhes permitam ser imparciais no exercício de suas competências. Nesse sentido, o art. 73 da Constituição [de 1988] molda uma estrutura de regras desenhadas para assegurar a independência de seus membros e a inexistência de qualquer relação de subordinação em relação a qualquer um dos poderes (DANTAS, 2023, p. 25).

A Constituição de 1988 apresentou relevantes mudanças no âmbito do controle externo da administração pública, em especial no tocante ao Tribunal de Contas. Ao elevar a força do Legislativo no controle do Executivo, a Constituição de 1988 dotou os tribunais de contas com poderes novos, justamente para apoiar os parlamentares (federais, estaduais ou municipais) nessa empresa. Dentre as medidas que Limongi e Argelina (1999) elencam, na Constituição de 1988, para fortalecer o Congresso Nacional estão: 1) a diminuição da maioria exigida para derrubar o veto presidencial – em vez de dois terços, passou a ser maioria absoluta (artigo 66, §4º); 2) a abrangência do veto foi restringida, não podendo mais incidir sobre palavras, mas devendo contemplar o texto integral de um artigo, de um parágrafo, de um inciso ou mesmo de uma alínea (artigo 66); 3) a possibilidade de interromper os atos normativos do Executivo que eventualmente exorbitem o poder regulamentar (artigo 49); 4) o poder das comissões permanentes passou a ser terminativo na aprovação de projetos de lei em caráter definitivo (artigo 58); 5) a nova centralidade do Congresso no processo orçamentário (com a criação do PLDO, do PLOA e do PPA) e no controle das finanças públicas, por meio do fortalecimento do Tribunal de Contas da União (artigo 71), além de capacidades novas de emendar o Orçamento (artigo 166).

De acordo com Campelo (2018, p. 59), houve uma verdadeira "ruptura" com o modelo de controle externo que vinha desde a Primeira República. Desde 1891, caberia exclusivamente ao chefe do Executivo indicar os integrantes dos colegiados dos tribunais de contas. A partir de 1988, foi introduzido o modelo de três cotas: uma do Poder Executivo, com duas indicações vinculadas à escolha entre ministros substitutos e procuradores do Ministério Público de Contas; uma da Câmara dos Deputados; e uma do Senado Federal. A Constituição também elegeu o TCU como paradigma dos demais tribunais de contas subnacionais, dado que todos passaram a seguir exatamente a mesma formatação, tendo como única diferença a nomenclatura de seu colegiado dirigente: "ministros", para o TCU; "conselheiros", para os demais tribunais de contas.

Essa "ruptura" é digna de nota. Como diria, de forma marcante e inesquecível, Ulysses Guimarães, "esta Constituição terá cheiro de amanhã, não de mofo" (BONAVIDES; PAES DE ANDRADE, 1991, p. 466).

A Constituição de 1988, afinal, foi a primeira a prever a participação no colegiado de ministros do TCU de técnicos do controle externo (os auditores) e de procuradores do Ministério Público Especial, aquele atua integralmente junto ao tribunal. O cargo de auditor de contas foi criado em 1918, com a função de substituir os ministros do TCU, mas todas as constituições posteriores (de 1934, de 1937, de 1946 e de 1967-1969) atribuíam ao presidente da República a competência exclusiva para indicar os ministros do TCU, sem qualquer menção à carreira de auditor (LIMA, 2018, p. 87).

Além disso, a Constituição de 1988 também ampliou dramaticamente os poderes do TCU:

> A Constituição de 1988 deu ao TCU características que conjugam um perfil latino de tribunal de contas (controle de regularidade, competência de julgamento e poder de sanção) com um perfil anglo-saxônico de controladoria ou auditoria-geral (controle de performance) (...) O desenho institucional que emerge da Constituição Federal favorece uma

atividade de controle mais abrangente, a qual, sem descurar da análise da regularidade dos atos do poder público, agrega novas dimensões do controle, de cariz finalístico, com foco em resultados (DANTAS, 2023, p. 28-29).

Eis que temos aqui evidenciados tanto o princípio democrático e os valores de liberdade tão caros aos constituintes de 1987-1988 que varriam o entulho ditatorial como, também, os objetivos explícitos de trazer maior força e tecnicidade ao controle externo. Há como ser mais explícito do que escrever, na própria Constituição, que caberia aos tribunais de contas as competências de "fiscalização financeira, contábil, orçamentária, operacional e patrimonial da administração pública"?

Segundo Bento Bugarin, ex-ministro do TCU, a Constituição de 1988 promoveu nas competências do TCU "o maior incremento de sua história" (BUGARIN, 2000).

A Constituição de 1988 também criou uma figura nova, o Ministério Público de atuação específica ao Tribunal de Contas. Essa instituição, que passou a ser chamada de MPC, o Ministério Público de Contas, foi "enxertada" na Constituição pelo então deputado federal Oscar Corrêa Filho, do PFL de Minas Gerais, filho de Oscar Côrrea, ministro do Supremo Tribunal Federal (MAKLOUF, 2018). O MPC, criado em 1988, teria atuação fundamental no *impeachment* de Dilma Rousseff – um procurador do MPC seria testemunha de acusação contra a presidente no julgamento do *impeachment* realizado pelo Senado Federal em agosto de 2016. Destacamos, nesse sentido, o trecho em que o jurista Adilson Abreu Dallari aponta manifestação positiva sobre o papel adquirido pelo Ministério Público de Contas, o braço do MP que atua exclusivamente em assuntos dos tribunais de contas:

> No passado era simplesmente impensável promover a responsabilidade do agente público pela insuficiência, inoperância ou má qualidade do serviço ou da obra. Atualmente, dada a relevância adquirida pelo controle dos resultados, metas e objetivos, passou a ser arriscado conferir atribuições de direção superior a apaniguados políticos, geralmente facciosos, despreparados ou mesmo corruptos. Cabe lembrar que os artigos 70 e 71 da Constituição Federal prescrevem o controle não só da legalidade, mas, sim, também, da economicidade da ação administrativa. Atos e contratos, ainda que lícitos, mas danosos ao erário ou ao patrimônio público (em sentido amplo) podem ser sancionados pelos Tribunais de Contas, inclusive por provocação do Ministério Público junto a esses Tribunais (DALLARI, 2003).

O poder das corporações foi grande na Constituinte, em particular aquela do Ministério Público. Essa corporação – de promotores e procuradores – vinha em ascendência institucional, como demonstrou pesquisa-chave realizada por Arantes (2000), desde a introdução do Código de Processo Civil (CPC), em 1973. A partir daquele momento, os integrantes do Ministério Público passaram a ter o poder legal de intervir em todas as causas em que há interesse público, mas, na prática, como demonstra Arantes, a grande evolução institucional do Ministério Público ocorre no contexto das grandes lutas sociais, que buscavam, sem embargo, controlar o Estado brasileiro – que era, essencialmente, liderado pela ditadura militar. Assim, os instrumentos legais buscados pela corporação de procuradores começaram a surgir conforme o Congresso Nacional ganhava mais e mais representantes contrários à ditadura – essencialmente, deputados e senadores do MDB-PMDB. Os exemplos mencionados por Arantes são a Lei nº 6.938, de 1981, que instituiu a primeira política nacional do meio ambiente, e a Lei nº 7.347, de 1985, que expandiu esses poderes de fiscalizar para searas como direito do consumidor. Era um momento de franca abertura política, com a ditadura perdendo poder para a sociedade civil, que, por meio legal, transferia poder de controlar o Estado ao Ministério Público. É nesse contexto que ocorre o profundo debate de substituir a Constituição da ditadura por uma nova, da abertura, da nova República que surgia a partir de 1985 (CARAZZA, 2024, p. 65-67).

O jurista especializado em direito administrativo Carlos Ari Sundfeld acompanhou a Constituinte como professor na PUC de São Paulo:

> *O que o senhor descobriu [com a Constituinte]?*
> *Carlos Ari Sundfeld*: Que os segmentos mais organizados da sociedade eram associações profissionais, como as do Ministério Público, e a dos juízes (...). As corporações se organizaram e lutaram, efetivamente, porque acharam que a Constituição era uma oportunidade para consolidar e cristalizar a sua situação (MAKLOUF, 2018, p. 278).

Como vimos na parte 3 deste livro, as instituições de controle, notadamente o Ministério Público, foram especialmente estimuladas, na Constituinte, pelos parlamentares do PT e, em menor medida, pelo PMDB. Como lembra o então deputado federal pelo PMDB da Bahia Jorge Hage em entrevista quando da efeméride de 30 anos da Constituição:

> *Em que pontos a Constituição contribui, concretamente, para o combate à corrupção?*
> *Jorge Hage*: A Constituição colaborou para o combate à corrupção, sem nenhuma dúvida, *com o fortalecimento do Ministério Público, a institucionalização do sistema de controle interno*, a saudável garantia da liberdade ampla de imprensa, a garantia do amplo acesso à informação, tornando o sigilo a exceção. Pena que algumas dessas coisas demoraram muito para produzir efeitos. *No Ministério Público, por exemplo, apesar de todas as garantias, não gozou de efetiva autonomia até 2003*, que foi quando o presidente Lula inaugurou o sistema de escolher o procurador-geral da República eleito pelos seus pares (MAKLOUF, 2018, p. 379, destaque nosso).

Como anota Lima (2018, p. 89), os tribunais de contas após 1988 são "essenciais ao regime democrático e têm a vocação de constituir poderosos instrumentos de cidadania". Nas palavras de um dos mais relevantes pensadores do direito financeiro brasileiro, Ricardo Lobo Torres, os tribunais de contas, a partir de 1988, passaram a exercer "papel de suma importância no campo das garantias da liberdade" (TORRES, 2008, p. 501).

Ao se deter sobre o TCU durante julgamento específico, o então ministro do Supremo Tribunal Federal (STF) Celso de Mello registrou a essencialidade do tribunal para o Estado Democrático de Direito, reconhecendo que a Constituição de 1988 ampliara a esfera de competências do TCU, investindo de poderes administrativos e jurídicos mais amplos:

> A atuação dos tribunais de contas assume, por isso mesmo, importância fundamental no campo do controle externo e constitui, como natural decorrência do fortalecimento de sua ação institucional, tema de irrecusável relevância (STF, 1990).

Cumpre notar que Celso de Mello foi o primeiro jurista a ser indicado para ocupar cadeira no STF após a promulgação da Constituição de 1988, sendo, portanto, contemporâneo das transformações sociais, institucionais e políticas ensejadas naquele período – fossem elas reais (fim da ditadura militar e redemocratização do país) ou ainda no campo das expectativas, de ideário (o fortalecimento das instituições de controle externo ao governo para evitar discricionariedade futuras).

A Constituição de 1988 também alterou a composição dos tribunais de contas em todo o país: TCU, TCEs (nos estados) e TCMs (nos municípios que criaram seus próprios tribunais de contas). A mudança na forma de seleção do corpo diretivo (os ministros do TCU e os conselheiros dos tribunais de contas dos entes subnacionais) ajuda a explicar, ainda que de forma subsidiária (comparativamente à evolução legal do período), a evolução institucional do TCU desde 1988:

> Antes da Constituição Federal de 1988, todos os membros [do TCU e demais tribunais de contas] eram indicados pelo chefe do Poder Executivo – os ministros do TCU pelo presidente da República; os conselheiros dos TCEs pelos governadores; e onde tem TCM, pelo prefeito. *Então, era muito precário*. Em 1988, houve o que? O Poder Legislativo, que é o representante do povo, em tese, tem a obrigação de fiscalizar o orçamento e passou a indicar a maioria dos membros, e *o Executivo ficou preso a duas indicações da carreira e outra livre. Isso foi um avanço enorme, que permitiu de fato uma evolução dos tribunais de contas* nesse período (PASCOAL, 2018, p. 184, destaques nossos).

Como anota Dal Pozzo (2010, p. 117), é no desempenho dos tribunais de contas das atividades previstas constitucionalmente que "se entende serão resguardados e garantidos os direitos fundamentais previstos no artigo 5º da Constituição".

Os novos parâmetros e ferramentas de controle externo introduzidos pela Constituição de 1988 forneceram as bases para que os tribunais de contas (e o TCU em particular), de acordo com Dantas e Dias (2016), conciliem ao acurado controle da legalidade as novas iniciativas de natureza proativa e colaborativa.

> Foi a Constituição de 1988 que consolidou e fortaleceu as atribuições constitucionais dos Tribunais de Contas. Ao lado do Poder Legislativo, no exercício do Controle Externo da gestão, os Tribunais de Contas passaram a contar com atribuições bem mais amplas. Além do tradicional e importantíssimo controle da legalidade, da conformidade das contas públicas, o constituinte, inspirado na tradição anglo-saxã, conferiu-nos a missão de avaliar a efetividade das políticas públicas, a qualidade do gasto. Verificar se a execução do orçamento público está mudando para melhor a vida do cidadão. É o chamado "controle operacional". Além de legal, a despesa pública precisa algo mais, precisa cumprir a sua função social. Foi um grande avanço. Mas a prevenção, o papel educador e o estímulo à transparência e ao controle social não foram esquecidos pela Lei Maior (PASCOAL, 2018, p. 121-122).

Essa evolução institucional do TCU, a partir de 1988, levaria invariavelmente a fricções; afinal, esse novo ator institucional teria que ocupar um espaço e, como sempre, na física e na política, não há vácuo. Sem espaços predeterminados para o TCU ocupar, o tribunal necessariamente teria que entrar em áreas onde já tinha atores lá. Esse processo de substituição – dado que dois corpos não podem ocupar o mesmo espaço – ocorreu lentamente, e o período que vai entre as duas conjunturas críticas que analisamos, isto é, do *impeachment* de Fernando Collor, em 1992, ao *impeachment* de Dilma Rousseff, em 2016, delimitou os marcos temporais para essa evolução.

3.3 A evolução institucional do TCU após 1988

A Lei Orgânica do TCU, Lei nº 8.443, foi curiosamente sancionada pelo presidente Fernando Collor a 16 de julho de 1992. Naquele mesmo dia, a crise política – que desembocaria no *impeachment* presidencial – chegara a um clímax. A chamada "CPI do PC Farias" ouvira o testemunho de Rosinete Melanias, secretária particular de PC Farias, que tinha sido tesoureiro da campanha presidencial de Collor. Em seu depoimento, com transmissão ao vivo pela televisão, Rosinete confirmou ter feito depósitos, com dinheiro de PC Farias, diretamente na conta de Ana Acioli, secretária particular de Collor. A edição do jornal *O Globo* publicada no dia seguinte destacava, em sua primeira página, frase do presidente nacional do PMDB, Orestes Quércia: "Collor será citado no relatório final da CPI e, chegando-se a esse resultado, dificilmente o PMDB poderá deixar de defender o *impeachment* do presidente" (O GLOBO, 1992a; 1992b).[5]

Não pode ser à toa que o TCU tenha tido um papel pouco (ou nada) importante para o processo de *impeachment* de Collor: enquanto a crise desenrolava no Congresso Nacional e nas ruas do país, o tribunal estava *literalmente* se organizando.

É com a Lei nº 8.666, de junho de 1993, que o TCU recebe as primeiras funções mais claras de manifestar seu poder constitucional de controlar as despesas federais e os contratos com o setor privado e o terceiro setor.

> Basicamente, cabe ao Tribunal de Contas (...) determinar mudanças em editais de licitação já publicados caso se constate alguma ilegalidade (art. 113, Parágrafo 2º, da Lei 8.666, de 1993); e suspender o curso de

[5] Pesquisa do autor no acervo digital do jornal *O Globo*: edições de 16 e 17 de julho de 1992.

procedimentos licitatórios caso ilegalidades previamente apontadas pelo TCU não sejam sanadas pela administração pública (Constituição Federal, art. 71, X, c/c art. 113, Parágrafo 2º, da Lei 8.666, de 1993) (SUNDFELD *et al.*, 2020, p. 354).

Com a Lei de Licitações, o TCU passou a ter instrumentos claros e definidos em lei para exercer o que estava previsto no artigo 71 da Constituição. No ano seguinte, uma modificação importante na Lei de Licitações ampliou ainda mais os poderes do TCU:

> Com a modificação da Lei 8.666/93 (licitações) pela Lei 8.883/94, ao Tribunal de Contas foi atribuída a competência para o controle das despesas decorrentes dos contratos licitados por órgãos da Administração Pública. Também foi atribuída a qualquer licitante, contratado ou pessoa física ou jurídica a faculdade de representar o Tribunal de Contas ou os órgãos integrantes do sistema de controle interno contra irregularidades nos processos licitatórios (LOPES JR., 2007, p. 108).

Poucos anos depois, o próprio TCU decidiu ampliar seus poderes na área: por meio da Instrução Normativa nº 27, de 1998, o TCU passou a exigir que a administração pública lhe enviasse, para aprovação, antes da publicação de um edital de licitação, os estudos de viabilidade técnica e econômica dos contratos de concessão. A norma violava o §2º do artigo 113 da Lei de Licitações, que havia previsto a interferência do TCU apenas em relação a "edital de licitação já publicado". Mas, como anotam Sundfeld *et al.* (2020), a exigência do TCU vem sendo atendida. "Com isso, o TCU passou a participar ativamente da modelagem das concessões", o que ficou especialmente evidente em 2013, quando o TCU se envolveu ativamente nos contratos de concessão de portos e aeroportos (SUNDFELD *et al.*, 2020).

Tendo poderes ampliados pela Constituição de 1988, uma nova lei orgânica (1992) e instrumentos relevantes de controle de todos os contratos (com a Lei de Licitações, de 1993), o TCU passa, a partir de 1997, a ganhar um novo poder muito relevante: o de apontar indícios de irregularidades em obras públicas. Desde a Lei de Diretrizes Orçamentárias (LDO) daquele ano, cabe ao TCU fiscalizar as obras públicas em andamento e informar ao Congresso Nacional sobre a existência de indícios de irregularidades para que, no momento de elaboração da Lei Orçamentária Anual (LOA), seja possível encaminhar os casos em que as irregularidades não foram sanadas ao Anexo

VI da LOA e, com isso, suspender total ou parcialmente o pagamento de recursos (TEIXEIRA; AQUINO ALVES, 2011).

O projeto de Lei de Diretrizes Orçamentárias de 1998 (PLDO 1998) foi enviado pelo governo Fernando Henrique Cardoso ao Congresso Nacional a 15 de abril de 1997 e aprovado pelos parlamentares em julho daquele ano, tendo sido sancionada em lei (9.473/1997) pelo presidente. O artigo 69 da lei introduziu a novidade envolvendo poderes adicionais ao TCU:

> Art. 69. O Tribunal de Contas da União enviará à comissão mista permanente prevista no § 1º do art. 166 da Constituição Federal, até 30 de setembro de 1997:
> I - relação das obras em execução com recursos oriundos dos orçamentos fiscal e da seguridade social da União, nas quais tenham sido identificados indícios de irregularidades em sua gestão, ainda que os processos se encontrem em tramitação, incluídas ou não na proposta orçamentária, indicando a classificação institucional e funcional-programática do subprojeto ou subatividade correspondente, o órgão executante, a localização da obra, os indícios verificados e outros dados julgados relevantes para sua apreciação, pela comissão;
> II - informações gerenciais sobre a execução físico-financeira dos subprojetos mais relevantes, constantes dos orçamentos fiscal e da seguridade social, selecionados, especialmente, de acordo com critérios que levem em consideração o valor liquidado no exercício de 1996 e o autorizado em 1997, a regionalização do gasto, sem prejuízo das solicitações do Congresso Nacional (BRASIL, 1997).

Tal como a Lei de Licitações surgiu como uma resposta a escândalos de corrupção – notadamente o escândalo conhecido como "Anões do Orçamento" –, a ampliação de poderes do TCU a partir da LDO de 1997 também decorre de uma conjuntura crítica.

De acordo com Ribeiro, Silva Jr. e Bittencourt (2009), a origem remonta ao escândalo do Tribunal Regional do Trabalho de São Paulo, em 1994. Naquela ocasião:

> (...) o TCU comunicou ao Congresso Nacional a identificação de irregularidades na execução da obra e esta permaneceu recebendo recursos públicos até 1997, que o Congresso Nacional identificou a necessidade de rever procedimentos acerca do repasse de recursos orçamentários da União para obras já com irregularidades identificadas. Desse modo, estabeleceu ao TCU, por meio das LDOs, a prerrogativa de fiscalizar anualmente obras de grande vulto para subsidiar o Congresso Nacional

na discussão e na aprovação da LOA, o que se constituiu em medida preventiva de proteção ao erário público (TEIXEIRA; AQUINO ALVES, 2011, p. 432).

Foi a partir desse instrumental legal, criado em 1997, que o TCU instituiu a Fiscobras, nome dado ao Plano Anual de Fiscalização de Obras Públicas. A iniciativa passou a atrair o foco de auditores e ministros do tribunal, dado o poder concedido pelo Executivo e pelo Legislativo para amplas fiscalizações.

O próprio nome do plano tem caráter midiático: ao incorporar a alcunha "Bras" em Fiscobras, o TCU estava trazendo para si marcos simbólicos presentes em grandes empregadores nacionais, como Petrobras, Eletrobras e Telebras.

Quando do aniversário de 25 anos da Fiscobras, o TCU produziu material laudatório que, entendo, é especialmente simbólico para compreender como a própria corporação – auditores e procuradores de contas, mas também os ministros do TCU – percebe o plano de fiscalização de obras:

> Apenas nos últimos dez anos [2013-2022] o Plano Anual de Fiscalização de Obras Públicas do Tribunal de Contas da União (Fiscobras) auditou 1.040 obras, envolvendo R$ 285,5 bilhões. O benefício estimado ao erário chega a R$ 16,3 bilhões. *Os resultados nascem de muito trabalho, dedicação e de uma constante evolução das abordagens e metodologias aplicadas pelo Tribunal* (...). No começo do Fiscobras, a primeira grande transformação foi considerar as especificidades da despesa auditada, isso porque as obras públicas têm particularidades bem distintas daquelas relativas à aquisição de um equipamento ou à contratação de serviços de pessoal para limpeza, por exemplo. Uma obra exige um grau de maturidade em seu desenvolvimento que demanda conhecimento especializado e tempo.
> O coordenador-geral de Controle Externo de Infraestrutura (Coinfra), Manoel Moreira de Souza Neto, esclarece que, em sua visão, há três pontos fundamentais que inserem as obras públicas em um contexto distinto daquele de uma compra comum: (1) *geralmente são objetos de grande valor agregado, que consomem muito recurso público,* (2) requerem conhecimento especializado de domínio de poucos e, consequentemente, (3) *é uma área muito sujeita a riscos de ineficiência, fraude e corrupção.*
> A obra pode até ser pequena, uma escola, mas, para o município, o valor do recurso empregado é alto. "Qualquer pequena obra hoje custa no patamar de milhão de reais. Então, pelo volume de recursos e pela complexidade, *a sociedade precisa do controle externo para servir de lupa para*

enxergar o que é a obra, quais os grandes elementos que a constituem em termos de valor e de qualidade (TCU, 2022, destaques nossos).

Os trechos destacados acima trazem grande interesse para este livro. O teor laudatório ("muito trabalho, dedicação") indica como os integrantes do TCU percebem a iniciativa da Fiscobras, 25 anos após seu início, em 1997. Ademais, pela fala do auditor que coordena a área de controle externo voltada a obras de infraestrutura, é possível perceber outra faceta por detrás da Fiscobras, estabelecendo uma correlação entre "objetos de grande valor agregado, que consomem muito recurso público" e "área muito sujeita a riscos de ineficiência, fraude e corrupção". A última frase que destacamos é o corolário desse espírito: para evitar o risco de ineficiência, fraude e corrupção em grandes obras públicas que "a sociedade precisa do controle externo".

Esse *ethos* – o de agir em prol da sociedade, fundamentado pela Constituição e empoderado por leis que vão se avolumando a partir de 1992, para investigar desvios de conduta por parte da administração pública – é compartilhado entre auditores e procuradores. Não é à toa que, em diversos momentos deste livro, uso exemplos do Ministério Público Federal como explicativos, também, para a evolução institucional do TCU e sua corporação, seja porque o tribunal conta com um braço especial do Ministério Público dentro de sua estrutura – o Ministério Público de Contas, criado pela Constituição de 1988 –, seja porque, ao fazer parte do controle externo, o TCU divide responsabilidades (e exposição midiática) com o MPF.

Os avanços legais, que, aos poucos, ano após ano, conferem ao TCU e a seu corpo de funcionários poderes novos, são fundamentais nesse sentido.

Por obra da evolução institucional, a partir de passos legais, e aumento de exposição do TCU perante o público, as representações autuadas no tribunal passaram a crescer rapidamente. Lopes Jr. (2007) registra que, no ano 2000, foram 869 representações autuadas no TCU, um incremento de 5,2% frente a 1999 e de expressivos 88,5% em relação a 1998. O TCU começara a entrar no imaginário coletivo.

O passo seguinte nessa escada de evolução institucional ocorreu em maio de 2000, quando foi sancionada a Lei de Responsabilidade Fiscal (LRF). Em uma frase, bem colocada por Dantas e Dias (2016): o TCU está para a Lei de Responsabilidade Fiscal assim como o STF está para a Constituição Federal. Dito de outra forma: assim como STF zela e atua como guardião da Constituição, cabe ao TCU igual papel quanto à LRF: zelar pelo cumprimento legal e agir como seu guardião (PASCOAL, 2018, p. 22).

São novas e grandes as responsabilidades adquiridas pelo TCU a partir de 2000, portanto.

A LRF "não criou novas práticas, mas, sobretudo, reforçou processos que já haviam surgido com a Constituição e se encontravam em gestação, de forma desigual, entre os diversos tribunais de contas no país" (TEIXEIRA; LOUREIRO; CACIQUE, 2009, p. 744), uma vez que a lei "valorizou a função fiscalizatória dos tribunais de contas, dandolhes a atribuição de ser o guardião da lei" (TEIXEIRA; LOUREIRO; CACIQUE, 2009, p. 748).

O artigo 59 da LC nº 101/2000, a Lei de Responsabilidade Fiscal, obriga os tribunais de contas a criarem um efetivo acompanhamento concomitante da administração pública, alertando o gestor sobre eventuais irregularidades antes do encerramento do exercício e de qualquer tipo de julgamento, de forma a evitar desvios capazes de afetar o equilíbrio das contas públicas (SILVA FILHO, 2019).

Há, com a LRF, um reforço da atuação concomitante do Tribunal de Contas. Nesse caso, é quando ocorre o exame da execução de contratos administrativos pelo TCU, pelo qual se acompanha, *pari passu*, durante determinado período, o cumprimento das condições estabelecidas no contrato (SILVA FILHO, 2019). Nesse sentido, a Lei de Licitações, de 1993, introduziu um poder novo – e relevante – aos tribunais de contas, poder este que seria reforçado com a LRF sete anos mais tarde:

> Neste tipo de controle [do tipo concomitante], avalia-se a qualidade da prestação do serviço e/ou produto contratado; se as medições atestadas, no caso de obras públicas, por exemplo, correspondem ao que de fato foi executado; se os profissionais responsáveis técnicos, no caso de obras e outros serviços, são aqueles indicados pela contratada na fase de licitação para fins de comprovação da capacitado técnico-profissional ou, em caso de substituição, se apresentam qualificação técnica equivalente ou superior ao exigido. Verificam-se também os controles utilizados pela administração para gestão e fiscalização da execução contratual (...) Essa forma de controle não se limita a simples verificação de documentos, mas fundamenta-se sobretudo na realização de vistorias "in loco", mostrando-se extremamente relevante, pois permite a observação das condições em que estão sendo prestadas a execução do contrato (SILVA FILHO, 2019, p. 95-96).

O reforço institucional conferido pela LRF ao TCU – tornado "guardião da LRF" (PASCOAL, 2018, p. 122) – teve como corolário o incremento de pessoal, tanto em número de servidores (auditores) quanto em salários. Ficou atrativo estar no TCU.

> A promulgação da Lei de Responsabilidade Fiscal ampliou a função fiscalizatória dos tribunais de contas, atribuindo-lhes o papel de seu guardião. A partir de então eles passam também a controlar os limites de gastos com pessoal em todas as esferas da federação e em cada um dos poderes. Com a expansão dos itens a fiscalizar – que agora incluem também os relatórios de gestão fiscal e de execução orçamentária do Poder Executivo de todos os entes da federação – *foi necessário iniciar o processo de modernização técnica e a reestruturação interna dos tribunais de contas em todo o país*, o que ocorreu sob o comando do governo federal. O Ministério do Planejamento (...) encomendou estudos que diagnosticaram *a necessidade de melhorias nos procedimentos técnicos e na capacitação de funcionários para lidar com suas novas atribuições*. Como fruto desses estudos, foi criado em 2001 com o apoio financeiro do BID o Programa de Modernização do Controle Externo (Promoex), para coordenar esse processo junto ao TCU (ARANTES *et al.*, 2010, p. 130-131, destaques nossos).

Organizado internamente (Lei nº 8.443/92) e com poderes legais claramente determinados para controlar e julgar licitações (Lei nº 8.666/93), acompanhar e fiscalizar obras públicas (Lei nº 9.473/97) e despesas e receitas fiscais (LRF 2000), contando com um amplo processo de reestruturação técnica acompanhado pelo governo federal e pelo BID (2001), o TCU estava, enfim, com aparato para fazer valer a previsão constitucional.

Esses poderes começariam a ser usados a pleno ao final da década de 2000. Escrevendo em 2007, Lopes Jr. parecia antever o que viria:

> (...) a evolução institucional do Tribunal de Contas demonstra a tendência quase irresistível desse processo de judicialização da política pela vertente interna (...) o TCU ocupa lugar privilegiado na intermediação entre Executivo e Legislativo, haja vista a importância do órgão nas funções fiscalizadoras, administrativas e judicantes das atividades financeiras de governo (LOPES JR., 2007, p. 103-104).

Logo após tomar posse para seu segundo mandato, o presidente Lula anunciou uma das iniciativas mais importantes para seu governo: o Plano de Aceleração do Crescimento (PAC). O PAC foi lançado em janeiro de 2007 e, apenas 45 dias depois, foi alvo de anúncio por parte do TCU: o tribunal destacava que as grandes obras públicas do programa federal seriam fiscalizadas de forma "prioritária".[6] Isto é, o foco da Fiscobras passaria a ser essencialmente voltado ao PAC.

Era a primeira vez em que o TCU se colocava como ator central de um programa fundamental para o Executivo federal – no caso, claro, como controlador externo.

Assim, a partir daquele momento, o TCU passou a ocupar um espaço novo no desenho do poder em Brasília. Já naquele primeiro ano, 2007, o TCU foi responsável pela paralisação de obras consideradas fundamentais pelo governo federal, como a transposição do Rio São Francisco e a recuperação de rodovias federais, após análise de contratos e licitações feitas pelo Tribunal de Contas (ARANTES *et al.*, 2010).

Os embates políticos dos últimos anos do governo Lula passaram a envolver o TCU, em uma situação absolutamente nova para um tribunal que, até aquele momento, como vimos na parte 3, passara incólume ao desenrolar da história brasileira.

No início de 2011, começo da gestão federal da sucessora de Lula, presidente Dilma Rousseff, o novo governo formulou a Lei de Diretrizes Orçamentárias para o ano seguinte (PLDO 2012), incluindo um artigo no projeto que, segundo o TCU, "restringia" seu poder de fiscalizar obras. Naquele contexto, o jornal *O Globo* produziu uma reportagem especial, assinada por Cristiane Jungblut, que recontava como havia sido o embate entre o TCU e o presidente Lula nos dois anos anteriores. Os trechos iniciais da reportagem são dignos de nota, dado que registram como a evolução institucional do Tribunal de Contas ocorrera:

> *TCU: alvo de críticas de Lula*
> Os critérios para fiscalização de obras do Tribunal de Contas da União (TCU) foram alvo constante de ataques do ex-presidente Luiz Inácio Lula da Silva durante o seu governo. O petista criticou o trabalho dos auditores diversas vezes, principalmente quando as decisões do órgão atingiram empreendimentos do Programa de Aceleração do Crescimento (PAC). Um dos casos mais emblemáticos foi o da refinaria Abreu e Lima, em Pernambuco, cujo superfaturamento nas obras foi apontado pelo tribunal. Em janeiro do ano passado, ao sancionar o Orçamento da União para 2010, Lula retirou, por veto presidencial, quatro obras da Petrobras da

6 "Fiscalização dará prioridade ao PAC". Reportagem no *site* oficial do TCU. Fiscalização dará prioridade a obras do PAC | Portal TCU (Acesso a 27.11.2023).

> lista com indícios de irregularidades graves, uma delas a da refinaria (...) Os empreendimentos estavam com repasses e convênios suspensos. Na ocasião, a oposição acusou o então presidente de "passar por cima" do TCU e do Congresso.
> Em setembro de 2009, durante a posse do advogado-geral da União (AGU), Luís Inácio Adams, Lula já havia reclamado dos trabalhos dos auditores. Em discurso, o presidente declarou: "O Brasil está travado. Não é fácil governar com a poderosa máquina de fiscalização e a pequena máquina de execução que temos. Estou tentando fazer um relatório das coisas mais absurdas. Há obras paralisadas por cinco meses, dez meses, um ano, que depois são liberadas sem que as pessoas que as paralisaram tenham punição".
> Em novembro do ano passado, Lula voltou a atacar o tribunal. Logo após o TCU recomendar ao Congresso a paralisação de 32 obras com recursos federais, o petista, em viagem a Moçambique, disse que nem sempre o que técnicos e auditores do TCU apontam como irregularidades é verdadeiro. "Qual é o papel do TCU? O TCU investiga, manda seus engenheiros e seus técnicos, eles constatam algumas coisas. Nem sempre o que eles constatam é verídico", afirmou (JUNGBLUT, 2011).

Os embates envolvendo o TCU e o governo federal, à luz da Fiscobras e do foco do tribunal no PAC, continuaram no governo Dilma Rousseff. Não foi uma surpresa: Dilma, afinal, fora apelidada pelo próprio antecessor como "mãe do PAC", tendo liderado a formulação e o anúncio do programa federal quando ministra-chefe da Casa Civil no governo Lula.

> O TCU adquiriu grande *visibilidade* a partir dos planos de fiscalização de obras públicas (Fiscobras) – seleção de obras públicas realizada com base em critérios de materialidade de recursos envolvidos, localização geográfica e relevância social, incluindo-se projetos, editais e empreendimentos em execução. Nessa sistemática, verifica-se a regularidade da aplicação dos recursos orçamentários e são apontadas as irregularidades mais relevantes, a fim de mitigar possíveis prejuízos e propor medidas corretivas. Considerando as informações sobre obras com indícios de irregularidades graves encaminhadas pelo TCU, o Congresso Nacional avalia quais empreendimentos devem deixar de receber dotações orçamentárias, de forma a evitar, por consequência, desvios e prejuízos significativos ao erário. *Ao longo das últimas duas décadas, a atuação do TCU nessa matéria contribuiu para evitar desperdícios da ordem de bilhões de reais por meio de ações de controle em empreendimentos de infraestrutura*, as quais enfocavam o preço das obras e as falhas nos projetos de engenharia (DANTAS, 2023, p. 30-31, destaques nossos).

O trecho acima, produzido pelo ministro e presidente do TCU, Bruno Dantas, guarda grande interesse. Em primeiro lugar, por reforçar o caráter de "visibilidade" atraída pelo TCU junto à sociedade a partir da Fiscobras, notadamente a partir de 2007. O conceito de visibilidade é importante porque garante não só força institucional como, também, serve de "imã" para servidores – auditores, procuradores e também ministros – atuarem na instituição. Um movimento que se retroalimenta, portanto. Em segundo lugar, o trecho é interessante por mostrar como a atuação do TCU com a Fiscobras é incensada por seus integrantes, de auditores à mais alta cúpula da instituição – caso do presidente.

O TCU passou a receber atenção atípica, decorrente de suas ações fiscalizatórias de grande repercussão. Em agosto de 2011, a repórter Maria Lima, em *O Globo*, produzia matéria com um perfil de cada um dos ministros do Tribunal de Contas.[7]

O contexto nacional mudava rapidamente a partir daquele momento. Vilhena (2018) delimita o julgamento da Ação Penal nº 470, o famoso caso do "Mensalão", como o marco inaugural de uma nova fase do relacionamento entre os Poderes no país. O julgamento, pelo Supremo Tribunal Federal, começou em meados de 2012 e se alargou até o ano seguinte. Ele contou com uma cobertura midiática sem paralelos: sessões inteiras do plenário de ministros do Supremo eram exibidas por televisão para o país todo, interrompendo por vezes a programação normal dos canais jornalísticos.

> Apesar de a Constituição de 1988 ter ampliado os poderes e as garantias de independência do Ministério Público, o posicionamento da instituição, até o caso do mensalão, era marcado pela discrição, no que se refere ao controle da cúpula do poder. Durante a gestão Fernando Henrique Cardoso, o procurador-geral da República Geraldo Brindeiro ficou ironicamente conhecido como "engavetador-geral da República", em razão de sua postura passiva em relação às denúncias apresentadas contra o governo (VILHENA, 2018, p. 44).

---

7 "Um tribunal de ex-parlamentares", reportagem de Maria Lima em *O Globo*, de 12.08.2011. No texto, chamamos atenção especialmente para trecho sobre o ministro Augusto Nardes: "O ministro do TCU e ex-deputado gaúcho Augusto Nardes, indicação do PP da Câmara, também chegou ao TCU com as bênçãos do Planalto e da base aliada de Lula". Nardes seria, anos mais tarde, o relator das contas federais de 2014, oferecendo parecer pela rejeição e, com isso, dando embasamento para o processo de *impeachment* de Dilma Rousseff em 2015-2016.

Enquanto todos os passos legais que demarcamos aqui ocorriam entre 1992 e o começo dos anos 2010, é necessário notar que o TCU também contou com incremento de pessoal, combinado a escalas elevadas de salários (GAETANI; LAGO, 2022). Havia, portanto, uma assimetria: enquanto a administração pública direta sofria com concursos esparsos e baixos salários, em termos relativos, as instituições de controle – Polícia Federal, TCU, Ministério Público Federal, Receita Federal – contavam com concursos periódicos e aumentos relevantes dos salários. "A partir dos governos do PT, as profissões de elite do setor público passaram a ser prestigiadas com salários elevados", anota Nassif (2024, p. 31), que, criticamente, aponta que "o aprimoramento dos sistemas de controle – como o Tribunal de Contas da União, Controladoria-Geral da União, Ministério Público Federal – criou entidades de poderes ilimitados".

A visibilidade auferida com a Fiscobras, especialmente a partir de 2007, deu ao TCU um espaço inédito: a oposição política ao governo de plantão percebeu ser o Tribunal de Contas um local para travar novas disputas. Em 2009, por exemplo, o Congresso Nacional decidiu, em acordo entre oposição e situação, que caberia ao TCU realizar uma ampla auditoria operacional para aferir o estado de governança das agências reguladoras de infraestrutura do Brasil (DANTAS, 2023). O trabalho levou dois anos para ser concluído (Acórdão nº 2.261/2011) e acabou auxiliando na incorporação, *interna corporis*, do conceito de governança e de auditorias amplas sobre o governo.

Entre 2011 e 2012, durante a presidência de Augusto Nardes, o TCU buscou a Organização para Cooperação e Desenvolvimento Econômico (OCDE) para atualizar seu modelo de governança pública. A decisão veio na esteira do que o Ministério do Planejamento e Orçamento fizera em 2010, que havia comissionado uma revisão de pares (*peer review*) sobre recursos humanos na administração pública federal (GAETANI; LAGO, 2022). O relatório da OCDE ficou pronto em novembro de 2012,[8] com indicações para o TCU atualizar sua forma de monitorar e controlar o governo federal já a partir de 2013 – sugestões que receberam ampla difusão dentro do TCU.[9]

---

8 Nova Revisão da Governança Pública do TCU – relatório da OCDE, novembro de 2012: Conheça o relatório de revisão de pares desenvolvido pela OCDE | Portal TCU (acesso a 24.11.2023).

9 Quando o autor desta tese passou a frequentar o TCU diariamente, a partir de janeiro de 2015, eram recorrentes os comentários de auditores, de procuradores do MPC e mesmo de ministros sobre o papel da nova governança, derivada do trabalho junto à OCDE.

> No caso do TCU, o foco [do relatório em parceria com a OCDE] era na sistemática da análise das contas de governo, em especial, na necessidade de se fazer mais uma auditoria financeira nas contas do que uma avaliação de programas de governo (GAETANI; LAGO, 2022, p. 88).

A nova governança pública é o corolário da reforma gerencial do Estado, introduzida pelo ministro Luiz Carlos Bresser-Pereira durante o primeiro mandato de Fernando Henrique Cardoso (BRESSER-PEREIRA, 1998). Como aponta Philippe Schmitter, em tradução de Dantas (2023):

> Governança é um método ou mecanismo para regular uma ampla gama de problemas ou conflitos, pelos quais os atores chegam regularmente a decisões mutuamente satisfatórias ou vinculativas, por meio de negociação e cooperação, sendo caracterizada por "formas horizontais de interação", entre atores que têm interesses contraditórios, mas que são suficientemente independentes um do outro que nenhum deles pode impor uma solução por si só, sendo suficientemente interdependente para que "todos eles" percam se nenhuma solução for encontrada (DANTAS, 2023, p. 55).

Com governança modernizada, carreiras estruturadas e salários médios elevados, e já estabelecido com um lócus institucional para batalhas administrativas entre forças políticas a partir da Fiscobras, o TCU passou a ser, pela primeira vez em sua história, uma instituição em que personalidades políticas e técnicas gostariam de fazer parte. O primeiro caso representativo, nesse sentido, foi a indicação de José Múcio Monteiro ao cargo de ministro do TCU, em setembro de 2009. Deputado federal pernambucano, com cinco mandatos na Câmara Federal, José Múcio era ministro da Secretaria-Geral da Presidência da República durante o segundo mandato do presidente Lula quando foi indicado por este e confirmado pelo Congresso Nacional. O avanço institucional do TCU, como vimos, continuou acelerado logo em seguida, já na década de 2010.

O primeiro embate nitidamente público por uma vaga em seu corpo dirigente – isto é, entre os ministros da Corte de Contas – ocorreu nos primeiros meses de 2014, quando da aposentadoria do ministro Valmir Campelo. O então senador Gim Argello, do Distrito Federal, postulou a vaga, porém as negociações políticas por seu nome desataram forte – e pública – campanha contra sua indicação pelo Senado Federal, endossada pela então presidente Dilma Rousseff. O ápice desse movimento ocorreu a 8 de abril daquele ano, quando auditores do TCU promoveram uma manifestação de rua contra sua indicação, ao mesmo tempo em que o plenário do Senado Federal decidiu negar o processo que conferia regime de urgência ao seu nome, o que ensejaria um rito mais expresso (e potencialmente menos rigoroso) de análise da escolha. Diante desses lances, largamente noticiados pela imprensa, o então senador decidiu renunciar sua indicação.[10] Ao final, o Senado Federal indicou o jurista Bruno Dantas, que fora consultor-geral da instituição, bem como conselheiro do Conselho Nacional do Ministério Público (CNMP) e do Conselho Nacional de Justiça (CNJ). A indicação dos senadores foi aprovada pelos deputados federais dois meses depois, e o novo ministro tomou posse em agosto daquele ano.

Com toda a organização interna (de carreiras e salários), com modelo de governança modernizado, com um aparato legal e político conferido ano a ano, como vimos, desde 1992, com um corpo de ministros empoderado pelo controle político e midiático, o TCU estava, a partir daquele momento – fins de 2014 em diante –, preparado para ocupar um espaço novo na arena pública.

Restava um contexto ideal, uma conjuntura crítica, para que o TCU colocasse em prática todos os poderes que adquiriu ao longo dos anos.

Esse contexto foi dado em 2015. Convido a leitora e o leitor deste livro a prender o ar e ler o próximo parágrafo, propositalmente longo, de uma só vez: assim ele dará a dimensão clara do contexto em que estávamos quando da eclosão do *impeachment*.

A crise política desatada pelas manifestações de rua verificadas em junho de 2013, seguida do aumento da fragmentação partidária após as eleições de 2014, somadas as graves perturbações econômicas (piora rápida dos índices de desemprego e de inflação ao longo de 2015 e também de 2016), a crise social aguçada pela operação jurídico-político-policial Lava Jato e a inabilidade política da presidente Dilma Rousseff no trato com o Congresso Nacional (reconhecida por integrantes do próprio PT) representaram o contexto ideal para que o TCU pudesse, enfim, ocupar um espaço que inicialmente não estava disponível.

> A convivência desse modelo de presidencialismo de coalizão, minado pela hiperfragmentação partidária e pela alta taxa de heterogeneidade

---

10 "Senador Gim Argello abdica de indicação para ser ministro do TCU", reportagem da *Agência Brasil*, 09.04.2014. Disponível em: https://agenciabrasil.ebc.com.br/politica/noticia/2014-04/senador-gim-argello-abdica-de-indicacao-para-ser-ministro-do-tcu. Acesso em: 29 jan. 2025.

> partidária, *com instituições de controle e aplicação da lei cada vez mais autônomas e eficientes levou a uma crescente fricção entre as esferas política e jurídica.* A desenvoltura demonstrada pelo Ministério Público Federal e pela Polícia Federal, com respaldo do Supremo Tribunal Federal, durante o julgamento do mensalão [em 2012-2013] indica uma dificuldade cada vez maior de convivência entre um padrão degradado de funcionamento do sistema político e *uma postura mais agressiva e independente do sistema de controle e aplicação da lei.* A crise aberta em 2013 está associada a esse crescente antagonismo entre o sistema político criado pela Constituição de 1988, e que teve os seus vícios exacerbados ao longo de décadas de funcionamento, e *um sistema de controle e aplicação da lei, também estruturado pela Constituição atual e que ao longo das mesmas décadas foi se tornando mais rígido e mais autônomo* (VILHENA, 2018, p. 30, destaques nossos).

Esses poderes são usados, a pleno, em 2015. O julgamento em plenário realizado em abril daquele ano teve a LRF como base: o governo Dilma Rousseff foi condenado, de forma unânime, por ter infringido o artigo 36 da Lei de Responsabilidade Fiscal. Os recursos do governo foram depois julgados em dezembro do mesmo ano, sendo parcialmente negados. Esse referido processo, das chamadas "pedaladas fiscais", acabou embasando a decisão – também colegiada – de dar parecer pela rejeição das contas federais de 2014, a 7 de outubro de 2015.

Nas três ocasiões (abril, outubro e dezembro de 2015), o governo sofreu derrotas unânimes a partir de três relatores distintos: os ministros José Múcio, Augusto Nardes e Vital do Rêgo. Todos os três tinham sido parlamentares federais antes de ingressarem no TCU. Com exceção de Nardes, indicado diretamente pelo Congresso, os outros dois foram selecionados inicialmente por presidentes da República: Múcio foi indicado por Lula (a quem serviu também como ministro de Relações Institucionais, como vimos) e Vital do Rêgo fora indicado por Dilma (a quem apoiara politicamente como senador pelo MDB da Paraíba).

A nova força do Tribunal de Contas da União pode ser medida também pelas palavras ditas pelos autores do Projeto de Lei do Senado nº 349/2015, que viria a se transformar na Lei nº 13.655, sancionada pelo presidente Michel Temer em 2018. Como anota Oliveira (2018), o PLS nº 349/2015 buscava resolver a insegurança jurídica e a ineficiência da administração pública:

> A causa desses dois problemas, segundo os autores da Lei 13.655/18, estaria relacionada à atuação dos órgãos de controle, incluindo aí os Tribunais de Contas, Ministério Público e Poder Judiciário, em face

> das abruptas mudanças de entendimento que estariam com frequência promovendo e também em virtude do excesso de rigor que estaria provocando medo nos gestores públicos e, com isso, a paralisia da Administração Pública, o chamado "apagão das canetas", pois os gestores não estariam procurando inovar nem tomar certas iniciativas com medo de serem injustamente responsabilizados pelos órgãos de controle (OLIVEIRA, 2018, p. 29-30).

Ao final de toda essa travessia institucional e política, o TCU chegou ao estágio presente, que pode ser resumido de forma curta e direta: "É amplo o grau de abrangência do controle sob a responsabilidade do TCU" (SUNDFELD *et al.*, 2020, p. 350). Integrantes do sistema dos tribunais de contas, contemporâneos à grande exposição do TCU entre 2015 e 2016 devido ao *impeachment* presidencial, entendiam que os tribunais de contas viviam "o melhor momento da história" (PASCOAL, 2018, p. 31).

Olhando em retrospectiva, a economista e advogada Elena Landau, que fora diretora de desestatização do Banco Nacional de Desenvolvimento Econômico e Social (BNDES) nos anos 1990 e que depois se especializou em casos de alienação de ativos no setor elétrico, apontou que:

> O TCU assumiu um enorme poder de lá [anos 1990] para cá e ainda tem o papel de dar legitimidade ou aprovar o processo. Na nossa época, o TCU era muito mais voltado para a questão da avaliação dos procedimentos (...). Hoje o TCU interfere na definição de preço, o que não é sua atribuição. Então, o processo fica mais complexo e levamos muito tempo à espera de aprovação (FERNANDES, 2023, p. 252).

Ao tratar do papel da Agência Nacional de Energia Elétrica (Aneel) durante a produção e anúncio de medida provisória do governo federal (no caso, a MP nº 579, de 11 de setembro de 2012, governo Dilma Rousseff), Landau afirmou que uma das consequências dessa captura das agências, que, em tese, deveriam ser essencialmente independentes dos Poderes, acaba levando ao crescente empoderamento do TCU.

> O enfraquecimento das agências leva a uma maior interferência do TCU (...). Porque quando as agências falham, o Tribunal cresce e começa a cumprir funções que não são as dos seus ministros, interferindo, por exemplo, no próprio processo técnico de definição de modelos, de preços, de outorgas. Como consequência, temos o que chamamos de "apagão

> das canetas", que é uma paralisia decisória, porque começa a haver medo de que o TCU passe a ser punitivo, caso discorde tecnicamente de uma decisão. Isso é grave (FERNANDES, 2023, p. 254).

Essa evolução institucional do TCU, desde sua organização formal, em 1992, até o tempo presente, tem ganhado crescente interesse de observadores privilegiados, como Francisco Gaetani, que, em 2023, assumiu secretaria no governo federal com o objetivo de realizar uma reforma do Estado. Pouco antes da chegada ao setor público federal, em obra escrita com o cientista político Miguel Lago, anotou em *O descontrole dos controladores?* que:

> Após a redemocratização, o processo de reforma da administração pública vinha evoluindo lentamente, de modo espasmódico, pelo menos no âmbito federal (...) os órgãos de controle, em especial o Tribunal de Contas da União (TCU) e o Ministério Público Federal (MPF), vinham se profissionalizando muito mais rapidamente, amparados nas respectivas constitucionais (...) Os órgãos de controle, em especial o MPF e o TCU, estruturam-se com muito mais velocidade e competência do que o Poder Executivo federal (...) O resultado foi a configuração de um relacionamento desigual entre controladores e controlados, pouco visível aos olhos do público (GAETANI; LAGO, 2022, p. 84-85).

Os avanços do TCU sobre diversas matérias de interesse da administração pública federal provocaram diversos movimentos. De um lado, a visibilidade nacional decorrente dessas ações trouxe prestígio institucional. De outro, a própria ação do TCU tem levado à prática de "apagão das canetas", amplamente documentada nos últimos anos, na imprensa e em artigos acadêmicos (CHAGAS, 2021; PEREIRA, 2022; KELMAN, 2023). O apelido foi decorrente das reticências apresentadas por servidores federais em assinar ("canetas") atos e portarias que poderiam, eventualmente, ser questionadas pelo TCU, levando a longos – e dispendiosos – processos administrativos. O TCU, afinal, auditou obras do PAC, mas também programas sociais, como Bolsa Família, ProUni, FIES e ações nas áreas de telefonia e telecomunicações (DANTAS, 2023).

A força institucional do TCU, no presente, é incomparável àquela de dez anos atrás. Compreendê-lo tornou-se um processo inescapável para quem se dedica à arena pública, seja na ciência, na prática política, na administração pública ou no setor privado que se relaciona com governos.

No passado, o TCU era decorativo. No presente, tornou-se partícipe ativo da esfera decisória nacional, para o bem quando seus quadros técnicos agregam valor às decisões em construção no Executivo, para o mal quando o punitivismo e a politização turvam o comportamento dos seus quadros (GAETANI; LAGO, 2022, p. 94).

Abaixo, um quadro que sintetiza os eventos mais relevantes para explicar o avanço institucional e político do TCU:

Quadro 1 – Eventos relevantes para explicar o avanço institucional-político do TCU

(continua)

Evento	Ano	Razão
Constituição	1988	A Constituição recepciona o TCU na redemocratização, incluindo o Ministério Público Especial.
Lei Orgânica do TCU	1992	A lei que organiza o funcionamento do TCU, com seus quadros técnicos, secretarias, níveis de atuação e diferentes colegiados. Sancionada em julho de 1992, durante a crise que desembocaria no *impeachment*.
Lei de Licitações	1993	A lei, em seu artigo 113, confere ao TCU o papel de controlador de todas as despesas decorrentes dos contratos e demais instrumentos legais, além de ser colocado como fórum de representação principal por qualquer licitante e contratado.
Lei de Diretrizes Orçamentária (LDO)	1997	A partir da LDO 1998, enviada pelo Executivo em abril de 1997 e aprovada pelo Congresso em julho daquele ano, o TCU passa a ter o poder – concedido pelo Congresso Nacional e pelo governo federal conjuntamente – de fiscalizar obras públicas em andamento, alertando o Congresso sobre eventuais indícios de irregularidades. É criada, no TCU, a Fiscobras – Plano Anual de Fiscalização de Obras Públicas.
Lei de Responsabilidade Fiscal	2000	A lei confere ao TCU o papel de verificador dos limites de despesas com pessoal, de cada Poder, além do poder de acompanhar e zelar pelos rumos fiscais a partir daquele momento. A lei também prevê que o TCU deve realizar parecer prévio sobre as contas prestadas pelos três Poderes.

(CONCLUSÃO)

Evento	Ano	Razão
Fiscalização de grandes obras	2007	A partir do Programa de Aceleração do Crescimento (PAC), lançado pelo governo Lula, o TCU começa a montar uma lista anual de obras com indícios de irregularidades. Essa lista é enviada à Comissão Mista de Orçamento, no Congresso. A mais ruidosa das obras paralisadas foi da refinaria Abreu e Lima, da Petrobras, em 2009. A partir da LDO 2012, enviada pelo governo Dilma ao Congresso em abril de 2011, os critérios de fiscalização do TCU passam a ser detalhados.
Relatório de revisão da governança pública: OCDE e TCU	2012	Em parceria com a Organização para Cooperação e Desenvolvimento Econômico (OCDE), o TCU desenvolveu uma nova prática de governança pública. Fruto de dois anos de trabalho de cooperação, o relatório da OCDE para o TCU ficou pronto em novembro de 2012, passando a indicar formas novas de monitoramento e controle da administração federal a partir de 2013. O TCU deveria aprofundar sua auditoria financeira do governo em vez do foco continuado em programas específicos.
Processo de *impeachment*	2015	O plenário do TCU condena, de forma unânime, o governo Dilma Rousseff por "infração grave" à LRF, em abril de 2015. O julgamento dá ensejo a pedidos de *impeachment* da presidente. Em outubro, o colegiado de ministros dá parecer unânime pela rejeição das contas do governo federal. Ambas as decisões servem de base para o processo de impedimento aberto na Câmara em dezembro do mesmo ano.

Fonte: Elaboração própria.

Com esses *pilotis* assentados, chegou a hora de avançarmos para os processos de *impeachment*. Antes de verificarmos como atores-chave perceberam o TCU nos dois procedimentos (o que faremos por meio das entrevistas que serão apresentadas na parte 5), será preciso apresentar uma discussão expressa dos dois processos de *impeachment*. É isso o que faremos a partir de agora.

PARTE 4

OS *IMPEACHMENTS* DE COLLOR E DILMA

> "O *impeachment* tem elementos tanto do processo legal quanto de procedimentos essencialmente políticos. Como resultado, é um processo sem igual a outro."
> Michael J. Gerhardt

Estamos diante de um processo sem igual a outro. Essa máxima vale tanto para a análise do processo em si, isto é, em termos teóricos, quanto também na prática. Mesmo sendo semelhantes – muito semelhantes mesmo – na forma, os processos de *impeachment* contra Fernando Collor e contra Dilma Rousseff não foram iguais.

Em Villaverde (2019) aplicamos o modelo clássico de processos de *impeachment* presidenciais, aquele de Baumgartner-Kada (2003), aos três presidentes que passaram por isso no Brasil: Getúlio Vargas, Fernando Collor de Mello e Dilma Rousseff. Foram três estudos de caso, à luz do modelo explicativo clássico da ciência política americana. O método, à época, estava embasado em Lijphart (1971, p. 689-691): "A intensa análise comparativa de poucos casos pode ser mais promissora que uma análise estatística superficial de muitos casos". Pelo modelo clássico, havia cinco variáveis que precisavam estar "ligadas" ao mesmo tempo para que o(a) presidente fosse impedido de continuar no cargo.

Quadro 2 – Modelo Baumgartner-Kada

Eixos	Fatores condicionantes para o *impeachment*
1.	*Equilíbrio institucional* (verificar se há de fato – e não apenas *de jure* – a independência entre o Poder que acusa e julga e o Poder que é acusado e julgado em *impeachment*).
2.	*Provisões constitucionais e legais* (no caso brasileiro, as Constituições, desde 1891 – 1891, 1934, 1946, 1967 e 1988 –, sempre tiveram previsão de *impeachment* e, desde 1950, há lei específica detalhando as normas para um procedimento).
3.	*Estrutura político-partidária* (verificar se os políticos que acusam e que julgam, isto é, deputados e senadores, têm de fato liberdade de atuação social e institucional na disputa contra o presidente que sofre *impeachment* e vice-versa).
4.	*Popularidade do presidente* (aqui medida por pesquisas de opinião e também por agitações sociais que indicam vontade popular pelo afastamento do chefe do Executivo).
5.	*Outros fatores observáveis* (caso de deterioração econômica, como alta da inflação e do desemprego – caso Bill Clinton, em 1998, é pedagógico: economia dos EUA estava em franco crescimento, o que reduzia o ímpeto pelo afastamento do presidente).

Fonte: Elaboração do autor.

Esse modelo depois seria refinado por Pérez-Liñan (2007), mas permaneceria com o mesmo desenho. Foi este que aplicamos aos casos brasileiros em Villaverde (2019). As quatro primeiras variáveis são, basicamente, autoexplicativas. A quinta variável é aquela que demanda um pouco mais de explanação. É nela, ademais, que componentes econômicos entram. De nada adianta ter todas as quatro primeiras variáveis "ligadas" se, por exemplo, o país cujo presidente tem o mandato questionado pelos políticos está com a economia funcionando muito bem – com taxa de desemprego em níveis historicamente baixos e/ou inflação sob controle e/ou com forte desempenho econômico (ainda que relativamente desigual em sua distribuição de ganhos). O caso teste, nesse sentido, como apontam Baumgartner e Kada, é o *impeachment* do presidente norte-americano Bill Clinton. O processo foi aberto pela Câmara dos Deputados, que, desde 1995, passara ao controle da oposição (o Partido Republicano). Entre 1997 e 1998, os republicanos trabalharam intensamente pelo *impeachment* do presidente, a despeito de várias reações da situação (liderada pelo Partido Democrata, de Clinton). O *impeachment*, afinal, foi a voto no Congresso americano, mas não avançou. A economia americana estava "bombando", com forte geração de empregos, com geração de superávits comerciais e de conta corrente e com relativa boa aprovação do presidente (ainda que mais baixa do que estava no começo de seu mandato, em 1993). Como diria o *slogan* que elegeria o próprio Clinton, "é a economia, estúpido".

No caso brasileiro, isso é sintomático. A economia não ia nada bem nos anos dos *impeachments* presidenciais: 1954, 1992 e 2016. Mais que isso: a economia brasileira já não vinha bem desde muito antes do *impeachment* em discussão no Congresso Nacional. O governo Vargas convivia com greves históricas (como a "greve dos 100 mil", em 1953), elevada inflação e ritmo econômico (medido pelo PIB) mais fraco na parte final de seu mandato (1953-1954) do que no começo (1951). O governo Collor, como veremos, conviveu em contexto de crise econômica permanente: o desastroso Plano Collor, cometido já em seu primeiro dia de mandato (16 de março de 1990), provocou uma recessão profunda em 1990, apenas parcialmente recuperada em 1991 antes do país entrar em nova espiral recessiva em 1992, com piora do desemprego e com greves frequentes; enquanto tudo isso ocorria, a inflação disparava em ritmo de hiperinflação. O governo Dilma Rousseff começou com forte aceleração econômica em seu primeiro ano (PIB de 4% em 2011, mesmo sob um ritmo já muito elevado, de 7,5% em 2010), mas o país foi desacelerando até ingressar em fortíssima recessão em 2015 – repetida e aguçada em 2016. A inflação, sempre no topo da banda da meta perseguida pelo Banco Central durante todo o primeiro mandato, ficou totalmente fora de controle em 2015 e em 2016, tocando os dois dígitos pela primeira vez em mais de uma década. Como se não bastasse a piora da inflação, a taxa de desemprego também disparou em 2015: as pessoas perdiam seus empregos e lidavam com preços mais elevados, ao mesmo tempo. Eram os anos da Lava Jato, quando a operação liderada pelo então juiz Sérgio Moro (que depois se tornaria ministro do governo de extrema-direita de Jair Bolsonaro) e pelo então procurador (que depois se tornaria deputado de extrema-direita) Deltan Dallagnol paralisou setores econômicos quase por inteiro, notadamente em petróleo e gás e construção civil, com repercussões diretas em comércio varejista e serviços ao consumidor. Enquanto isso ocorria, o governo Dilma Rousseff também arcava com as consequências de decisões largamente equivocadas de política econômica, tomadas em seu primeiro mandato e apenas parcialmente corrigidas a partir do segundo mandato.

Feitas essas explicações sobre a quinta variável do modelo Baumgartner-Kada, vamos, então, à aplicação do modelo aos *impeachments* de presidentes brasileiros, que gerou nossa dissertação de mestrado (VILLAVERDE, 2019).

Nossos achados foram surpreendentes: o modelo Baumgartner-Kada explicava perfeitamente os afastamentos de Collor e de Dilma, mas não a permanência de Getúlio Vargas no poder. Aplicado ao caso Vargas, de 1954, o modelo apontava que o presidente deveria ter caído. Mas não: Vargas venceu na votação ocorrida na Câmara dos Deputados a 16 de junho de 1954. Por quê?

A pesquisa que produzimos em Villaverde (2019) acabou indicando a necessidade de uma variável adicional ao modelo clássico de Baumgartner-Kada, qual seja: o tempo de mandato.

Ficou claro, na referida pesquisa, que diversos opositores do presidente que sofria *impeachment* tinham mais incentivos para deixá-lo no cargo do que para afastá-lo, o que potencialmente o tornaria um mártir político (VILLAVERDE, 2019). Na época, o instituto da reeleição não existia, e Vargas estava apenas um ano e três meses distante de deixar o poder em definitivo.

Vargas, como sabemos, deixaria o poder menos de 70 dias depois de vencer o *impeachment*: cometeria suicídio na madrugada de 24 de agosto de 1954, dentro do Palácio do Catete, então sede do governo federal no Rio de Janeiro. Essa variável adicional, que defendemos também no debate público (VILLAVERDE; PAULINO, 2020), teria que ser incorporada para o modelo explicativo. Afinal, cotejada com os casos de Collor e Dilma, ela permaneceria verdadeira: em setembro de 1992, Collor ainda estava dois anos e três meses distante do fim de seu mandato; em maio de 2016, Dilma ainda estava dois anos e sete meses distante do fim de seu mandato.

Ademais, essa variável adicional, que introduzimos em Villaverde (2019), incorpora também o papel do vice-presidente da República no "jogo" do *impeachment*. Afinal, como prevê a Constituição brasileira, tal qual a norte-americana, o *impeachment* do presidente inexoravelmente leva à posse do vice. O tempo de mandato disponível, portanto, é o que assegura "tempo de trabalho" para o vice: de nada adianta afastar um presidente cujo tempo de mandato está perto do fim, dado que o vice empossado como titular praticamente não teria como alterar as condições políticas que levaram à crise do *impeachment*.

Assim, em Villaverde (2019), concluímos com o seguinte desenho de modelo explicativo de *impeachment*:

Quadro 3 – Modelo Baumgartner-Kada adaptado ao Brasil

Eixos	Fatores condicionantes para o *impeachment*
1.	*Equilíbrio institucional* (verificar se há de fato – e não apenas *de jure* – a independência entre o Poder que acusa e julga e o Poder que é acusado e julgado em *impeachment*).
2.	*Provisões constitucionais e legais* (no caso brasileiro, as Constituições, desde 1891 – 1891, 1934, 1946, 1967 e 1988 –, sempre tiveram previsão de *impeachment* e, desde 1950, há lei específica detalhando as normas para um procedimento).
3.	*Estrutura político-partidária* (verificar se os políticos que acusam e que julgam, isto é, deputados e senadores, têm de fato liberdade de atuação social e institucional na disputa contra o presidente que sofre *impeachment* e vice-versa).
4.	*Popularidade do presidente* (aqui medida por pesquisas de opinião e também por agitações sociais que indicam vontade popular pelo afastamento do chefe do Executivo).
5.	*Outros fatores observáveis* (caso de deterioração econômica, como alta da inflação e do desemprego – caso Bill Clinton, em 1998, é pedagógico: economia dos EUA estava em franco crescimento, o que reduzia o ímpeto pelo afastamento do presidente).
6.	*Tempo de mandato disponível para o vice-presidente assumir* (verificar em que momento do mandato presidencial que o processo de *impeachment* é desatado: os procedimentos contra Vargas em 1954 e contra Donald Trump em 2020 ocorreram em momentos muito próximos do fim dos respectivos mandatos, reduzindo o "apetite" dos políticos para afastar o titular).

Fonte: Elaboração do autor.

Esse desenho serve de base para a tese que agora está diante do leitor e da leitora. Antes de desbravarmos o que há de original aqui, devemos, no entanto, assentar os últimos *pilotis* em nosso bloco. Para isso, realizaremos agora um breve sobrevoo sobre os dois processos de *impeachment* que terminaram nos afastamentos presidenciais. Desta vez, faremos a descrição tendo como pano de fundo o ator fundamental deste livro: o Tribunal de Contas da União (TCU).

4.1 O *impeachment* de Fernando Collor

"Quando se estuda a história recente do Brasil, pergunta-se como pôde um político provinciano e obscuro, feito prefeito e governador para atender as conveniências da família, em pouco menos de uma década transformar-se em presidente da República e dar início a um amplo e

profundo processo de transformações econômicas, políticas e sociais em um país complexo como o Brasil?"
Carlos Melo (2007)

Fernando Affonso Collor de Mello nasceu no Rio de Janeiro em 1949, em berço esplêndido. Seu avô materno, Lindolfo Collor, fora ministro de Getúlio Vargas. Seu pai, Arnon de Mello, era empresário e político: chegaria a deputado federal, senador e governador de Alagoas pelo partido da direita na II República, a UDN. Mais que isso: Arnon de Mello seria o responsável por levantar um dos maiores grupos de mídia alagoana, afiliada da Rede Globo. Notório mesmo, no entanto, o pai de Fernando Collor ficou por conta de uma violência – na última sessão parlamentar de 1963, ele, então senador, trocou tiros com seu rival político alagoano, Silvestre Péricles de Góes Monteiro, e uma bala perdida disparada do revólver de Arnon atingiu o senador Kairalla, do Acre, que se despedia da vida pública. O acreano morreu.

Em 1978, com apenas 28 anos, Fernando Collor virou o presidente das Organizações Arnon de Mello, responsáveis por jornais, revistas e, mais importante, pela TV Gazeta, que distribuía em Alagoas o conteúdo da TV Globo. No ano seguinte, foi escolhido pela ditadura militar para ser o prefeito biônico de Maceió.

Primeiro pela Arena e depois pelo PDS, Collor militara sempre no partido de sustentação da ditadura. Nas eleições indiretas que marcaram a redemocratização do Brasil, em janeiro de 1985, Fernando Collor não votou na chapa da democracia, de Tancredo Neves e José Sarney, mas na chapa da ditadura, encabeçada por Paulo Maluf.

Iniciada a redemocratização com o governo do PMDB, Collor entendeu ser hora de mudar de lado: migrou para o partido que lutara contra o regime militar e, pelo PMDB, foi eleito governador de Alagoas nas eleições de 1986. Ainda em agosto de 1987, menos de seis meses após tomar posse, Collor já era citado como exemplo no combate à "praga dos marajás" em edição da revista *Veja*, que na época circulava com quase um milhão de exemplares – marca que, aliás, seria superada justamente envolvendo Collor, em 1992 (BLECHER, 1994), e causava impacto imediato na cobertura da imprensa e da mídia em geral. "Marajás" era o apelido dado a funcionários públicos fantasmas, que recebiam altos salários, mas não apareciam para trabalhar. Um pouco mais tarde, em março de 1988, *Veja* estampava Collor na capa com a manchete: "O caçador de marajás". Seu rosto jovem associado ao *slogan* criado pela revista passou, então, a representar um marco naquele momento em que os principais candidatos à sucessão de José Sarney vinham do período pré-1964: Ulysses Guimarães (PMDB), Jânio Quadros (PTB) e Leonel Brizola (PDT).

> Nós conhecemos o Collor... Um dia ele veio, ainda governador de Alagoas, veio nos visitar em São Paulo. A gente nunca tinha visto o Collor. Eu juntei o editor da revista, dois editores de Política, éramos meia dúzia para receber o Collor para falar e ouvi-lo. E ele foi brilhante. Foi genial. Foi maravilhoso. A gente ficou como se fôssemos meninas de 18 anos, ficamos embasbacados com esse cara. E resolvemos dar uma capa com ele, com o título "O caçador de marajás", porque ele nos contou que estava acabando com os marajás da política no Alagoas, acabando com os salários altos. E a gente foi verificar rapidamente e era verdade. A gente não foi verificar o resto... Minha culpa (VEJA, 2007).[11]

Embora tenha sido a *Veja* – por seu tamanho e repercussão – a principal forma de "lançamento" da candidatura nacional de Fernando Collor, é importante ressaltar como o político alagoano era retratado por toda a imprensa naquele momento: "jovem", "corajoso", "moderno", "arejado" são alguns dos adjetivos recorrentes. Assim retratou Collor o repórter Luiz Antônio Maciel, em edição da revista *Playboy* (da editora Abril) em outubro de 1987:

> O governador, que aparente boa forma física, chegou ao final da entrevista sem demonstrar cansaço (...) às 14h30 saímos para o almoço. O governador dirigiu o seu carro, uma perua Caravan Comodoro azul, o que permitiu comprovar a sua popularidade: todas as pessoas que cruzavam com ele, de carro ou a pé, e o reconheciam, o cumprimentavam com um sorriso e o sinal de "positivo" com o polegar. Nas mulheres, podia-se notar um certo deslumbramento no olhar (PLAYBOY, 1987, p. 47).

No fim de maio de 1988, quando Collor estava prestes a desembarcar do PMDB na busca por algum trampolim político em que poderia controlar totalmente para as eleições presidenciais, a revista *Afinal* estampou o governador alagoano na capa. A reportagem de quatro páginas repetia o mesmo tom laudatório presente em toda a cobertura até ali:

---

11 Depoimento em vídeo de Roberto Civita, então dono da Editora Abril, responsável pela revista *Veja*. Disponível em: http://youtube.com/watch?v=dJvY0_XPeaM&NR=1.

> Fernando Collor está conseguindo transformar-se em fenômeno nacional e obviamente muito maior do que a pequenina Alagoas. O governo federal preocupa-se em isolá-lo e hostilizá-lo, ao mesmo tempo em que ele é saudado com palmas num tradicional restaurante de Brasília enquanto explodem gritos de "presidente". No Rio de Janeiro, no Carnaval, foi reconhecido na avenida e o Sambódromo de Leonel Brizola ouviu o coro improvisado gritar "Fernando... Fernando...". Na semana passada, no Rio, um motorista de táxi comentava que para derrotar Brizola numa eleição presidencial na ex-Cidade Maravilhosa só mesmo aquele "dos marajás". Os motoristas de táxi costumam entender dessas coisas (...). Não se trata apenas do mais bonito governador do País, mas também do mais jovem. Esses detalhes conferem a Collor uma imagem de força e poder (PINTO, 1988, p. 13).[12]

Sua incapacidade para dialogar com os grandes partidos e com os políticos em geral ficou notória ainda em 1987. No final daquele ano, os 22 governadores do PMDB reuniram-se no Rio de Janeiro, a convite do então governador Wellington Moreira Franco, para fechar questão em favor dos cinco anos de mandato para o presidente José Sarney. Collor participou do encontro, mas foi o único a não aceitar o acordo. Moreira Franco, então, pediu que Collor não se manifestasse naquele mesmo dia, de forma a dar a todos os demais 21 governadores a chance de demonstrar o apoio praticamente unânime ao acordo. Collor disse que sim, mas, em seguida, chamou seu assessor de imprensa para divulgar uma nota própria, seguida de entrevistas à televisão (CONTI, 2012).

Sua sanha antipolítica ficaria ainda mais clara conforme a candidatura presidencial começava a se organizar. É digno de nota que Collor deixasse o PMDB em busca de uma sigla que pudesse comandar de alto a baixo e, também, que buscasse o fortalecimento de instituições de controle para acossar a política. Em entrevista a Ricardo Setti, então repórter de política do *Jornal do Brasil*, em março de 1988 no Hotel Maksoud Plaza, em São Paulo, Collor foi literal:

> Setti ficou horrorizado com a maneira como Collor dizia: "Vou botar os corruptos na cadeira". Ele fala como se o Executivo tivesse esse poder, pensava o jornalista ao ouvi-lo. Ao indagar como faria isso na prática, obteve uma resposta mais que vaga do candidato: "Irei reforçar e melhorar a Polícia Federal" (CONTI, 2012, p. 95).

---

12 "Fernando Collor de Mello, o inimigo nº 1 de José Sarney", reportagem de Tão Gomes Pinto, revista *Afinal*, de 31.05.1988.

No início de 1989, Collor filiou-se a um minúsculo e novato partido, o Partido da Renovação Nacional (PRN). Não tinha um único parlamentar no Congresso Nacional nem mesmo em Alagoas. Iria, basicamente, sozinho – em termos político-partidários – para uma disputa presidencial com os maiores partidos do país. A campanha incluía candidatos fortes à esquerda, como Lula (PT) e Brizola (PDT), à centro-esquerda, como Ulysses Guimarães (PMDB) e Mário Covas (PSDB), à centro-direita, como Aureliano Chaves (PFL), e à direita, como Guilherme Afif Domingos (PL) e Ronaldo Caiado (PSD). Já estava claro para muitos contemporâneos, em 1989, que Collor tinha algo bonapartista em sua cruzada antipartidos e antipolítica (CONTI, 2012).

Apesar dos grandes partidos e de seus melhores nomes na disputa, foi Collor, pelo minúsculo PRN, quem disparou nas pesquisas desde o início do ano.

A campanha de primeiro turno foi especialmente acirrada: Leonel Brizola ocupou a segunda posição durante todo o período eleitoral, ficando em terceiro – ultrapassado por Lula – na reta final, por menos de 500 mil votos. Mário Covas, do PSDB, terminou em quarto. Ulysses Guimarães, do PMDB, em distante quinto lugar. O segundo turno seria entre Collor e Lula.

Logo na abertura do segundo turno, as divisões ficaram claras no jogo institucional. O PMDB, o PSDB e o PDT decidiram pelo apoio a Lula, enquanto o PFL pendeu para Collor. Entre as centrais sindicais, a divisão foi semelhante, com a CUT apoiando Lula, e a CGT, de Luiz Antônio Medeiros e Rogério Magri, seguindo Collor. No dia em que Magri, presidente do Sindicato dos Eletricitários de São Paulo, declarou seu apoio a Collor, o candidato alagoano declarou que a CUT promoveria um "banho de sangue" no país – e a CUT prometeu uma onda de greves pelo país caso Collor vencesse (CONTI, 2012).

O apoio dos principais veículos de comunicação a Collor ficou especialmente explícito na reta final de campanha (CONTI, 2012). Na véspera do segundo turno, que disputou contra o petista Lula, o jornal *O Globo* estampou um editorial de capa:

> As ideias de Collor (...) são modernas. Ele prega o restabelecimento da eficiência econômica, na razão direta de um Estado mais magro e mais ágil – como única via para alcançar justiça social. Quer abrir os portos, dinamizar as trocas, aumentar a produção e a produtividade com base na maior liberdade de empreender, e pretende encontrar a saída para os pontos de estrangulamento pela via do diálogo e da inserção dinâmica

> do País na comunidade das grandes potências (...) Em Collor é possível depositar esperança, porque suas propostas estão em consonância com os procedimentos que, no resto do mundo, têm propiciado bem-estar aos povos (O GLOBO, 1989, n.p).[13]

Collor foi eleito com 53% dos votos, em um segundo turno apertado. Tomou posse a 15 de março de 1990 e, de partido, tomou duas decisões que impactariam completamente sua gestão. A primeira foi anunciar, logo no dia seguinte, o chamado Plano Collor, de combate à hiperinflação. A segunda foi determinar que seu governo seria à sua imagem e semelhança, sem se fiar em uma base de partidos no Congresso Nacional, apostando em um inconsequente "presidencialismo plebiscitário" (SALLUM, 2015, p. 104). Ele ignorara por completo a máxima que Ulysses Guimarães praticamente desenhara em depoimento na campanha presidencial de 1989: "Governo, no Brasil, é presidente da República mais Congresso Nacional. Presidente, no Brasil, sem Congresso, não governa".

A fase inicial de seu governo foi denominada de "ditadura romana" por Sallum (2015, p. 88), porque o presidente usava seu capital político eleitoral, combinado ao instrumento das medidas provisórias, para governar sem participação do Congresso Nacional. O presidente, considerando-se todo poderoso, fez a Polícia Federal invadir a sede do jornal *Folha de S. Paulo* – no fim de semana seguinte, seu proprietário, Otávio Frias Filho, escreveu artigo no jornal comparando Collor a Mussolini (CONTI, 2012).

O maior símbolo desse período de "ditadura romana" foi o Plano Collor. Ao confiscar os recursos bancários de todos os brasileiros, pessoas físicas e jurídicas, no susto, sem qualquer aviso prévio, o presidente Fernando Collor e sua equipe econômica produziram uma das mais graves recessões do século XX. Por fim, quando a inflação voltou a se descontrolar, já no fim de 1990, o governo foi forçado a buscar outro plano (que viria a ser o Collor II, de janeiro de 1991) e, com isso, o descontrole da hiperinflação foi mais violento quando também esse plano naufragou – como se a sociedade estivesse se protegendo, pelos preços, de eventuais perdas futuras diante da discricionariedade do Executivo.

---

13 "Os riscos da decisão", editorial de *O Globo*, de 15.12.1989.

> É difícil explicar por que um plano hoje considerado aberração e paradigma de arbitrariedade do Estado não teve sua constitucionalidade desafiada logo no início (...) O Plano Collor não foi interrompido nem pelo Legislativo nem pelo Judiciário, e seu fracasso será sempre matéria de controvérsia (FRANCO, 2017, n.p.).

Collor não foi bem-sucedido em sua decisão de governar sozinho. Lamounier (1990) diagnosticara já de partida que Collor apostaria suas fichas numa espécie de "presidencialismo plebiscitário", em contraposição ao "presidencialismo de coalizão". Neste, conceito criado por Sergio Abranches em 1988 e refinado desde então, preconiza-se que a prática de governar do Executivo envolve a formação de base sólida de partidos políticos do Congresso Nacional, em divisão de poder; naquele, de Collor, o presidente entende ser possível governar sozinho, como se estivesse em eterno plebiscito direto com a sociedade.

> O líder empolga. Sabe se comunicar. Collor até soube fazê-lo durante a campanha, mas não no governo. Essa foi a falha gigantesca, já perceptível no desastroso anúncio das medidas do Plano Collor, logo após sua posse, quando uma ministra ruim de fala e um banqueiro que mal dominava o português não conseguiram explicar sequer o conteúdo das decisões tomadas; e isso apenas piorou com o tempo (RIBEIRO, 2022, p. 132-133).

O quadro ficou ainda mais complicado após as eleições de outubro de 1990, que renovou o Congresso Nacional e os governos estaduais. O desempenho do PRN foi sofrível. Além disso, Collor praticamente não tinha candidatos próprios.

> Fernando Collor perdera a oportunidade de ampliar o frágil apoio político que detinha no Congresso Nacional e nos governos estaduais. De um lado, a chance desperdiçada poderia ser imputada ao relativo fracasso no combate à inflação e à inexistência de triunfos administrativos que pudessem ser usados como bandeiras eleitorais. *Mas a atitude imperial do presidente e a dificuldade (ou recusa?) de estabelecer um sólido bloco eleitoral suprapartidário foram decisivas* e acabaram por transformá-lo em mero espectador das eleições. *A obsessão pelo contato direto com o eleitor, sem a mediação do Congresso ou dos partidos políticos, pode também explicar o desinteresse do presidente,* principalmente pela eleição do Parlamento. É como se Collor estivesse convencido pelo seu próprio discurso. *A desqualificação da política acabaria cobrando-lhe alto preço* (VILLA, 2016, p. 90, destaques nossos).

Pior do que seu isolamento institucional logo ao final de seu primeiro ano e tão ruim quanto sua ojeriza aos partidos políticos foi sua decisão de trair um aliado nas eleições para o governo de Alagoas: a partir do fim de 1990, o foco de ataques por aqueles que por Collor foram traídos passou a ser no tesoureiro da campanha presidencial, Paulo César Farias, o PC Farias (CONTI, 2012). O começo do fim estava logo ali, em 1990, ainda no primeiro ano do mandato presidencial.

A partir de 1991, o presidente começou a buscar alguns partidos grandes no campo da direita, notadamente o PFL, mas mesmo esse gesto era feito da maneira típica de Collor.

> Fernando Collor não tinha a menor paciência para encontros com parlamentares. No começo do mandato, quando os recebia no Palácio do Planalto, estava sempre olhando o relógio, como um aviso nada discreto de que o tempo havia terminado. Esse comportamento foi notado durante todo seu mandato. Até a derrota na Câmara. A humildade que tentou exercitar após a abertura do processo de impeachment nunca foi percebida no seu comportamento público. Não convenceu nem aliados próximos (LÔBO, 2023, p. 61).

Mesmo em 1992, governando há dois anos e sofrendo repetidos solavancos políticos, Collor fez muito pouco para abrir sua administração aos partidos políticos do Congresso Nacional. Continuava a apostar que, tal como vencera as eleições presidenciais em um partido minúsculo e sem apoio das forças políticas institucionais, governaria até o final daquela forma.

> O governo Collor não se constituiu segundo os moldes do "presidencialismo de coalizão", nem loteou politicamente os principais núcleos decisórios do Estado, como o fizeram Tancredo Neves e José Sarney. Ao mesmo tempo, como a eleição do presidente se deu fora dos limites partidários (...) também não foi um governo de partidos. O Executivo não tem uma base orgânica no Congresso e, por isso mesmo, sofre sistemática pressão para ajustar-se ao padrão clientelista. Não obstante tem atacado duramente muitas das instituições que viabilizam este padrão e, assim, desgostado os setores que o apoiavam no Congresso (ABRANCHES, 1992, p. 133).

O *impeachment*, visto a partir dessa perspectiva estritamente pragmática, era um acidente esperando para acontecer. A maioria dos congressistas era favorável à mudança do regime, de presidencialista para parlamentarista (VILLA, 2016), o que é sempre uma indicação clara de enfraquecimento do poder presidencial. A crise familiar com o irmão Pedro Collor, cujo estopim ocorreu a partir de matéria de capa da mesma revista *Veja* que iniciara o fenômeno político, serviu de catapulta: "Pedro Collor conta tudo", estampava a revista em capa de maio de 1992.

O irmão do presidente denunciava que o tesoureiro da campanha de Fernando Collor, o empresário alagoano Paulo César Farias, o PC Farias, montara um esquema de achaque de empresários. Mais: PC Farias pagava despesas do presidente usando sobras de recursos arrecadados na campanha de 1989, não contabilizados oficialmente.[14]

Já em junho de 1992, o Congresso instaurou uma Comissão Parlamentar de Inquérito (CPI) para apurar as denúncias (SALLUM, 2015, p. 198), em um movimento especialmente liderado por parlamentares do PT (BARROS, 2022). O destino estava selado e o relógio começou a correr. O gatilho para o *impeachment* foi dado no fim de junho, com a publicação pela revista *IstoÉ*, de entrevista com o motorista Eriberto França, que prestava serviços à residência oficial de Collor, a Casa da Dinda. O motorista alegava que PC Farias custeava gastos gerais da residência presidencial (CONTI, 2012). O jornal *O Estado de S. Paulo* defendeu a renúncia de Collor, afirmando que a posse de Itamar Franco seria "menos traumática do que os seis meses em que viveremos a angústia do processo de *impeachment*" (SALLUM, 2015, p. 225). Collor não renunciou.

Decidiu dobrar a aposta na comunicação direta com o eleitorado, inclusive, afirmando ser vítima de um golpe parlamentar (CONTI, 2012; ABREU, 2014; ABRANCHES, 2018). A narrativa do golpe seria largamente usada por Collor e seus (poucos) aliados. Em artigo publicado em agosto, o jornalista paraibano José Nêumanne chegou a escrever, com todas as letras, que os líderes do PMDB (Orestes Quércia), do PT (Lula) e do PSDB (Tasso Jereissati) trabalhavam por uma "ruptura institucional" (CONTI, 2012). Resta claro à leitora e leitor deste livro que um processo de *impeachment* é previsto pela Constituição e tem caráter eminentemente político, de tal forma que seu emprego é, por mais traumático que seja, constitucional – e, portanto, impossível de

[14] Em Conti (2012), Villa (2016) e Mafei (2021) há boas reconstituições do escândalo. O podcast Collor vs Collor, da Rádio Novello, divulgado em 2023, também é ótima fonte de informações para quem busca estritamente conhecimento sobre a crise entre irmãos.

configurar uma ruptura constitucional. A narrativa inaugurada por Collor e seus aliados deve ser percebida exatamente como parte do jogo político do *impeachment*.

O *impeachment* caminhava a passos largos no Congresso e na sociedade brasileira, com manifestações populares tomando as ruas das capitais, especialmente no Rio e em São Paulo, durante os meses de agosto e setembro.

As manifestações populares contra Collor começaram ainda no início de agosto, lideradas pelo PT, pelo PSDB e pelo PMDB. Atos em São Paulo, Curitiba, Recife e Porto Alegre ocorreram ainda nos dias 7 e 8 de agosto, embora longe de arregimentarem as multidões que clamaram por eleições diretas poucos anos antes (VILLA, 2016). Até aquele momento, Collor sangrava politicamente, mas não era exatamente claro que o *impeachment* seria possível: um dos últimos aliados relevantes do presidente, o cacique do PFL e governador baiano Antônio Carlos Magalhães, o ACM, declarava que "quem disser que o *impeachment* é possível está mentindo para o povo; ele tem 103 anos e nunca foi feito"[15] (VILLA, 2016, p. 280).

O quadro mudou a partir de 13 de agosto. Naquele dia, o próprio Collor desafiou a população: convocou as pessoas a usarem a bandeira do Brasil em sua defesa.

> Politicamente isolado e sem perspectiva de contar com intervenção do STF a seu favor, Collor, talvez em ato de desespero, cometeu seu erro fatal. Em um discurso para taxistas no Palácio do Planalto, convocou os brasileiros para saírem às ruas no domingo 16 de agosto vestindo qualquer peça de roupa com as cores da bandeira do Brasil (MAFEI, 2021, p. 112).

Os partidos políticos – notadamente PT, PMDB e PSDB –, bem como a CUT e os movimentos estudantis, como a União Nacional dos Estudantes (UNE) e a União Brasileira dos Estudantes Secundaristas (UBES),[16] convocaram a população para ir mesmo às ruas, mas trajando cores pretas. A convocação deu certo: massas de pessoas tomaram o país usando luto, em protestos contra Collor. No dia 16 de agosto, o

---

15 O que, sabemos, não era exatamente verdade: em Villaverde (2019), há longa discussão sobre o processo de *impeachment* contra o presidente Getúlio Vargas, em 1954; há também o famigerado *impeachment* do governador de Alagoas em 1957.

16 A UNE era liderada por Lindbergh Farias, que futuramente seria quadro importante do PT; a UBES era liderada por José Antônio Parente, o Totó Parente, quadro nacional do PMDB.

Datafolha indicava que 70% da população era favorável ao afastamento do presidente (VILLA, 2016).

O *impeachment*, então, ficou inescapável. No dia 20 de agosto, a CPI do PC Farias concluiu seus trabalhos com uma indicação formal de participação do presidente. Manifestações populares tomaram as ruas do país, com quase meio milhão de pessoas (VILLA, 2016).

Lideranças do PT passaram a trabalhar junto a caciques do PMDB e do PSDB para articular o cenário pós-Collor, com a posse iminente do vice, Itamar Franco (BARROS, 2022). O próprio Itamar passou a criticar publicamente o presidente (MAFEI, 2021). A articulação envolveu, inclusive, o ex-presidente José Sarney, já de volta ao Congresso Nacional como senador pelo PMDB do Amapá:

> (...) na noite de quarta-feira (02 de setembro de 1992), uma Mercedes-Benz prateada cruzava os portões da casa de Roberto Marinho no Cosme Velho. José Sarney e Itamar Franco desceram do carro e foram cumprimentados pelo anfitrião. O jornalista conduziu o ex- e o vice-presidente a um passeio pelo jardim, onde corre o rio da Carioca, que desce a encosta do morro do Corcovado, e chamou a atenção para os flamingos que passeavam no gramado. O jardim da mansão do Cosme Velho era um dos mais belos do Rio. Ainda assim, era menor e custou menos que o da Casa da Dinda. *Enquanto o de Roberto Marinho fora construído aos poucos, como fruto de quase sete décadas de trabalho, o de Collor foi feito em apenas dois anos, com recursos arrecadados por PC Farias.* Itamar, Sarney e o dono da Globo jantaram no terraço. Comeram lagosta de entrada, camarão como prato principal e sorvete de sobremesa. Marinho havia mudado de posição em relação ao presidente. Desde a aprovação do relatório da CPI, determinara a Alberico Souza e Cruz que alterasse o enfoque do *Jornal Nacional* na cobertura da crise. Como *O Globo* vinha fazendo, o telejornal passou a dar destaque às ligações entre Collor e PC Farias, e a noticiar a mobilização popular. O dono da Globo falou ao vice-presidente e a Sarney, o articulador do encontro, que estava preocupado com possíveis reações intempestivas de Collor. *"Se tiver de tomar posse, terei condições de fazer as reformas modernizantes com maior velocidade", disse Itamar Franco. "Não há suspeitas de corrupção sobre mim e tenho melhor trânsito no Congresso"* (CONTI, 2012, p. 469, destaques nossos).

Em setembro, já estava claro a todas e todos: Collor cairia. A comissão especial do *impeachment* trabalhou de 8 a 24 de setembro de 1992, tendo como relator o parlamentar do PMDB Nelson Jobim. Embora seguisse a letra da Lei nº 1.050, o rito definido para o processo contra Collor foi célere (MAFEI, 2021): em menos de um mês, a comissão especial ouviu acusação e defesa, produzindo e votando o relatório que, apenas cinco dias depois, foi levado a plenário da Câmara. Comparativamente, no *impeachment* de Dilma, o mesmo rito levou quatro meses e meio (entre 2 de dezembro de 2015 e 17 de abril de 2016).

Na noite do dia 16 de setembro, enquanto a comissão do *impeachment* trabalhava aceleradamente para concluir o processo clamado nas ruas do país, Collor participou de jantar a convite do PTB, um dos últimos partidos que ainda o defendiam – ao lado do PDS e de parcela do PFL. Seria um gesto final para tentar barrar o *impeachment*. Na ocasião, Collor não articulou nada: optou por xingar os líderes do PMDB na Câmara e no Senado e chamar o *impeachment* de "golpe". Preso a uma narrativa que negava a Constituição e que o colocava como vítima de "uma armação do sistema", Collor abdicava – como sempre – do presidencialismo de coalizão (CONTI, 2012; SALLUM, 2015; VILLA, 2016; ABRANCHES, 2018 produzem boas reconstituições desse momento específico de ocaso da presidência Collor).

A votação ocorreu na Câmara dos Deputados a 29 de setembro de 1992 e uniu desde as forças políticas de esquerda, do PT e do PDT, até as lideranças mais tradicionais do campo que lutara contra a ditadura, como PMDB e PSDB, tendo o cardeal do PMDB, Ulysses Guimarães, à frente. Mas mesmo parlamentares do campo da direita, como dos partidos PFL e do nascente PPB (que viria a ser o PP), votaram pela deposição de Collor. Foram 441 deputados a favor do *impeachment* e apenas 38 contrários.

> Eu estava disputando a eleição para prefeito no Rio de Janeiro e me encontrava um pouco afastado da Câmara naquele momento. Não participei de todo aquele período relacionado com comissões de inquérito e de levantamento de bens na fase política anterior. Mas votei pelo afastamento do Collor, porque havia sido criado um tal clima no país, uma tal situação emocional, que realmente não havia mais condições para que ele continuasse no poder. Quando votei, não entrei no mérito político. O país exigia que ele não permanecesse mais como presidente da República (DORNELLES, 2022, p. 204).

O depoimento de Dornelles é especialmente salutar porque volta a reforçar o caráter eminentemente político que há no processo de *impeachment*.

Ao final, Collor foi afastado temporariamente da Presidência, com a posse interina do vice, Itamar Franco. As sessões finais do julgamento ocorreram no fim de dezembro, sendo comandadas pelo presidente do Supremo Tribunal Federal, tal como previa a Constituição e a lei específica. O afastamento definitivo de Collor ocorreu a 29 de dezembro de 1992: foi quando o vice, seguindo a Constituição, tomou posse como titular oficial.

> A defesa de Collor tentou aproximar o julgamento do impeachment de um julgamento criminal. Essa é a estratégia comum em defesas de autoridades acusadas no Brasil e no exterior, uma vez que processos criminais deveriam ser mais protetivos em relação aos réus, o que em tese beneficiaria os réus. Essa alegação tampouco tinha fundamento, já que a instância política do impeachment não se confunde com as outras, cíveis ou criminais. O papel do impeachment é estritamente proteger as instituições constitucionais, e não castigar a autoridade acusada; seus crimes de responsabilidade podem ou não configurar também delito comum. O caso de Fernando Collor de Mello, aliás, é exemplar disso: como já foi dito, ele foi condenado pelo Senado, mas absolvido, anos depois, pelo STF quanto à imputação de corrupção, o que em nada afeta a legitimidade de seu impeachment (MAFEI, 2021, p. 122).

As palavras acima, de Mafei (2021), que deteve sua pesquisa na aplicação da Lei do *Impeachment* no Brasil – tal como Villaverde (2019), Andrada (2020) e Paulino (2021; 2024) –, são especialmente relevantes agora que migraremos para o processo de *impeachment* de Dilma Rousseff: independentemente da percepção da leitora e do leitor deste livro quanto ao destino político, cumpre ter clareza total quanto ao caráter eminentemente político que há no processo de *impeachment*. Dito de outra forma: concorde-se ou não com o *impeachment* de Collor, concorde-se ou não com o *impeachment* de Dilma, fato indiscutível é que o procedimento é essencialmente político, e não criminal.

4.2 O *impeachment* de Dilma Rousseff

> "E o PT, que é fundamentalista, entra no fundamentalismo dos procuradores, da mídia e tudo mais. Será vítima deles."[17]
> Fernando Henrique Cardoso

[17] Cardoso (2019, p. 167).

Dilma Rousseff foi presa aos 22 anos pela ditadura militar, em 1970. Após deixar o cárcere, a jovem mineira foi fazer carreira acadêmica no campo da economia. No início dos anos 1980, morando em Porto Alegre, foi uma das fundadoras do PDT, o partido de Leonel Brizola. Por vinte anos, militou junto ao brizolismo gaúcho, tendo atingido cargos estratégicos na gestão pública quando esta estava sob controle do PDT. Foi apenas no ano 2000, diante do ocaso do partido e da consolidação do PT como força de esquerda nacional, que Dilma mudou de um para o outro.

Era relativamente desconhecida quando integrou o grupo de transição, entre novembro e dezembro de 2002, para o futuro governo Luiz Inácio Lula da Silva. Foi uma surpresa, também, quando seu nome surgiu como a escolhida para ser a ministra de Minas e Energia (BARROS, 2022). Era um cargo estratégico: o país acabara de passar por um traumático "apagão", quando um racionamento de energia foi forçado entre abril de 2001 e março de 2002, diante da escassez hídrica e elevado consumo nacional após um ano de forte crescimento (o PIB crescera acima de 4% em 2000 e a economia entrou forte em 2001).

Sob Dilma, até então desconhecida do grande público e mesmo do petismo, ficaria um dos maiores desafios do novo governo: evitar um novo "apagão", por meio de um fortalecimento do setor elétrico nacional.

Seu desempenho no ministério chamou tanto a atenção de Lula que pouco mais de dois anos e meio após assumir a pasta, Dilma foi promovida, recebendo um desafio ainda maior: substituir o todo poderoso cardeal petista José Dirceu no centro de governo. Em outubro de 2005, Dilma Rousseff assumia a Casa Civil, passando a despachar diretamente do Palácio do Planalto. A crise do "Mensalão" feria de morte nomes históricos do PT, como José Genoino e o supracitado Dirceu.[18]

De partida, Dilma comprou uma briga e tanto: com o ministro da Fazenda, Antonio Palocci, o nome mais forte que restara dentre os quadros relativamente tradicionais do PT. Mais que isso: Palocci fora o principal "bastião" do governo Lula junto a uma fatia da sociedade eminentemente tucana. Foi Palocci quem decidiu e convenceu Lula a assinar a "Carta ao Povo Brasileiro", nas eleições de 2002; foi Palocci quem decidiu e convenceu Lula a ter em sua equipe econômica nomes

[18] Uma boa reconstituição do que foi a crise e, principalmente, seus impactos políticos sobre o PT está em Barros (2022, p. 256-259).

que já participavam do governo FHC, como Joaquim Levy (secretário do Tesouro Nacional), e outros que eram especialmente associados ao PSDB, como Marcos Lisboa (secretário de Política Econômica). Era Palocci quem recebia a maior parte dos elogios de formadores de opinião no campo econômico e, por ganhar praticamente todas as quedas de braço dentro do governo, foi Palocci e seu direcionamento de política econômica quem acabou levando a um racha entre os petistas mais radicais (BARROS, 2022), que, já em 2003, romperam com o partido e criaram um novo, o Partido Socialismo e Liberdade (PSOL).

Pois já em suas primeiras semanas na Casa Civil, Dilma Rousseff comprou briga com Palocci. Dilma ganhou (PALOCCI, 2007). Para aqueles que estavam no governo ou que o acompanhavam de perto, ficou claro que Dilma não era apenas a ocupante de um cargo com grandes poderes, como é a Casa Civil, ela já gozava da confiança – e dos ouvidos – do presidente da República.

Seis meses após a posse de Dilma na Casa Civil, Palocci caiu: em março de 2006, por conta do "Escândalo do Caseiro", Palocci foi obrigado a deixar a Fazenda. Em seu lugar assumiu o economista Guido Mantega, cujas ideias de política econômica eram muito mais próximas daquelas que Dilma Rousseff defendera ao longo de sua trajetória no campo (anos 1980 em diante). Levy e Lisboa deixaram seus cargos pouco depois.

Lula foi reeleito presidente da República em outubro de 2006 e, logo nos primeiros dias de seu segundo mandato, em janeiro de 2007, foi Dilma quem recebeu todos os holofotes: ela comandava o anúncio do Programa de Aceleração do Crescimento (PAC), que passaria a representar não só uma diferenciação importante de rumo de política econômica entre os mandatos Lula 1 e Lula 2, como, principalmente, passaria a ser uma das principais bandeiras políticas do PT a partir daquele momento. O foco, antes basicamente concentrado em políticas sociais, passaria a ser dividido com políticas de aumento do investimento público e crescimento econômico (CARVALHO, 2017). E quem liderava aquela bandeira? Dilma.

> Decidida a fazer o PAC deslanchar, a ministra pressionava os executivos da Petrobras, responsável por boa parte das obras, cobrava os diretores de agências reguladoras, dava bronca em empreiteiros e passava carraspanas até nos colegas de Esplanada. Era temida e detestada, mas poucos se atreviam a desafiá-la. O mesmo se dava com os homens da Odebrecht. Elas não sabiam lidar com Dilma. Não tinham proximidade

ou abertura para conversas informais e consideravam-na "difícil" (GASPAR, 2020, p. 270).

Em julho de 2007, o Tesouro Nacional passaria a ser comandado pelo economista gaúcho Arno Augustin, que fora secretário de Fazenda no Rio Grande do Sul quando Dilma Rousseff fora secretária de Minas e Energia. No mesmo mês, o economista Luciano Coutinho assumia a presidência do Banco Nacional de Desenvolvimento Econômico e Social (BNDES). Eram dois outros nomes de grande relação com a ministra-chefe da Casa Civil: com quem ela tinha trabalhado (Augustin, em Porto Alegre; Coutinho durante a pesquisa acadêmica) e com quem ela dividia visões de mundo (VILLAVERDE, 2016). A partir de Lula 2, portanto, a política econômica não só tomou um rumo distinto daquele de FHC 2 e de Lula 1 (PESSOA, 2023) como ficara especialmente orientada por Dilma Rousseff.

Após suceder a Dirceu e vencer Palocci, Dilma entraria em atrito direto – e público – com Marina Silva. Fundadora do PT no Acre, onde nascera e vivera uma vida de imensas dificuldades (WWF, 2008), Marina Silva despontara como uma das maiores lideranças do PT junto a mulheres e à comunidade ambiental. Como ministra do Meio Ambiente desde 2003, Marina Silva repaginara o Ibama, introduzira uma política de imenso sucesso na queda do desmatamento (CAPOBIANCO, 2021) e criara uma instituição nova, o Instituto Chico Mendes de Conservação Ambiental (ICMBio) (AVELAR, 2021). Sua visibilidade internacional como mulher negra e periférica, líder política e gestora antenada com os principais temas de proteção ambiental e estabilidade climática disparou: em 2007, ela venceu o mais prestigiado prêmio da Organização das Nações Unidas (ONU), o *Champions of the Earth*.

Em 2008, Dilma e Marina estavam no mesmo governo Lula desde o princípio, mas em choque constante. A usina hidrelétrica de Belo Monte, na Amazônia, simbolicamente representava esse conflito. Ex-ministra da área energética e "mãe do PAC" (como apelidara Lula), Dilma era entusiasta de primeira hora do megaempreendimento. Marina, na outra ponta, era contrária: os estudos técnicos a que tinha acesso demonstravam o grande risco para populações ribeirinhas e para a fauna e flora do território (AVELAR, 2021).

Dilma Rousseff também venceu. Marina Silva deixou o governo Lula em junho de 2008. Um ano depois, Marina deixaria o PT, migrando para o Partido Verde, que historicamente recebera quadros petistas inconformados com o "excesso de pragmatismo" do PT.[19] A eleição de 2010 aproximava-se e, depois de evitar uma mudança constitucional que o permitiria buscar uma segunda reeleição (BARROS, 2022), Lula estava diante de uma sinuca: seus índices de popularidade eram muito elevados, mas ele não poderia contar com nomes que poucos anos antes eram dados como certos para sua sucessão, como Dirceu, Palocci, Genoino e Marina Silva.

> Lula escolheu sua sucessora: a chefe da Casa Civil, Dilma Rousseff. A opção deixou cicatrizes no partido. O PT não teve nenhum papel na indicação de Dilma, o que violava completamente sua tradição "basista", que ademais já estava abalada. A sucessora não era uma petista orgânica: sua história política tinha duas décadas de brizolismo e só meia década de petismo. Mas, às vésperas da eleição de 2010, Lula era grande demais para que o PT lhe oferecesse grande resistência (BARROS, 2022, p. 290).

Na disputa de 2010, Dilma participou de sua primeira eleição: vencera dois ex-petistas no primeiro turno (Marina Silva e Plínio de Arruda Sampaio) e, no segundo turno, o candidato do PSDB, José Serra. Na chapa de Dilma, um novo aliado de peso: o presidente nacional do PMDB, Michel Temer, fora escolhido por Lula para ser o vice-presidente da República. Dilma e Temer foram eleitos para o mandato entre 2011 e 2014. A despeito de contar com uma máquina política muito mais forte agora, dado que o PMDB – maior partido do país (em número de filiados e de políticos com cargos eletivos) e com maior força dentro do Congresso Nacional – estava na chapa, a mudança de mandatário era algo revelador. Dilma, afinal, não era Lula.

> Logo depois da vitória, Dilma Rousseff fez uma reunião com coordenadores da campanha, os petistas Antonio Palocci, José Eduardo Dutra e Fernando Pimentel. Não convidou um representante sequer do PMDB de Michel Temer, o vice. Nem o próprio. Havia tempos o partido vinha reivindicando mais espaço nas reuniões e nos eventos públicos. Sem sucesso. Para se ter uma ideia, Temer apareceu uma única vez na propaganda eleitoral de Dilma, no segundo turno. Com a equipe de transição já sendo montada, os dirigentes do PMDB não conseguiam nem tratar da participação no processo. O partido queria também ampliar sua cota no Ministério. Se Dilma não os recebia, a pressão chegaria de outra forma, pela imprensa e por ameaças nos bastidores (LÔBO, 2023).

---

[19] O caso mais famoso dessa troca fora de Fernando Gabeira, ainda nos anos 1980.

Do ponto de vista de política econômica, a transição entre Lula 2 para Dilma 1 foi tão suave quanto de FHC 2 para Lula 1: a direção continuou a mesma, dado que até os recursos humanos foram mantidos em seus cargos. Palocci voltou ao governo federal após participar da campanha de Dilma, mas sua volta durou seis meses: foi novamente forçado a deixar o governo após escândalo.

> Entre 2011 e 2014, a começar pela demissão de Antonio Palocci, passando pela troca de comando na Petrobras, Dilma Rousseff se afastou de Lula, da CNB e de parte relevante dos partidos aliados, reunidos no Blocão comandado por Eduardo Cunha. O escândalo de Pasadena foi uma tentativa de enquadrá-la. Pode, assim, ser contabilizado como a primeira tentativa de impedi-la, isto é, de impedir seu segundo mandato ou lhe cortar as asas. Mas a tentativa, complementada pelo "Volta, Lula", fracassou. Dilma comprou a briga. Venceu, impondo sua candidatura, sem recuos ou acomodações (LIMONGI, 2023, p. 54).

O trecho acima é especialmente relevante e precisa ser contextualizado para melhor compreendermos os movimentos que desembocariam no *impeachment*. Havia forças endógenas e exógenas ao *impeachment*, tal como ocorreu com Collor e tal como ocorre sempre (VILLAVERDE, 2019). Do ponto de vista endógeno, o governo Dilma Rousseff cometeu uma série de equívocos políticos e econômicos que tornaram o próprio governo desafiador. A partir, principalmente, das fortes alterações no setor elétrico promovidas sem aviso prévio pelo governo Dilma Rousseff com a Medida Provisória nº 579, de setembro de 2012, a relação com o governo federal de parte importante do empresariado e mesmo da classe média piorou (SINGER, 2018, p. 73; AVELAR, 2021, p. 135-138). O afastamento de aliados políticos, embora bem-sucedido no curto prazo – a popularidade da presidente aumentou entre 2011 e 2012, como demonstra Singer (2018) –, representou rachaduras importantes no relacionamento da presidente com o Congresso Nacional. O afastamento de Dilma com Lula adicionou uma camada extra de dificuldades políticas, dado que, diferentemente dela, Lula sempre foi reconhecido pela habilidade no trato político em situações desafiadoras. Por fim, o escândalo de Pasadena: a refinaria nos Estados Unidos comprada pela Petrobras com sobrepreço, numa operação que significou uma guerra política entre Dilma e aliados políticos, incluindo o próprio PT, em pleno ano eleitoral (2014) e que aguçaria uma operação do Ministério Público Federal que tinha acabado de começar – a Lava Jato.

> O primeiro mandato de Dilma acabou mal. Bem mal. O governo se arrastou para fechar o ano. Como a última imagem é a que fica, seus dois primeiros anos de governo foram rápida e inteiramente esquecidos (...) a Lava Jato contribuiu decisivamente para agravar os problemas do governo (LIMONGI, 2023, p. 70).

Além das imensas dificuldades políticas, o governo Dilma Rousseff também sofria com o andamento da economia. O período de auge do lulismo[20] se esgotara exatamente no ano inaugural de Dilma, 2011, quando a economia ainda crescera a um forte ritmo de 4%, com geração de empregos formais e inflação dentro do limite superior da meta perseguida pelo Banco Central. As dificuldades começaram a ficar mais claras em 2012 e, no ano seguinte, o governo apelara para o aprofundamento de uma prática apelidada de "pedaladas fiscais" (VILLAVERDE, 2016; MAFEI, 2021). A economia brasileira andara de lado em 2014 (crescimento de apenas 0,1%) e, no fim do ano, o início de uma crise de grandes proporções era relativamente visível a olhos nus. No meio do caminho entre a piora econômica, iniciada em 2012, e a eclosão de uma crise de grandes proporções (a partir do fim de 2014), ocorreram as manifestações de junho de 2013.

> Enquanto alguns cientistas sociais interpretaram os levantes de Junho como ponto de partida de uma degeneração institucional que viria a culminar no impeachment de Dilma, acadêmicos e ativistas que rastrearam as várias tramas emergentes nos levantes chegaram a conclusões diferentes (...) Junho assinalou o ponto final no período de uma década em que o lulismo havia sido capaz de administrar ruas silenciosas e movimentos sociais dóceis (...) o que não se podia negar é que Junho fizera aflorar antagonismos que até então pareciam dormentes ou invisíveis no corpo social (AVELAR, 2021, p. 82).

A literatura sobre as manifestações populares de junho de 2013 se expande, no campo das ciências sociais, a uma velocidade

---

[20] Conceito criado por Singer (2009), que diagnostica uma consolidação eleitoral do nome forte do PT (Lula) a partir de um duplo movimento: de um lado, as políticas sociais ativas, como a contínua expansão real do salário mínimo e os programas sociais Bolsa Família, Luz para Todos e Minha Casa, Minha Vida; de outro, a reação de segmentos sociais da classe média, que historicamente se associavam ao PT e a Lula, mas que "desgarram" a partir do escândalo do "Mensalão", em 2005. Esse conceito seria depois refinado pelo próprio Singer (2012; 2018). Alguns autores percebem no conceito não mais do que o "governismo" (ZUCCO, 2013) ou simplesmente um culto à personalidade (ANTUNES, 2006).

impressionante: a sucessão de episódios capturou (e continua a capturar) boa parte da pesquisa especializada. Gohn (2014), Cava (2014), Perruso e Narvaes (2015), Jourdan (2018), Nobre (2022), Rocha *et al.* (2023), Andres (2023), Alonso (2023), além do supracitado Avelar (2021), são algumas das obras editoriais especialmente focadas naqueles acontecimentos que acessamos para a produção deste livro.

De modo geral, a visão daqueles autores mais à esquerda é que os movimentos sociais que lideraram a eclosão das manifestações – o Movimento Passe Livre (MPL) e os Comitês Populares da Copa – serviram de alternativa popular e moderna aos movimentos sociais que se institucionalizaram e se afastaram das ruas, como é o caso sempre citado da CUT (CAVA, 2014; PARRUSO; NARVAES, 2015; JOURDAN, 2018; AVELAR, 2021; ANDRES, 2023). Independentemente da coloração ideológica de cada autor, parece ser um fio da meada comum a todos de que as manifestações de junho de 2013 tinham um claro caráter *antiestablishment* – tanto nos movimentos sociais de esquerda, que iniciaram as passeatas, quanto nos movimentos sociais de direita e de extrema-direita, que "surfaram" as manifestações e dominaram a parte final (ANDRES, 2023; ALONSO, 2023). Mas, mesmo entre os autores de correntes mais à esquerda, há divisões quanto às consequências: há aqueles, como Avelar (2021), que negam um fio condutor entre as manifestações de 2013 e a eleição de um candidato de extrema-direita nas eleições de 2018; outros, no entanto, notam um fenômeno de "causa e consequência". Destacamos, nesse sentido, a forma como Romão (2021) aborda:

> Junho não apenas simboliza, mas também agrava o cenário político de instabilidade no regime lulista, em que agentes econômicos e agentes políticos percebem uma janela de oportunidades para se insurgir contra as alterações no regime (...) A crise do regime – no que se refere ao seu sentido político, mas também mais especificamente quanto às mobilizáções sociais – se apresenta pelo aparecimento de novos atores à esquerda (MPL, Comitês) e à direita (ligados à mobilização do segundo período das manifestações). *Também reforça o surgimento de centros independentes de poder no contexto do regime, no Judiciário e no Ministério Público, capazes de provocar ainda mais instabilidade política.* O conservadorismo e o antipetismo dos movimentos que ganham visibilidade em junho serão a preparação para os protestos pelo impeachment em 2015 e 2016 e as guerras culturais que serão empreendidas por grupos como o Movimento Brasil Livre. A crise do regime lulista (...) abre espaço para a ascensão de forças políticas à direita, que se apresentaram à cena pública

> a partir de 2013, se fortaleceram nos anos recentes e dificilmente irão se dissipar. À esquerda, um movimento feminista renovado nos coletivos e as manifestações ligadas à afirmação da perspectiva de gênero e racial também se fortaleceram (ROMÃO, 2021, p. 134-135, destaque nosso).

O trecho acima guarda especial interesse: primeiro, porque ele demarca o contexto de imensa instabilidade política que se inicia a partir de junho de 2013, notadamente com perda importante de popularidade do governo Dilma Rousseff;[21] segundo, porque ele registra o papel que instituições (Judiciário e Ministério Público, isto é, integrantes institucionais do amplo campo do controle da administração pública, o que inclui também o TCU) tiveram *junto e a partir* de junho de 2013.

Foi nesse contexto social desafiador que ocorreram as eleições presidenciais de 2014.

Dilma e Temer foram reeleitos em disputa eleitoral muito mais aguerrida do que todas as eleições anteriores. Os resultados falam por si: Fernando Henrique Cardoso fora eleito (1994) e reeleito (1998) sempre vencendo no primeiro turno. Luiz Inácio Lula da Silva fora eleito (2002) e reeleito (2006) em segundo turno, mas tendo sempre mais de 60% dos votos válidos. Quando Dilma Rousseff foi eleita, em 2010, sua votação superou 56% dos votos válidos no segundo turno. Já em 2014, na reeleição, Dilma obteve 51,9% dos votos válidos no segundo turno – seu rival, Aécio Neves, do PSDB, obteve 48,1% dos votos válidos. Dilma só venceu Aécio Neves no estrato social de baixíssima renda (de rendimento mensal inferior a dois salários mínimos), tendo empatado no segmento de dois a cinco salários mínimos e perdido, solenemente, em todos os demais estratos de renda (SINGER, 2018, p. 163).

A eleição presidencial de 2014 passou a ser, então, a mais apertada de nossa história presidencial. Até aquele momento, a menor diferença entre o vencedor e o derrotado fora na eleição de 1989, quando Fernando Collor obteve 53% dos votos válidos, ante 47% de Lula. Os 51,9% de Dilma eram inferiores aos de Collor e, como consequência lógica, os 48,1% de Aécio em 2014 foram superiores aos 47% de Lula em 1989. O corolário é evidente: Dilma perdera popularidade durante seu mandato, e o termo que começaria em 2015 seria, portanto, muito

---

21 A popularidade da presidente Dilma Rousseff caíra de 65% de respostas de ótimo/bom no Datafolha em março de 2013 para 30% ao final de junho do mesmo ano. As pesquisas do Datafolha podem ser consultadas no *site* da empresa de pesquisa: Datafolha: Pesquisa Eleitoral, Avaliação de Governo e Opinião (uol.com.br).

mais desafiador do que aquele iniciado quatro anos antes, em que surfara o auge do lulismo.

Enquanto o aperto político e econômico era claro, na passagem de 2014 para 2015, o fogo investigatório a partir do Judiciário e do Ministério Público Federal aumentara muito.

As investigações da Lava Jato e seus diferentes *spin-offs* paralisaram o país por quase quatro anos consecutivos a partir de novembro de 2014. Os donos e executivos das maiores empreiteiras do país foram presos, assim como diretores da Petrobras, operadores políticos, ex-governadores e prefeitos, além de um banqueiro (André Esteves, do BTG) e um senador da República em pleno exercício do mandato (Delcídio do Amaral, que, quando preso em novembro de 2015, era senador pelo PT).

Todo esse período, que vai entre o fim de 2014 e a decisão, quatro anos depois, do juiz Sergio Moro de explicitar seu viés político-ideológico ao aceitar o ministério no governo de extrema-direita de Jair Bolsonaro, foi marcado por uma imensa "captura" social para o noticiário relacionado às prisões da Lava Jato.

> A operação Lava Jato não era "a prisão dos políticos". A operação Lava Jato era "a notícia das prisões dos políticos". Essa distinção é chave, mas ela ainda não é tudo. No caso da Lava Jato, muitas vezes as próprias prisões eram conseguidas tendo matérias da imprensa como material probatório – matérias que por sua vez eram baseadas exclusivamente em evidências apresentadas pela força-tarefa acusatória, em um círculo vicioso de tautologia gritantemente evidente, mas que a sociedade brasileira comprou de maneira entusiasmada. A própria operação político-jurídico-policial era baseada em um jogo de iscas e recompensas entre a força-tarefa acusatória e a imprensa, mas era a segunda metade da dialética que a tornava especialmente perversa: parte das recompensas eram prisões para as quais a própria imprensa havia contribuído com material probatório (AVELAR, 2021, p. 215).

Todo esse período, que vai de 2014 a 2018, foi marcado por uma sucessão de terremotos políticos e econômicos, aguçados pela ascensão social e política da extrema-direita (Jair Bolsonaro e seus apoiadores), que "surfou" a onda de grave agitação social gerada pela combinação entre dura crise econômica (2014-2016) e operação político-jurídico-policial Lava Jato (AVELAR, 2021). Nesse sentido, o "auge" dos efeitos sociais gerados pela Lava Jato ocorreu precisamente nos anos de 2015 e 2016.

> Nem tanto a partir de 2014, ano no qual se prenderam apenas doleiros, executivos de empreiteiras e um diretor da Petrobras, mas a partir de 2015, quando a operação avança diretamente sobre o sistema político, a combinação entre Lava Jato, o estelionato eleitoral do governo Dilma e o processo de impeachment lançam o Brasil em um outro regime narrativo. Já não se tratava de uma paulatina subida épica, de uma inexorável queda trágica ou de um tombo cômico ou farsesco, previsivelmente desenrolando-se ao longo do tempo. O Brasil de 2015-2016 viveu no regime da novela bizantina: aquela forma narrativa caracterizada pela peregrinação em zigue-zagues, com acontecimentos espetaculosos, encadeados de forma episódica (...). Acordávamos diariamente na expectativa de mais uma operação da Polícia Federal. Não havia uma progressão ou "subida" a nenhum lugar: os acontecimentos pareciam se suceder em sequência caótica, com idas e vindas, mas em todo caso produzindo o efeito de crescente estupefação (...) Foi com esse efeito narrativo que a Lava Jato nos manteve ligados, em expectativa, *on the edge of our seats*, por um bom tempo, mas de forma particularmente intensa em 2015 e 2016 (AVELAR, 2021, p. 227).

A elite política brasileira entrou em pânico diante da percepção generalizada de que o governo federal perdera qualquer controle sobre o andar da carruagem política e econômica, ficando a reboque do noticiário produzido a partir da Lava Jato (LIMONGI, 2023). Com isso, a possibilidade de uma debandada dos partidos da base do governo Dilma era grande (SINGER, 2018, p. 211).

Foi nesse contexto que entrou em cena o Tribunal de Contas da União (TCU).

O primeiro capítulo desse protagonismo no caso do *impeachment* ocorreu logo no primeiro mês do novo mandato de Dilma, em janeiro de 2015, quando saiu o relatório técnico dos dois auditores selecionados pelo TCU para investigar a prática das "pedaladas fiscais". O relatório indicava infração grave à Lei de Responsabilidade Fiscal (LRF) e corroborava as conclusões com documentos levantados junto ao próprio governo Dilma Rousseff. A investigação começara ainda no fim de 2014, devido a uma série de reportagens na imprensa especializada, mas foi apenas com a revelação do relatório final por parte de reportagem em *O Estado de S. Paulo* que o TCU, de fato, entrou em cena.

> Em 2013 isso (as pedaladas) não foi detectado pelos mecanismos corriqueiros, cotidianos, de monitoramento das contas públicas, especialmente porque esses valores não estavam contabilizados na estatística oficial do

> Banco Central. Em 2014, a partir de várias matérias da imprensa, a partir de matérias no Valor Econômico, com o Ribamar Oliveira, no Estadão, com João Villaverde, o blog do Mansueto Almeida, a ONG Contas Abertas... a gente então conversando com alguns auditores do TCU percebemos que alguma coisa estava acontecendo. Vamos então fazer uma investigação, uma representação em que a gente possa descobrir o que estava acontecendo. O tribunal então autorizou a auditoria e a medida em que a auditoria foi realizada é que se verificou a magnitude do problema. Foi aí que se verificou que começou no segundo semestre de 2013. Em 2013 não foi identificado porque não estávamos auditando isso (as pedaladas), não estava olhando isso. E vamos combinar, isso era inimaginável. Era impensável que o governo, com toda a disciplina estabelecida pela LRF tivesse a coragem de executar um plano dessa ordem (RODA VIVA, 2016).

A fala acima foi feita pelo procurador do Ministério Público que atua junto ao TCU, o chamado MPC, Júlio Marcelo de Oliveira. Tão reveladora quanto sua fala é o fato de que foi dita em um programa de televisão de larga escala, o programa *Roda Viva,* ao vivo, a 9 de maio de 2016.[22] Naquela ocasião, a então presidente Dilma Rousseff já tinha tido seu processo de *impeachment* aprovado pela Câmara dos Deputados e o procedimento chegara para avaliação de plausibilidade pelo Senado Federal, cuja sessão ocorreria uma semana depois.

Foi a primeira vez em que um integrante do corpo técnico do TCU participara do centro do Roda Viva, programa de entrevistas criado no bojo da redemocratização do país, em 1986, e por onde passaram celebridades, músicos, cantoras, presidentes da República e lideranças estrangeiras.

O caso das "pedaladas fiscais", a partir de 2015, colocara o TCU e seus integrantes em programas jornalísticos de rádio e televisão. De repente, um tribunal centenário e largamente ignorado pela sociedade e mesmo por *policy makers* estava, dia sim e outro também, no noticiário – e no imaginário coletivo.

A partir daqueles acontecimentos, logo na partida de 2015, o TCU entraria diretamente no noticiário nacional e, consequentemente, nos discursos políticos, tanto da situação (governo Dilma Rousseff e seus apoiadores no Congresso Nacional, nos estados e na sociedade) quanto da oposição (notadamente, naquele momento, o PSDB e seus

---

22 A íntegra do programa pode ser assistida por meio deste *link*: https://www.youtube.com/watch?v=MQAYnvkPWnk.

simpatizantes nos estados, no Congresso e na sociedade em geral). A partir daquele momento, a sede do TCU passaria a ser frequentada por jornalistas, ativistas sociais e parlamentares (da situação e da oposição).

De posse do relatório dos auditores e do parecer do procurador do MPC-TCU, o ministro-relator do processo específico das "pedaladas fiscais", José Múcio, proferiu seu voto em julgamento realizado no dia 15 de abril. Como sói acontecer no TCU, a decisão da cúpula decisória foi unânime: todos os ministros seguiram o voto de Múcio, que opinou pela condenação do governo por descumprimento da LRF, determinando também ao Banco Central que incorporasse na dívida pública os passivos do Tesouro Nacional e responsabilizando 19 integrantes do governo federal, entre ministros, secretários e presidentes dos bancos públicos. Não havia, no Acórdão nº 825/2015, do TCU, qualquer menção à chefe de governo – o processo todo, de auditoria, acusação do procurador e decisão dos ministros, era voltado à prática contábil por parte da equipe econômica da presidente Dilma Rousseff, não a ela. Por fim, o governo entrou com recursos junto ao TCU, que foram analisados pela Secretaria de Recursos (Serur) do tribunal, além do supracitado procurador do MPC. A fase final do julgamento ocorreu somente em dezembro de 2015, quando o relator dos recursos, ministro Vital do Rêgo, acatou parte dos pedidos do Banco Central (para que os indicadores de 2013, 2014 e 2015 não fossem revisados, mas que os passivos até então abertos fossem, sim, registrados) e determinou que o governo pagasse o que era devido aos bancos públicos e ao FGTS. Mais uma vez, a decisão do TCU foi unânime. Dias depois, pouco antes do Natal de 2015, o governo desembolsou R$72,4 bilhões[23] e saldou, de uma vez, os passivos.

As "pedaladas fiscais" representavam uma espécie de "maquiagem contábil" (MAFEI, 2021) relativamente costumeira – mas nem por isso correta do ponto de vista administrativo-legal.

Tratava-se do uso de um expediente perigoso: o Tesouro Nacional represava a transferência de recursos aos ministérios-finalísticos, e estes, sem o dinheiro, naturalmente não transferiam o recurso às instituições financeiras encarregadas do repasse do dinheiro a determinado grupo de beneficiários. As instituições financeiras, por outro lado, mantiveram

[23] Valores de dezembro de 2015, quando foram desembolsados. Corrigidos pelo IPCA do período, seriam equivalentes a R$112 bilhões hoje (janeiro de 2024).

os pagamentos em dia aos beneficiários de políticas públicas: usaram, portanto, recursos próprios, dada a ausência de repasse do Tesouro.

O caso mais emblemático da operação descrita no parágrafo anterior ocorreu com o pagamento do seguro-desemprego, programa criado na Nova República, sob o governo José Sarney (MDB). Responsável pelo programa, de cunho obrigatório, o Ministério do Trabalho repassa os recursos públicos à Caixa, que, por sua vez, transfere aos beneficiários habilitados a receber o seguro. De uma perspectiva financeira, tanto o ministério quanto a Caixa, no entanto, funcionam como meros "repassadores": o dinheiro, na realidade, vem do Tesouro Nacional. Ao represar os recursos de uma despesa de curso obrigatório, o Tesouro contava que a Caixa não deixaria de pagar o seguro-desemprego aos beneficiários. Foi o que ocorreu.

Do lado do Tesouro, a "pedalada fiscal" significa fechar balanços mensais com despesas menores do que deveriam ser. Do lado da Caixa, um clima de desespero: havia a percepção clara de que a instituição poderia estar infringindo o artigo 36 da Lei de Responsabilidade Fiscal (LRF), dado que o artigo veda que o Tesouro realize uma operação de crédito com uma instituição por ele controlada. Como o Tesouro postergava o repasse, mas em algum momento pagaria, havia um passivo deste com a instituição financeira (no caso, a Caixa).[24]

Dados oficiais do Banco Central indicavam elevados saldos negativos, na Caixa, na conta irrigada pelo Tesouro Nacional para pagamento do seguro-desemprego a partir de 2013 (VILLAVERDE, 2016).[25] O BC apresentava dados, mês a mês, da mesma conta na Caixa para o mesmo programa: de janeiro de 1994 a abril de 2015. Contemplava, portanto, o ano final do governo Itamar Franco, além de todos os dois mandatos de Fernando Henrique Cardoso (1995-2002), os dois mandatos de Luiz Inácio Lula da Silva (2003-2010), o primeiro mandato de Dilma Rousseff (2011-2014) e o primeiro quadrimestre do segundo mandato de Dilma (2015).

---

[24] A discussão sobre o enquadramento desse passivo – se ele representava uma operação de crédito ou não – seria um dos eixos fundamentais no julgamento pelo TCU das "pedaladas fiscais" e, posteriormente, do processo de *impeachment* da presidente da República. Independentemente da concepção que se possa ter, o fato de o Tesouro ter constituído passivos com instituições financeiras por ele controladas (Caixa, Banco do Brasil e BNDES) é ponto pacífico, indiscutível.

[25] Dados que obtive em julho de 2015: foram originalmente publicados em *O Estado de S. Paulo* e, depois, em *Perigosas Pedaladas* (Geração Editorial, 2016).

Sempre que o saldo final do mês era positivo, significava que a Caixa terminara aquele período com um excesso de recursos do Tesouro – ou seja, havia um montante que sobrara como resíduo após o pagamento do programa. Por outro lado, um saldo final negativo representava volume insuficiente de recursos do Tesouro. Em outras palavras: a Caixa tinha usado dinheiro próprio para continuar pagando os beneficiários em dia.

Durante os 96 meses (oito anos) de mandato de FHC, o saldo negativo na Caixa para o seguro-desemprego fora registrado em seis meses, e nunca de forma consecutiva. O desempenho foi quase idêntico nos 96 meses de governo Lula: foram sete meses de saldo negativo. Com Dilma, o quadro fora muito diferente. Mesmo com menos tempo de mandato (52 meses entre janeiro de 2011 e abril de 2015), Dilma tinha, sob sua gestão, um quadro no vermelho: 21 meses com saldo negativo, sendo a maior parte de forma consecutiva.

O volume de recursos envolvidos também mudara. Em valores constantes de 2015, os saldos negativos dos governos FHC e Lula foram na faixa de R$150 milhões. Já no governo Dilma, foram registrados saldos negativos da ordem de R$4 bilhões – em apenas um único mês (VILLAVERDE, 2016).

A própria Caixa temia estar incorrendo em crime de responsabilidade fiscal (por infração da LRF) e, também, em crime do colarinho-branco (VILLAVERDE, 2016; MAFEI, 2021). Foi por essa razão que o departamento jurídico da instituição financeira buscou a Advocacia-Geral da União (AGU) para tentar, por meio desta, aclarar a questão junto ao controlador, isto é, o Tesouro Nacional (VILLAVERDE, 2016; MAFEI, 2021; BANDEIRA DE MELLO, 2024). Por ordem do então chefe da AGU, Luís Inácio Adams, foi aberta uma Câmara de Conciliação e Arbitragem envolvendo as duas instituições: de um lado, a Caixa, preocupada em entender seus atos de manter em dia os pagamentos de despesas obrigatórias mesmo sem os recursos do Tesouro; de outro, o Tesouro, que de partida julgava não ser um ato de infração à LRF.

> A solução [em 2014] parecia clara para todos: bastava que o Tesouro Nacional regularizasse os pagamentos para que os ministérios não mais atrasassem seus repasses à Caixa. Contudo, os resultados fiscais do governo em maio, junho e julho de 2014 haviam sido os piores da série histórica para aqueles meses até então. Nesse contexto, regularizar os pagamentos, como havia recomendado a AGU, forçaria a administração a contabilizar todos os débitos atrasados – e a obrigaria a confessar, bem

> em meio à campanha das eleições presidenciais, que a meta fiscal daquele ano era irrealizável. Se fizesse isso, o governo se veria constrangido a assumir que a política de estímulo econômico via aumento de gastos públicos, principalmente através de desonerações tributárias para setores específicos, não havia surtido o efeito esperado. Mas o governo não parecia disposto a fazer essa confissão em ano eleitoral, ainda mais com Dilma disputando a reeleição: durante toda a campanha, o governo manteve-se em estado de negação, contra todos os prognósticos dos analistas econômicos. Apenas em novembro de 2014, portanto após a reeleição, o Executivo enviou projeto de lei pedindo alteração da meta fiscal daquele ano, reconhecendo o que analistas e a imprensa especializada já apontavam há muito tempo (MAFEI, 2021, p. 166).

Por conta da infração à Lei de Responsabilidade Fiscal corroborada por documentação do próprio governo Dilma Rousseff, a escalada política a partir de meados de 2015 seria veloz. Importante ter em mente, também, que esse processo administrativo ocorria exatamente enquanto a Lava Jato mantinha o país todo em suspense com suas operações semanais de captura do noticiário: no mesmo dia em que o TCU condenou o governo Dilma Rousseff pela infração da LRF devido às pedaladas fiscais, o tesoureiro nacional do PT, João Vaccari Neto, foi preso por ordem do então juiz Sergio Moro (MAFEI, 2021).

A condenação unânime do governo Dilma Rousseff pelo TCU em abril de 2015 ligou o sinal de alerta de todos em Brasília e fora dela. A oposição compreendeu que o tribunal, essa espécie de "agente neutro", garantia bases relativamente sólidas para pedir o afastamento da presidente (MAFEI, 2021). O então senador Aécio Neves (PSDB-MG), que perdera a eleição de 2014 para Dilma Rousseff, fora em ao menos duas ocasiões ao TCU. Em uma delas, Aécio foi acompanhado de uma comitiva de senadores de oposição a Dilma (MAFEI, 2021).

> A decisão do TCU animou a oposição liderada pelo PSDB, que estava abertamente à procura de qualquer tese que pudesse embasar o afastamento de Dilma. Segundo informou *O Estado de S. Paulo* no dia seguinte ao julgamento, as pedaladas, àquela altura, estavam ao lado de outros possíveis fundamentos para um pedido de impeachment, como as acusações de que a Controladoria Geral da União segurara informações sobre corrupção na Petrobras até depois das eleições de 2014 e o suposto uso irregular dos Correios na campanha (MAFEI, 2021, p. 175).

O governo, por outro lado, decidiu ser necessário entrar em campo também junto ao TCU. Foram mais de três visitas de agentes do governo junto ao TCU, envolvendo principalmente o advogado-geral da União, Luís Inácio Adams (VILLAVERDE, 2016).

Os nervos ficaram especialmente à flor da pele quando chegou o momento de avaliação, pelo TCU, das contas federais relativas ao exercício de 2014. Uma prática costumeira do TCU – a apreciação das contas do governo anterior (PISCITELLI, 2017) – ganhou, então, ares essencialmente políticos. Em 2015, para avaliar as contas do ano anterior, o relator do processo era o ministro Augusto Nardes, que fora deputado federal de oposição ao governo Lula. O processo no TCU foi postergado por três ocasiões: em todas as oportunidades, tanto o TCU quanto a AGU confirmaram ser por pedidos do próprio governo, de forma a garantir amplo acesso à defesa.

> Em junho de 2015, poucas semanas antes do início do julgamento que culminaria com a reprovação das contas presidenciais, Nardes assumiu o papel de adversário de Dilma e veio a público rebater antecipadamente uma das provas que a AGU apresentou em favor do governo: um documento assinado de próprio punho por Augustin,[26] datado do final de 2014, em que o ex-secretário assumia a responsabilidade pessoal pelas pedaladas. "Não adianta o Arno Augustin dizer que foi ele que fez as pedaladas. As contas são da presidente.". Na véspera do julgamento, o ministro mandou um recado nada sutil de que votaria pela reprovação integral das contas do governo relativas a 2014: "Não votarei pela aprovação com ressalvas", disse ele à imprensa, logo antes de entrar em sessão. Os advogados do governo e os políticos do PT passaram a criticar o acintoso prejulgamento de Nardes. Mais do que violar a liturgia judicial, o ministro atuava para mobilizar parlamentares de oposição e a sociedade civil pelo impeachment de Dilma (MAFEI, 2021, p. 177).

Ao final, o processo de apreciação das contas ocorreu apenas a 7 de outubro de 2015. O quadro político e econômico nacional estava muito deteriorado quando comparado ao quadro de seis meses antes (quando do julgamento do caso específico das "pedaladas fiscais"). O então presidente da Câmara, Eduardo Cunha, já tinha rompido publicamente com o governo Dilma Rousseff, criando um barulhento episódio político que levava a confrontações frequentes. A operação Lava Jato,

---

26 Referência ao gaúcho Arno Augustin, que fora secretário do Tesouro Nacional durante todo o primeiro mandato de Dilma Rousseff.

conduzida por procuradores do MPF em estrito contato com o então juiz federal Sergio Moro, tinha avançado ainda mais sobre a classe empresarial (notadamente o empresário Marcelo Odebrecht, preso em maio daquele ano) e a classe política. A situação econômica também se agravara, com perda de ritmo da atividade e aumentos frequentes tanto da taxa de desemprego quanto da taxa de inflação. Tudo combinado, a presidente Dilma Rousseff estava passando por período delicado, com perda acelerada de popularidade.[27]

Enquanto isso, a operação Lava Jato encurralava o sistema político brasileiro, criando um cenário que beirava o anarquismo, com perda de confiança generalizada nas instituições – exceções feitas, é claro, às de controle, notadamente o próprio MPF. Como se sabe, as relações dos procuradores federais e do então juiz Sérgio Moro não eram só de proximidade ilegal entre si, mas de proximidade com a extrema-direita (LIMONGI, 2023).

No dia seguinte a uma rodada de prisão de empreiteiros, o ministro da Justiça de Dilma Rousseff, o advogado petista José Eduardo Cardozo, convocou uma coletiva à imprensa para manifestar apoio à Lava Jato (GASPAR, 2020). Diante do quadro de anarquia social, crise econômica, debandada política e, aparentemente, de alguma relação entre o governo Dilma e a Lava Jato, diversas lideranças políticas e empresariais cerraram fileiras com o então presidente da Câmara dos Deputados, Eduardo Cunha, para que este buscasse alguma forma de impedir a continuidade do governo (GASPAR, 2020; LIMONGI, 2023).

Tendo os processos do TCU como base formal, Eduardo Cunha acatou o pedido de abertura de *impeachment* em 2 de dezembro de 2015. A partir daquele momento, o país passaria a ver periódicas manifestações de rua: de início (ainda em dezembro), com relativa paridade entre os segmentos favoráveis a Dilma (notadamente manifestações convocadas pelo PT e pela CUT) e os segmentos contrários a Dilma (especialmente novos movimentos sociais, de direita, como Vem Pra Rua e MBL); posteriormente, a partir de março de 2016, as manifestações – que aumentaram de tamanho, em volume de pessoas envolvidas – passaram a ser majoritariamente de grupos sociais favoráveis ao *impeachment*.

O país entrou em um vórtex com o processo de *impeachment* aberto, especialmente a partir de março de 2016, quando a Lava Jato

[27] Abranches (2018) e Limongi (2023) fazem excelentes reconstituições desse período.

"reanimou" o processo que ficara relativamente parado no Congresso Nacional (LIMONGI, 2023).

Embora as acusações que levaram ao *impeachment* de Dilma Rousseff não tivessem relação direta com a Lava Jato ou com suspeitas de corrupção praticada pessoalmente pela presidente, as investidas implacáveis do Ministério Público Federal contra parlamentares corruptos, empresários corruptores e doleiros lavadores de dinheiro tiveram estreita relação com o processo (MAFEI, 2021).

É interessante recuperar as palavras de Henrique Meirelles, que, em suas memórias, relembra como estava o país naquele contexto crítico. Trata-se de uma voz relevante: Meirelles foi, afinal, o presidente do Banco Central durante todos os oito anos de mandato do presidente Lula, que ocorreram imediatamente antes do governo Dilma Rousseff. Ademais, Meirelles fora, no fim de 2015, convidado pela própria presidente Dilma para compor seu governo – convite que ele negaria para assumir o Ministério da Fazenda sob o sucessor, Michel Temer:

> Em 2015, o Brasil pagava o preço alto do primeiro mandato de Dilma. Os preços dos combustíveis e da energia haviam sido represados artificialmente, o BNDES havia se tornado uma fonte de empréstimos com juros subsidiados e uma política de desoneração desmedida da folha de pagamentos abriu um rombo de mais de R$ 100 bilhões nas contas públicas. Tão graves quanto essas medidas populistas foram as consequências à credibilidade do país. As manobras na Secretaria do Tesouro reduziram a credibilidade das contas públicas a pó, no que depois viria a ser batizado de "pedaladas fiscais", motivo para o processo de impeachment. O resultado é que o Brasil estava sob uma recessão fortíssima. De junho de 2015 a maio de 2016, o PIB caiu 5,3%, uma das maiores quedas da história (MEIRELLES, 2024, p. 120).

O contexto necessário para um processo de *impeachment* (VILLAVERDE, 2019) estava pleno a partir de março de 2016: crise econômica aguda; agitação social; perda importante de popularidade da presidente; processo aberto no Legislativo; tempo de mandato disponível para posse do vice-presidente. Tal como ocorrera com Collor em agosto de 1992, quando "a chave virou", ficou relativamente claro que o governo federal não tinha mais capacidade político-parlamentar de vencer o procedimento por seu impedimento.

> Dilma tinha certeza de que conseguiria barrar a abertura do processo. "Um governo que não tem 172 votos na Câmara [para rejeitar o pedido]

> não tem mesmo como governar", diziam ministros e líderes, certos de que a proposta não avançaria. Avançou. No Senado, com 28 votos reverteria a situação, mas Dilma recebeu apenas 22. Era resultado, em grande parte, do temperamento da presidente, falou-se à época. Um exemplo é que seis ex-ministros de seu governo votaram contra ela no plenário do Senado. Cada um tinha uma queixa, ou muitas, a fazer da ex-chefe. Oitenta e cinco por cento dos votos a favor do impeachment foram por causa do comportamento dela, calculavam os petistas que passaram dias tentando arregimentar apoios. A presidente que chegou a bater 80% de aprovação no primeiro ano de mandato foi prejudicada também, como ficou evidente, pelos indicadores negativos na economia e pela insatisfação generalizada da sociedade com a política. As "jornadas de 2013" foram transportadas para 2015 e 2016 com expressivas manifestações populares a favor do impeachment. Dilma perdeu o governo e mandou o PT para a oposição depois de treze anos e meio no poder. A fala tantas vezes ouvida – "vai ser assim porque eu quero. E não será do outro jeito porque eu não quero" – justificava parte do isolamento em que ela estava no momento do impeachment (LÔBO, 2023, p. 273).

O *impeachment* foi aprovado pela Câmara dos Deputados a 17 de abril de 2016. Quase um mês depois, a 12 de maio, o Senado Federal aprovou a admissibilidade do processo, momento em que Dilma deixou temporariamente a Presidência, e Michel Temer, seu vice, assumiu interinamente. O julgamento no Senado teve como relator do *impeachment* o então senador Antonio Anastasia, do PSDB. As sessões finais do julgamento ocorreram no fim de agosto, sendo comandadas pelo presidente do Supremo Tribunal Federal, tal como ocorrera no impedimento de Fernando Collor. Diferentemente de Collor, Dilma aceitou o convite para realizar pessoalmente sua defesa, indo ao Senado no dia 29 de agosto. Dois dias depois, o julgamento foi concluído com sua condenação: dentre os 81 senadores, apenas 20 ficaram com Dilma. A melhor discussão que há, na literatura especializada, sobre o rito processual do *impeachment* de Dilma Rousseff é encontrada em precioso livro de Luiz Fernando Bandeira de Mello (2024), em particular os trechos que vão das páginas 140 a 175 da referida obra.

Tal como ocorrera em 1992 e tal como prevê a Constituição, o vice-presidente assumiu o cargo de titular.

> Falar em ruptura era conveniente para ambos os lados. O PT e os partidos de esquerda equipararam o impeachment a um golpe de Estado, a uma reação às políticas públicas que o partido vinha adotando desde

> que chegara ao poder. A tese não se sustenta. Os partidos que teriam perpetrado tal golpe apoiavam o PT desde 2003. Se não objetaram às reformas em seu momento áureo, por que o fariam em 2016? Mais do que isso, tiveram a chance de deixar Dilma na eleição de 2014 e depois da proclamação dos resultados. Não o fizeram. Aceitaram as pastas ministeriais em 2015 e permaneceram fiéis ao governo mesmo quando as ruas se encheram (primeiro semestre de 2015) e quando o todo-poderoso presidente da Câmara, Eduardo Cunha, se voltou contra o governo (segundo semestre de 2015) (LIMONGI, 2023, p. 164).

O uso do *impeachment*, naquela altura, já se torna corriqueiro. Em vez de instrumento poderoso que deveria salvaguardar a sociedade de um tirano ou mesmo de um presidente que atenta contra o país, passou a ser largamente usado – desde a largada! – como um mecanismo típico da luta política comezinha. Entre outubro de 1988, quando foi promulgada a Constituição, e outubro de 2018, foram 155 pedidos de *impeachment* protocolados na Câmara dos Deputados. A agremiação política que mais apresentou pedidos de *impeachment* foi o PT: foram 50 (VILHENA, 2018). Dado que o PT não apresentou pedidos de *impeachment* contra seus próprios presidentes (Lula e Dilma), vale dizer que o PT, portanto, apresentou todos os cinquenta pedidos de *impeachment* em um período de tempo ainda mais curto: entre outubro de 1988 e dezembro de 2002 e, depois, entre setembro de 2016 e o fim de 2018. Cinquenta pedidos de *impeachment* protocolados em apenas 16 anos: mais de três por ano. "Isso fragiliza o argumento de que o emprego do *impeachment* como uma ferramenta voltada a frustrar o resultado eleitoral tenha sido usado apenas por partidos de direita sem perspectivas eleitorais", aponta Vilhena (2018).

A fraqueza política do Executivo no contexto de 2015-2016 levou, quase que como corolário, a uma discussão aprofundada junto a lideranças políticas eminentes (como o presidente da República, Michel Temer, e o então presidente da Câmara dos Deputados, Rodrigo Maia) e também do Supremo Tribunal Federal (como o ministro Gilmar Mendes) para a instauração de um regime misto entre o presidencialismo e o parlamentarismo, chamado de "semipresidencialismo" (VILLAVERDE, 2019, p. 62). Essa discussão permaneceu acesa desde então, dada a omissão quase que completa do Executivo federal em efetivamente governar durante a pavorosa gestão Bolsonaro (2019-2022). O tema de mudança de regime político começou a ganhar atenção especializada recentemente. Cumpre citar relevante livro de João Victor Prasser (2023), que traz alentada e completa discussão tanto sobre o sistema semipresidencialista em si, em termos teóricos, quanto sobre a realidade prática do debate, tal como ocorrido no Brasil em anos recentes.

O afastamento de Dilma marcou a ascensão institucional de órgãos de controle reforçados pela Constituição de 1988 e por atos normativos e legais das três décadas seguintes, além do apoio político e social – de início, à esquerda (com o PT) e, depois, à centro-direita (com o PSDB e o PFL) e, por fim, com a extrema-direita (para o caso dos procuradores do MPF e do ex-juiz Sérgio Moro). Tão logo o sistema político dos três maiores partidos foi dado como parcialmente arruinado, com as derrocadas de PT, PMDB e PSDB, Moro entrou para a política como ministro da Justiça do governo extremista de Jair Bolsonaro, que passou a maior parte de seu mandato (2019-2022) sem sequer ter filiação partidária. Moro apoiou ostensivamente o candidato de extrema-direita nas eleições de 2022, quando ele e seu parceiro de Lava Jato, o ex-procurador Deltan Dallagnol, conseguiram mandatos políticos no campo da extrema-direita. Para sorte da democracia brasileira, no entanto, a candidatura presidencial de Bolsonaro foi derrotada por uma frente ampla, que uniu as duas únicas forças partidárias nacionalmente relevantes a perseverar depois de tudo (o PT e o MDB), todas as lideranças políticas da redemocratização (Lula, Fernando Henrique Cardoso, José Sarney, Tasso Jereissati, José Serra, José Fogaça, Geraldo Alckmin, Jarbas Vasconcellos, entre outras), novas lideranças em todas as matizes ideológicas, como Simone Tebet, Helder Barbalho, Marina Silva, Renan Filho, Tábata Amaral, João Amoêdo, Cristovam Buarque, João Dória, entre outras, além de todas as centrais sindicais, notadamente a CUT e a Força Sindical, os economistas mais influentes do Brasil (Persio Arida, André Lara Resende, Luiz Carlos Bresser-Pereira, Armínio Fraga, Edmar Bacha, Elena Landau) e lideranças empresariais de diversos ramos, como Cândido Bracher, Pedro Passos, Yacoff Sarkovas, Zeca Martins, entre outras.

É para essa *polity* brasileira, a qual realmente "toca o barco" da democracia brasileira, que deteremos nosso olhar a partir de agora.

PARTE 5

A *POLITY* BRASILEIRA: 1992 E 2015-2016

A arena pública tem diversos formatos e o curso da história é revelador. Durante o período de ditadura escancarada no Brasil, que vai de dezembro de 1968 a janeiro de 1979, a imprensa e a produção cultural (filmes, peças teatrais, livros e música) estavam sob forte censura; os diversos tipos de oposição ao regime autoritário sofreram perseguições de toda sorte (cassações de mandato, prisões arbitrárias, tortura, assassinato); a atuação institucional era frágil (Congresso Nacional e Supremo Tribunal Federal foram fechados entre 1968 e 1969 e novamente em 1977); e a Constituição, mesmo aquela gerada pelo regime (a Constituição de 1967), não era observada pelo próprio governo.[28] Em um contexto de horror como esse, a arena pública era limitada e sofria todo tipo de restrição.

Isso mudou radicalmente – e a partir das lutas sociais e dos partidos políticos de oposição ao autoritarismo.

A partir do fim dos anos 1970, a arena pública brasileira começa a passar por uma transformação muito importante. Nossa *polity* mudara completamente. Aqui, apoiamo-nos no conceito tal como preconizado por Skocpol (1992), em que *polity* é o espaço "que inclui os partidos e atores políticos organizados, juntamente com o Estado".

Não há como tratar da redemocratização do Brasil sem dar centralidade ao papel desempenhado pelos partidos políticos e pelos atores políticos organizados, notadamente aqueles do movimento sindical. As lutas políticas – tendo o Movimento Democrático Brasileiro (MDB) à

[28] Dado que, diante da isquemia que afastou o presidente-ditador Costa e Silva do cargo, no fim de 1969, em vez de o vice, o civil Pedro Aleixo, assumir – como previa a própria Constituição de 1967, baixada pelos militares –, o regime decidiu governar por meio de uma junta militar, que afinal escolheu outro general-ditador, Emílio Garrastazu Médici.

frente –, durante toda a década de 1970, representaram o fulcro a partir do qual afloraria a nova sociedade: mais engajada, mais livre e mais organizada em suas bases.

O Estado brasileiro mudou muito a partir dos anos 1980 e essa mudança é resultado das lutas pregressas, numa evolução histórica que envolveu também o Partido dos Trabalhadores (PT), fundado em 1980 a partir das lutas sindicais no ABC paulista; a fundação do Movimento Negro Unificado (MNU) entre 1978 e 1981, notadamente em São Paulo, no Rio de Janeiro e no Distrito Federal; a organização de movimentos feministas em torno da luta política, com ação direta no MDB ainda em 1982; a Central Única dos Trabalhadores (CUT), criada por petistas em 1983; a Pastoral da Criança, criada por Zilda Arns e d. Geraldo Agnelo em 1983 (VARELLA, 2022); o Movimento dos Trabalhadores Rurais Sem Terra (MST), fundado em 1984; a grande coalizão de médicos sanitaristas, que se organizaram pelo país todo ao longo de toda a década, em um movimento que geraria o Sistema Único de Saúde (SUS) (VARELLA, 2022); o movimento do "sindicalismo de resultados", que surge em 1987 e que desembocará na Força Sindical em 1991; e a criação do Partido da Social Democracia Brasileira (PSDB) em 1988. É fundamental registrar, também, o papel que o Partido Democrático Brasileiro (PDT), de Leonel Brizola, Darcy Ribeiro e Roberto Saturnino Braga, desempenhou durante toda a década de 1980, bem como o Partido da Frente Liberal (PFL): sem este, como veremos, a costura política liderada pelo MDB para encerrar o autoritarismo não teria sido bem-sucedida já em 1985.

O imenso movimento de massas em prol das eleições diretas para presidente – as *Diretas Já* –, que envolveu todo o país entre meados de 1983 e meados de 1984, é a marca mais clara, mais coesa, mais diversa e mais colorida que demarca esse período histórico da redemocratização do Brasil.

É importante ter clareza sobre a nossa *polity* dos anos 1980, porque é a partir dela que serão forjadas as instituições pós-1988. Toda a base que sustenta este livro – a mudança de papel do TCU em dois *impeachments* presidenciais – está ancorada, afinal, nas decisões tomadas a partir da Constituinte e nos anos que seguiram.

As virtudes e os vícios de nossos partidos principais e de nossos atores políticos organizados, isto é, de nossa *polity*, desembocarão no objeto deste livro. Por atores entendo aqui o conceito estabelecido em North (2018) e Tsebelis (1990a), que os tratam como seres racionais que calculam suas ações a partir de avaliações de custo e benefício. É a partir desses atores – sejam líderes carismáticos que guiam instituições (partidos políticos, movimentos sociais ou o próprio Estado), sejam organizações com várias pessoas – que ocorrem as mudanças institucionais (TSEBELIS, 1990b). Em Collier e Collier (2002), temos que os atores centrais são o movimento sindical, os partidos políticos e o próprio Estado. É exatamente como percebemos. Dentre eles, há aqueles que Kingdon (1995), no campo da administração pública, denominou de atores especiais ou "empreendedores", cuja capacidade de ler contextos e identificar oportunidades de ação, a partir de seu profundo conhecimento técnico e/ou política, permite atos variados de transformação.[29]

O período crucial para este livro é da redemocratização brasileira: as lutas sociais e dos principais partidos políticos e sindicatos a partir do fim dos anos 1970, que desembocam no fim do regime autoritário em 1985 e na Constituição de 1988. Isso porque é ali, na transição do autoritarismo para a democracia, que as instituições são forjadas, em particular o TCU, que está no centro de nosso trabalho.

> As transições são importantes porque são durante os anos iniciais de um regime que se forja a redefinição do instrumental institucional. Sua configuração e formato dependerão do tipo de transição que venha a ocorrer: que forças o sustentam e que forças o manipulam. Em tal contexto, muitos aspectos são cruciais: como foram organizados os partidos políticos e quais eram as suas metas? Até que ponto a nova Constituição refletiu e influenciou a redefinição institucional? (NUNES, 2017, p. 98).

É por isso que, nesta parte 5, precisamos definir com clareza quem faz parte de nossa *polity*, quais são esses partidos políticos principais e quais são os nossos atores políticos organizados, porque são deles que virão nossos entrevistados. Em uma frase: nossos agentes-chave para os processos de *impeachment* são personalidades relevantes *dentro* de partidos e organizações sociais relevantes. O topo da pirâmide de nossa *polity*.

[29] Destacamos aqui a rica discussão sobre conceitos que há em Abers (2021).

5.1 Os três partidos-chave

Durante todo o período que cobre as duas conjunturas críticas deste livro, os três partidos políticos mais relevantes, do ponto de vista nacional e, obviamente, também em termos de parlamento federal,[30] foram os mesmos: MDB, PT e PSDB. Assumindo a Constituição de 1988 como uma espécie de "ponto de partida" para o assunto em tela (a evolução institucional do TCU) e tendo o imediato pós-*impeachment* de Dilma Rousseff, isto é, os meses subsequentes a agosto de 2016, como "ponto de chegada", temos que o período que cobre as duas conjunturas críticas é aquele que vai de outubro de 1988 a meados de 2018.

Nesses trinta anos, o governo federal foi dirigido por sete presidentes da República, sendo dois do MDB (José Sarney e Michel Temer), dois do PT (Luiz Inácio Lula da Silva e Dilma Rousseff), um do PSDB (Fernando Henrique Cardoso) e um (Itamar Franco) cuja maior parte da trajetória política se deu junto ao MDB.

Nesse mesmo período, os três partidos tiveram quadros ocupando postos-chave para a condução do governo, sempre lembrando a máxima de Ulysses Guimarães: "Governo, no Brasil, é presidente da República mais Congresso Nacional; presidente no Brasil sem Congresso não governa". Presidentes da Câmara dos Deputados e do Senado Federal, além de líderes de governo, foram majoritariamente parlamentares de MDB, PT e PSDB entre 1988 e 2018.

Quando pensamos as conjunturas críticas de 1992 e 2015-2016, que culminaram com processos de *impeachment*, é importante ter clareza que, em ambas as oportunidades, as duas Casas do Congresso Nacional eram comandadas pelo MDB.

Dentro da Câmara dos Deputados, a maior bancada estadual em todo o período deste livro foi sempre de São Paulo (70 deputados). Nas duas conjunturas críticas, tanto o estado quanto a capital eram comandados por integrantes dos três principais partidos: em 1992, o estado de São Paulo era governado pelo PMDB (governador Luiz Antônio Fleury), e a capital, pelo PT (prefeita Luiza Erundina); em 2016, o estado era governado pelo PSDB (governador Geraldo Alckmin), e a capital, pelo PT (prefeito Fernando Haddad).

---

30 Dado que os processos de *impeachment* presidenciais ocorrem a partir do Congresso Nacional – como prevê a Constituição –, o procedimento começa na Câmara de Deputados e se encerra com julgamento no Senado Federal.

No Rio de Janeiro, palco de grandes manifestações envolvendo o *impeachment* – especialmente contra Fernando Collor, mas também *contra e a favor* de Dilma Rousseff –, a proeminência política era também de políticos dos três maiores partidos. Até março de 1991, ano de véspera do *impeachment* de Collor, o governo fluminense era comandado por Wellington Moreira Franco, do PMDB. A disputa pela capital do Rio, em outubro de 1992, no imediato pós-*impeachment* na Câmara, ocorreu entre César Maia, então no MDB, e Benedita da Silva, do PT. Em 2016, tanto a prefeitura da capital (Eduardo Paes) quanto o governo do estado (Luiz Antônio Pezão) eram comandados pelo MDB.

Também em doações eleitorais, MDB, PT e PSDB galvanizaram a maior parte dos recursos durante todo o período coberto.[31]

> Tendo-se afirmado no início do século XIX como instrumentos eficazes da opinião pública, dando condições para que as tendências preponderantes no Estado influam sobre o governo, os partidos políticos se impuseram como o veículo natural da representação política. Em consequência, multiplicaram-se vertiginosamente os partidos, apresentando as mais variadas características (DALLARI, 2016, p. 164).

O trecho acima, retirado de clássica obra de Dalmo Dallari, é estratégico porque define bem como os partidos políticos são fundamentais para a estrutura do Estado – dado que atuam por ele, por dentro dele e contra ele. Bebendo no pensamento de Duverger, Dallari aponta, ademais, a taxonomia padrão para delimitar os tipos de partido: de quadros – "mais preocupados com a qualidade de seus membros do que com a quantidade deles" (DALLARI, 2016, p. 164) –; e de massas – "quando, além de buscarem o maior número possível de adeptos, sem qualquer espécie de discriminação, procuram servir de instrumento para que indivíduos de condição econômica inferior possam aspirar às posições de governo" (DALLARI, *idem*). Nesse sentido, como ficará claro mais adiante, temos que o MDB e o PT são fundamentalmente partidos "de massa" – ainda que o PT busque uma maior coesão ideológica de seus quadros do que, em termos relativos, o MDB –, enquanto o PSDB nasceu como um partido "de quadros", tendo oscilado, tanto em termos ideológicos quanto normativos, no fluxo de sua existência.

---

31 "[O MDB é] o maior partido brasileiro, com maior capilaridade no território nacional e ainda um dos principais arrecadadores de doações eleitorais, ao lado do PT e do PSDB" (CARAZZA, 2018, p. 100).

Compreender como esses três partidos políticos estavam – e, principalmente, como eram percebidos pelos agentes-chave para as conjunturas críticas – em 1992 e em 2015-2016 nos interessa justamente por demarcar bem o papel que instituições fora da política, como é o caso do Tribunal de Contas da União, participaram de dois processos idênticos.

5.2 As duas maiores centrais sindicais

O movimento sindical que nasceu a partir das lutas pela redemocratização do país foi responsável por legar ao país um presidente da República eleito três vezes pelo voto direto (Luiz Inácio Lula da Silva, eleito em 2002, reeleito em 2006 e novamente eleito em 2022). Do movimento sindical vieram também candidatos a cargos majoritários e legislativos em todo o país, muitos deles com grandes capitais políticos em suas regiões, com apelo junto a centenas de milhares de eleitores – como o governador gaúcho Olívio Dutra (PT), os deputados federais Vicentinho (PT), Arlindo Chinaglia (PT), Paulinho da Força (PTB, depois PDT e Solidariedade), Luiz Antônio Medeiros (PFL), Luiz Carlos Motta (PL) e o senador Paulo Paim (PT).

Além da força política junto a instituições federais, como os Poderes Executivo e Legislativo, o movimento sindical brasileiro, que emergiu a partir do final dos anos 1970, foi uma das principais motrizes por trás das manifestações populares, o famoso "gente na rua", seja por meio de greves e passeatas com mote eminentemente trabalhista, seja engrossando manifestações sociais – sendo os casos mais notáveis as *Diretas Já* (1983-84) e, depois, o *Fora Collor* (1992).

Dada nossa hipótese principal – que a evolução institucional do TCU entre 1992 e 2015 "substituiu", junto a outros fatores, as forças sociais e políticas do pós-Constituição –, compreender dirigentes expoentes das maiores centrais sindicais nos parece tão relevante quanto investigar a percepção de atores político-partidários relevantes.

Desde 1981, como veremos, o movimento sindical brasileiro passou a se organizar de forma ativa e, ao mesmo tempo, "de baixo para cima", como forma de alterar a atuação do Estado. Desde o início de nossa transição democrática, os movimentos sociais e, em particular, o sindicalismo passaram a trabalhar junto às instituições políticas visando transformá-las, ora com estratégias conciliatórias, ora com táticas de confronto (ABERS *et al.*, 2021).

As centrais sindicais servem de "guarda-chuva" para o sistema sindical clássico, isto é, aquele instituído a partir da ditadura do Estado Novo, de Getúlio Vargas. As centrais fazem o papel político de todo o sistema sindical, sendo o órgão máximo de representação institucional de todos os dirigentes sindicais do país – não há nenhuma instituição, no âmbito sindical, acima das centrais.

> Praticamente em todos os setores de atividade existem empresas ou grupos razoavelmente estruturados de empresas cujo comportamento pesa globalmente sobre o sistema. O mesmo se pode dizer com respeito às organizações sindicais (FURTADO, 2008, p. 43).

O sistema clássico é aquele montado em três pernas: o sindicato, a federação e a confederação. Ele vale tanto para a representação dos trabalhadores quanto do capital. Assim como há a Federação dos Metalúrgicos de São Paulo, por exemplo, há a Federação das Indústrias de São Paulo (Fiesp). Assim como há a Confederação Nacional dos Trabalhadores Metalúrgicos, por exemplo, há a Confederação Nacional da Indústria (CNI) ou a Confederação Nacional do Comércio (CNC), a Confederação Nacional da Agricultura (CNA) etc.

O sindicato é a ponta mais próxima do trabalhador. Todo funcionário de empresa pública ou privada tem um sindicato que o representa, em sua categoria, perante o empregador. Após os anos dos horrores da ditadura militar, de intervenção direta nos sindicatos (especialmente os de representação laboral), a Constituição de 1988 representou um marco de liberdade individual e coletiva no campo do trabalho brasileiro. Já em seu início, logo no artigo 8º, a Constituição determina ser "livre a associação profissional ou sindical", com a observância de alguns determinantes, dos quais destacamos os seguintes como de interesse maior para o tema em tela no artigo 8º da Constituição Federal:

> I - a lei não poderá exigir autorização do Estado para a fundação de sindicato, ressalvado o registro no órgão competente, vedadas ao Poder Público a interferência e a intervenção na organização sindical;
> II - é vedada a criação de mais de uma organização sindical, em qualquer grau, representativa de categoria profissional ou econômica, na mesma base territorial, que será definida pelos trabalhadores ou empregadores interessados, não podendo ser inferior à área de um Município;
> III - ao sindicato cabe a defesa dos direitos e interesses coletivos ou individuais da categoria, inclusive em questões judiciais ou administrativas;
> (...)

> VI - é obrigatória a participação dos sindicatos nas negociações coletivas de trabalho; (BRASIL, 1988, n.p.).

Os sindicatos estavam livres, cabendo ao Estado o papel de registro das entidades para fins de regulação, basicamente, da contribuição sindical (herança do governo Vargas). O inciso II estabelece a chamada "unicidade sindical", algo que dividiu radicalmente o movimento sindical nos anos 1980 (como veremos a seguir) e que, basicamente, permitiu a concentração de poder nas mãos daquele sindicato que obtém o registro junto ao Estado. Por fim, os incisos III e VI são aqueles que garantem o empoderamento dos sindicatos e do movimento sindical como um todo a partir de 1988: as entidades estavam fortalecidas para participar de negociações coletivas e para a defesa universal dos direitos coletivos e individuais no que se refere ao mercado de trabalho, incluindo questões judiciais e administrativas.

Quando se pensa em movimento sindical em termos teóricos, no Brasil, três trabalhos sempre vêm à mente. Estes são os dos sociólogos Luiz Werneck Vianna, Leôncio Martins Rodrigues e de dois autores do que chamarei de "escola de Campinas": Ricardo Antunes e Giovanni Alves.

Em Vianna (1976), o movimento sindical brasileiro encontra duas "macrotendências" formativas, quais sejam, a de combate ao Estado e ao setor privado (tendência essa que, no nascedouro do século XX, seria associada a correntes políticas comunistas, socialistas e anarquistas) e, na outra ponta, aquela que é diretamente associada ao Estado, inaugurada pelo governo de Getúlio Vargas, entre meados dos anos 1930 e meados dos anos 1950.

O segundo grande trabalho teórico é aquele cuja linha é predominantemente etnográfica, a partir dos estudos do sociólogo Leôncio Martins Rodrigues (1990; 1992). Ele reconhece e reafirma as duas tendências originais, incorporando nestas uma riqueza de dados e contexto posterior a Viana (cujo corte temporal de seu estudo é encerrado nos anos 1950). Rodrigues, porém, adiciona uma terceira macrotendência sindical, que emerge justamente nos anos 1980, nas lutas pela redemocratização brasileira, enquanto há, no tecido econômico, um rompimento mais claro ao "dirigismo" estatal promovido pela ditadura militar, consistentemente substituído pela importação de signos anglo-saxões, como a globalização (notadamente a partir de abertura comercial e dos mercados de trabalho) e a desregulamentação estatal sobre o setor privado.

Atualizadas para o fim do século XX por Rodrigues (1992), essas tendências seriam: o sindicalismo antiestado, que tenta se desvincular totalmente do caráter centralizador e organizador do sindicalismo que o ex-presidente Getúlio Vargas importara ao Brasil a partir da experiência fascista de Benito Mussolini na Itália; o sindicalismo corporativista (ou "clientelista", segundo a crítica feita pelos integrantes do primeiro grupo), que justamente dependia e defendia o modelo varguista de dirigismo estatal; e, por fim, o que podemos denominar de sindicalismo associado ao capital, sem que essa descrição envolva crítica, mas, sim, análise: esse grupo seria formado por sindicatos que colocam nos empregadores (notadamente no setor privado) a centralidade das relações.

O primeiro grupo teria caráter revolucionário. Seu objetivo é subverter a ordem estabelecida pelo Estado e as empresas capitalistas. Seu instrumento principal de luta é a deflagração de greves. Esse grupo seria encarnado pela Central Única dos Trabalhadores (CUT), fundada no fim de 1983 e de relação umbilical com o Partido dos Trabalhadores (PT), criado três anos antes. Sua ponta de lança era o Sindicato dos Metalúrgicos de São Bernardo do Campo (mais tarde renomeado para Sindicato dos Metalúrgicos do ABC). Era necessário romper com o imposto sindical obrigatório, criado por Vargas, e com a ideia de negociar com empresários: os sindicatos deveriam se sustentar a partir de mensalidade paga pelos filiados, e sua luta deveria ser eminentemente política contra o sistema estabelecido.

O segundo grupo é aquele que emergiu do varguismo, nos anos 1940, e que por quase cinquenta anos foi liderado pela Central Geral de Trabalhadores (CGT). Até o golpe militar de 1964, a CGT era ligada ao antigo PTB. Depois, ela esteve mais associada ao MDB e, a partir da redemocratização, entre o PMDB e o PDT (fundado por Leonel Brizola e o herdeiro político do PTB de Vargas). Para a CGT, o modelo assentado em cobrança, pelo Estado, de um imposto sindical compulsório de todos os trabalhadores com carteira assinada era o ideal. O Estado brasileiro arrecadava o imposto sindical e, depois, repartia com os sindicatos, as federações e confederações, de acordo com seu tamanho (medido pela quantidade de trabalhadores representados). A participação de lideranças sindicais em conselhos e cargos estatais era bem-vista e estimulada.

Por fim, o terceiro grupo é o que emerge nos anos 1980, à época chamado de "novo sindicalismo". Ele nasce a partir do Sindicato dos Metalúrgicos de São Paulo, liderado a partir de 1987 por Luiz Antônio de Medeiros. Ele nasce de uma pergunta: se a luta sindical levar à fuga de empresas de um território, acabarão os empregos e, com isso, qual será a razão de ser de um sindicato? A negociação se impunha, segundo os adeptos dessa tendência. Em 1991, Medeiros e outros sindicalistas egressos do PT e da CUT, como João Carlos Gonçalves, o Juruna, e Paulo Pereira da Silva, o Paulinho, fundam a Força Sindical.

Esse terceiro grupo, que forma a terceira – e última – macrotendência do sindicalismo brasileiro, é reconhecido também pela terceira corrente teórica que mencionamos na abertura deste segmento, que é aquela que emerge de Antunes (1999; 2006) e Alves (2000; 2006), que podemos chamar de "escola de Campinas", porque os autores são baseados na Unicamp. Importa-nos, aqui, observar que, mesmo para essa escola, que vê muito criticamente a emergência do "novo sindicalismo", há a confirmação de que esta foi a última criação genuinamente formal do sindicalismo brasileiro (ALVES, 2006).

De forma resumida, portanto, o primeiro grupo (CUT) considerava os integrantes do segundo (CGT) e do terceiro grupo (Força Sindical) como "pelegos", isto é, sindicalistas que atendiam mais os patrões do que os trabalhadores. Até a ascensão de Lula à Presidência, em 2003, esses embates no movimento sindical permaneceram vivos. Lula no poder tornou o quadro um pouco mais complexo: a CUT se aproximou das teses defendidas pelos dois outros grupos sindicais (aceitando, inclusive, receber o imposto sindical junto dos demais a partir de 2008, por decisão pessoal de Lula). Esse quadro levou Antunes a afirmar ao autor deste livro, à época, que Lula levara "o getulismo ao extremo" (VILLAVERDE, 2010).[32]

O que nos interessa neste livro é acompanhar as duas maiores centrais sindicais dos dois períodos críticos. Nesse caso, seriam a CUT e a Força Sindical, fundada em março de 1991, dezoito meses antes do *impeachment* de Fernando Collor. Ambas, CUT e Força, dividiram entre si os maiores sindicatos do país. Com a CUT, ficaram os sindicatos dos metalúrgicos do ABC (de onde veio Lula) e dos bancários; com a Força,

---

[32] "'Lula levou o getulismo ao extremo', diz Ricardo Antunes", reportagem de João Villaverde na edição de 05.05.2010 do jornal *Valor Econômico*.

ficaram os sindicatos dos metalúrgicos de São Paulo e dos trabalhadores da CSN (em Volta Redonda, no Rio de Janeiro).

Notamos ao menos três marcos para delimitar como agiram os movimentos sociais sindicais durante todo o período em que se passa o horizonte temporal relevante para este livro: as lutas sociais da redemocratização (anos 1980); as disputas intrassindicais por espaço político e institucional (anos 1990); e a institucionalização das centrais sindicais a partir e por meio do Estado (anos 2000 e 2010).

> Se a oportunidade política é um aspecto do sistema político que contribui para desencadear a mobilização do movimento, a sequência de ações empreendidas pelo movimento é o resultado da interpretação dos acontecimentos e do cálculo estratégico baseado em repertórios disponíveis de protestos, audiências públicas, abaixo-assinados, pressão junto a parlamentares, ocupação de cargos em governos etc. A depender da leitura do processo decisório e do clima político, os atores escolhem aquelas ações que lhes podem trazer melhor resultado tanto em termos de resposta do Estado, quanto de capacidade de mobilização de seus quadros, ou ainda, de conquista de adesão na opinião pública (CARLOS; DOWBOR; ALBUQUERQUE, 2021, p. 111).

Dirigentes nacionais das duas centrais divergiram quanto aos *impeachments*, o que torna a percepção desses agentes-chave quanto ao papel do TCU especialmente interessante.

No caso do *impeachment* de Fernando Collor, a CUT liderou desde o início as campanhas populares pelo afastamento do presidente. A Força Sindical, por outro lado, era presidida por uma liderança com quem Collor mantinha relações políticas de grande proximidade – Luiz Antônio Medeiros. Por isso, a Força demorou a embarcar nas manifestações, optando de início por certa oposição ao processo, seguida de neutralidade no processo.

Já no *impeachment* de Dilma Rousseff, as posições de ambas foram diversas novamente, mas com papéis trocados. A CUT foi, desde o início, contrária ao afastamento da presidente. A central liderou, inclusive, manifestações populares de oposição ao *impeachment*, caso mais notável sendo o movimento na Avenida Paulista, em São Paulo, realizado em dezembro de 2015. Já a Força Sindical se dividiu: sua principal liderança política, o então deputado federal Paulo Pereira da Silva, cuja alcunha é bastante reveladora de sua relação com a central – Paulinho da Força –, foi favorável ao impedimento de Dilma desde o princípio.

Compreender como essas duas centrais sindicais estavam – e, principalmente, como eram percebidos pelos agentes-chave para as conjunturas críticas – em 1992 e em 2015-2016 nos interessa justamente por demarcar bem o papel que instituições fora da política, como é o caso do Tribunal de Contas da União, participaram de dois processos idênticos.

Agora, vamos focar nossas energias na *polity* brasileira. Tendo o *impeachment* de Fernando Collor e o impeachment de Dilma Rousseff como nossos marcos temporais definidos, mergulharemos nos três principais partidos políticos brasileiros (MDB, PT e PSDB) e nas duas maiores centrais sindicais brasileiras (CUT e Força Sindical).

5.3 MDB-PMDB

> "Sempre houve um limite na flexibilidade: defesa explícita do autoritarismo, das regras de exceção e da tortura eram inaceitáveis no MDB."
> Célia Melhem

> "Temos ódio e nojo da ditadura."
> Ulysses Guimarães

> "O MDB é o único partido que se parece com o Brasil. Ele é heterogêneo como é a sociedade brasileira; ele é eclético como a sociedade brasileira; e ele é grande como o Brasil. Em função disso, ele não quebra, ele não acaba, apesar de todas as dissensões e desavenças."
> Fernando Lyra

A ditadura militar começou em abril de 1964, com a ruptura violenta da Constituição então em vigor e da democracia, e terminou em março de 1985, com a volta dos civis ao poder federal. Todos sabemos disso, mas nem sempre nos perguntamos por que o regime militar deixou o poder após a derrota nas eleições indiretas em janeiro de 1985: o regime poderia ter perdurado até 1986 ou 1987 ou mesmo ainda mais adiante. Dito de outra forma: por que a ditadura terminou em 1985, e não depois?

São conhecidas as referências, na literatura, à onda latino-americana pela redemocratização.[33] Isso seguramente importou: ver as ditaduras terminarem em países que determinaram nossa colonização, como Portugal (cuja ditadura terminou em 1974) e Espanha (cujo término ocorreu em 1978), estimulou aqueles que, no Brasil e no exterior, lutavam por liberdade. Mais ainda: acompanhar o fim das ditaduras no Equador (em 1979), no Peru (em 1980), na Bolívia (em 1982), na Argentina (1983) e no Uruguai (janeiro de 1985) teve impacto comprovado na luta brasileira. Mas outros vizinhos relevantes, como Paraguai e Chile, só experimentaram redemocratizações mais adiante – em 1989 e em 1990, respectivamente.

A "onda latino-americana" ou mesmo "onda mundial" de fim das ditaduras militares certamente teve peso na luta contra a ditadura militar brasileira. Mas voltamos a perguntar: por que a redemocratização brasileira ocorreu em 1985, e não depois?

No caso brasileiro, sabemos, a luta social e política por eleições diretas para presidente foi fundamental para compreender o que ocorreu. Foi o maior movimento popular de nossa história (CARDOSO, 2021, p. 201). Essa luta foi majoritariamente liderada, no campo político, pelo MDB. A luta começou em 1971, com a "Carta de Recife", em que o MDB encampava a necessidade de uma nova constituição, democraticamente elaborada, para guiar as lutas sociais por liberdade (VILHENA, 2018). Naquele ano, o partido elegia um novo presidente, o deputado paulista Ulysses Guimarães. Seria ele a liderar o MDB nas lutas por uma constituição democrática e por votos diretos para cargos eletivos. Entre 1973 e 1974, quando Ulysses Guimarães lançou sua "anticandidatura" presidencial, já era claro a qualquer observador que o MDB estava na linha de frente prática para a derrubada da ditadura militar (MELHEM, 1998; BRESSER-PEREIRA, 1988; PILAGALLO, 2023). Foi um parlamentar do MDB, Teotônio Vilela, quem escancarou para a sociedade brasileira as prisões arbitrárias de opositores do regime, além de dar guarida política aos sindicalistas do ABC, entre 1979 e 1980 (MARCHI, 2017; CARDOSO, 2021; PILAGALLO, 2023). Foi uma entrevista por ele concedida ao brilhante cartunista Henfil, para a revista *O Pasquim*, que gerou o slogan tão conhecido: "*Diretas Já*" (PILAGALLO, 2023). Foram parlamentares do MDB que apresentaram emendas constitucionais que forçariam as eleições diretas: primeiro, os paulistas Theodoro Mendes

[33] Pilagallo (2023) faz bom apanhado de quem defende a tese da "onda mundial".

e Orestes Quércia; depois, aquela que passou a história – apresentada em fevereiro de 1983 pelo deputado mato-grossense Dante de Oliveira (BASTOS, 2001; PILAGALLO, 2023). Foi o líder do MDB na Câmara, o deputado Freitas Nobre, quem, junto de Ulysses Guimarães, tornou a luta pela eleição direta como um ponto fundamental para o país (PILAGALLO, 2023).

A campanha das *Diretas Já* começou com comícios populares a partir de Goiânia (PILAGALLO, 2023), capital então governada pelo MDB (Nion Albernaz), em estado liderado pelo MDB, do governador Íris Rezende. Os maiores comícios foram realizados no centro de São Paulo, durante o ano de 1984: o estado era governado por Franco Montoro, do MDB, e tinha em seu deputado federal Ulysses Guimarães seu nome mais destacado.

O MDB não estava sozinho, é claro, mas eram quadros seus que lideravam a luta, que ganhou o país todo e entusiasmou a sociedade em um momento de crescente fervor social, com a criação de movimentos sociais, centrais sindicais, partidos políticos e de liberalização cultural.

> Queremos um presidente
> que seja do nosso meio
> de general a general
> estamos de saco cheio
> Viva a eleição direta
> vade retro "Revolução"
> adeus vinte anos de força
> vinte anos de inflação
> vinte anos mais secos
> do que a sede do sertão
> (PILAGALLO, 2023, p. 211).[34]

Mas, mesmo com todo o empenho social e político, a emenda pelas Diretas foi derrotada no Congresso Nacional. Também pudera: a maior parte dos parlamentares pertencia ao PDS, partido que sustentava a ditadura militar.

Por que, então, a despeito da "onda mundial" contra ditaduras militares e a despeito da enorme campanha popular pelas eleições diretas, a ditadura brasileira terminou em 1985?

---

[34] Cordel de Deusdete Nunes, o "Garrincha", vereador pelo PMDB de Teresina.

Entendo, aqui, que a explicação fundamental para a pergunta colocada dois parágrafos antes vem da atuação conjunta do PMDB (como o MDB passou a se chamar a partir de 1980) com o que viria a ser o PFL. As lutas sociais pelas *Diretas Já* foram cruciais e, sem elas, não haveria abertura, mas diferentes lutas sociais ocorreram entre 1964 e 1984 e sempre terminaram frustradas. Por que funcionou em 1985?

O Congresso Nacional era dominado pelo PDS, o partido da ditadura. Se o PDS votasse em bloco (como sempre ocorrera), não haveria discussão: a chapa da ditadura, liderada por Paulo Maluf, sairia vitoriosa, e o regime inaugurado em 1964 permaneceria no comando do país até, pelo menos, 1990.

O PMDB já era, em 1985, o maior partido do país. Governava São Paulo (Franco Montoro), Minas Gerais (Tancredo Neves), Pará (Jader Barbalho), Goiás (Íris Rezende), Mato Grosso do Sul (Wilson Barbosa Martins e Ramez Tebet) e Paraná (José Richa), após vitórias extremamente relevantes nas eleições diretas de 1982. Suas bancadas na Câmara e no Senado eram grandes e diversas. O partido, em uma frase, estava pronto para promover a sua principal bandeira, o movimento pela democracia no Brasil, mas, sozinho, não conseguiria eleger seu candidato – quem quer que fosse o candidato.

Foi fundamental, portanto, o movimento do PMDB junto a lideranças do PDS que estavam, por diferentes razões, desencantadas com o regime no poder. A Frente Liberal, formada notadamente pelo mineiro Aureliano Chaves (então vice-presidente da República), pelo pernambucano Marco Maciel, pelo baiano Antônio Carlos Magalhães (o ACM) e pelo maranhense José Sarney, estava disposta a rachar com o regime.

Um dos maiores acertos históricos das lideranças do PMDB foi justamente este: estender o braço para os dissidentes do regime e construir um grande consenso em torno da redemocratização. Foi essa aproximação do PMDB com as lideranças democráticas do PDS que permitiu a redemocratização (CARDOSO, 2021, p. 202). José Sarney foi convidado pelos dois maiores caciques do PMDB, Ulysses Guimarães e Tancredo Neves, a ingressar no partido (BASTOS, 2001). Ele topou. Em seguida, decidiram formar a chapa para disputar voto com os apoiadores da ditadura: a chapa da redemocratização seria dos civis Tancredo Neves e José Sarney.

Sem esse movimento fundamental do PMDB junto à Frente Liberal (que pouco depois formaria o PFL), não haveria forma de uma chapa civil pela democracia vencer em Congresso dominado pela ditadura. É uma questão matemática e, portanto, indiscutível. Como anotou Barros (2022), a redemocratização pelo alto foi liderada pelo PMDB junto daqueles que formaram a Frente Liberal, rompendo com a ditadura.

O tempo não para e, hoje, mais de 40 anos após a disputa indireta entre o candidato da ditadura (Maluf) e a chapa da democracia (Tancredo e Sarney), não é exagero dizer que a memória coletiva sobre esse momento é rarefeita: de modo geral, reconta-se esse período com tintas leves, como se a disputa indireta tivesse passado de forma indiferente pela sociedade, distintamente do que ocorrera na campanha pelas *Diretas Já* e do que ocorreria na campanha direta (em 1989). Não foi assim. Entre setembro e dezembro de 1984, a chapa do PMDB percorreu o país em campanha: era a forma de, guardadas as devidas proporções, repetir o que Ulysses Guimarães fizera uma década antes: buscar lastro social para um processo eminentemente legislativo.

> (...) o primeiro destino da caravana [do PMDB] foi Goiânia, não por coincidência a cidade onde, mais de um ano antes, fora realizado o primeiro comício das Diretas. Com 200 mil pessoas na praça Cívica, o PMDB tentava reeditar a animação popular com o mesmo Osmar Santos [locutor esportivo] no comando da festa. Os oradores, entre os quais sete governadores peemedebistas, se sucederam no palanque (...). Sem a participação do PT, contrário à eleição indireta, haveria ainda grandes manifestações em Belém, Manaus, João Pessoa, Teresina, Cuiabá, Campo Grande, Rio Branco, Porto Velho, São Paulo, Aracaju e Recife. A última parada, uma semana antes do Natal, foi na praia da Boa Viagem, com a presença de Maitê Proença, Fafá de Belém, Paulinho da Viola, Beto Guedes e Luiz Gonzaga, rei do baião (PILAGALLO, 2023, p. 288-289).

Tancredo Neves e José Sarney, ambos do PMDB, foram eleitos pelo Congresso Nacional em janeiro de 1985, contando com apoio das bancadas dos partidos mais à esquerda, notadamente o PDT, do então governador do Rio de Janeiro, Leonel Brizola. O adoecimento de Tancredo na véspera da posse, levando à nomeação de José Sarney como primeiro presidente civil após 21 anos, é uma história conhecida que não precisa ser recontada aqui.[35]

Foi no governo José Sarney, do MDB-PMDB, que ocorreu o mais relevante processo institucional que perpassa todo este livro, qual seja,

[35] Nesse sentido, há ampla bibliografia, mas sugerimos mais entusiasticamente Bastos (2001) e Fraga (2017).

o processo de substituição da institucionalidade autoritária pela institucionalidade democrática (Maciel, 2012). É claro a todas e todos que leem este trecho do livro que o processo de substituição da institucionalidade autoritária começou antes de 1985, mas é igualmente claro que somente a partir de um governo federal civil e democrático que os principais marcos da institucionalidade democrática efetivamente começaram. O fato do governo inaugurado em 1985 ser chefiado pelo relator da emenda constitucional que extinguiu o AI-5 torna tudo ainda mais simbólico e poderoso.[36] Afinal, como anota Faoro (2018), a substituição real do entulho ditatorial teve como origem prática, justamente, o fim do horror de vigência do AI-5 (FAORO, 2018).

Acima de outras dimensões estimáveis, escreveu o embaixador e ex-ministro Rubens Ricupero em suas memórias, o legado que "distingue Sarney dos governos anteriores e sucessores consistiu na reconstrução da democracia, da liberdade, dos direitos humanos" (RICUPERO, 2024, p. 394). Cumpre notar, também, a fundamental importância do governo Sarney na reconstrução – em bases originais e modernas – da relação entre o Brasil e a Argentina e, a partir disso, do processo de integração de nosso país com os vizinhos sul-americanos e latinos em modo geral. Foi um processo histórico, iniciado com coragem por Sarney, cujo espírito seguiu a despeito das imensas diferenças ideológicas entre todos os seus sucessores – Collor, Itamar, FHC, Lula, Dilma e Michel Temer. Apenas no governo Jair Bolsonaro que essa marcha da integração foi interrompida e dilapidada. Coube ao novo governo Lula, a partir de 2023, sob liderança da ministra Simone Tebet, do MDB, a reconstrução da agenda de integração sul-americana, agenda a qual o autor deste livro tem a honra de coordenar como secretário de articulação institucional no Ministério do Planejamento e Orçamento.[37]

---

36 Como senador, ainda pela Arena, José Sarney foi o relator do fim do AI-5, em 1978. O Ato Institucional nº 5, baixado pelo presidente-ditador Costa e Silva em dezembro de 1968, foi aquele que, em termos gasparianos, tornou a ditadura escancarada. Sua extinção, a partir de janeiro de 1979, foi o primeiro dentre os grandes passos de substituição da institucionalidade autoritária por uma institucionalidade democrática. Podemos citar, também, dentre os chamados grandes passos neste sentido, a livre associação a partidos políticos (iniciada em 1980), a luta sindical por liberdade (notadamente liderada pelo Sindicato dos Metalúrgicos de São Bernardo do Campo, no início dos anos 1980) e a realização de eleições diretas para governos estaduais em 1982 (a última relativamente livre – e direta – ocorrera em outubro de 1965).

37 Tarefa iniciada em 2023, a partir do Consenso de Brasília, em que o Ministério do Planejamento e Orçamento rapidamente liderou, criando, a partir de novembro de 2023, as Rotas de Integração Sul-Americana. Com essa política pública original, que honra ao autor deste livro coordenar junto à equipe técnica do ministério, o Brasil voltou a ocupar o espaço devido,

Para isso, é importante registrarmos aqui as palavras de Ricupero, assessor especial de Sarney quando este era presidente da República, entre 1986 e setembro de 1987, embaixador do Brasil em Washington entre outubro de 1987 e agosto de 1991 e ministro da Fazenda em 1994, justamente quando da fantástica implementação do Plano Real. Escrevendo com fins históricos, Ricupero anota que:

> Coube a José Sarney, porém, nas condições adversas geradas pela súbita e inesperada morte de Tancredo Neves, a tarefa mais difícil de garantir o quadro de normalidade e segurança dentro do qual se conduziu o reerguimento dos fundamentos da vida democrática destruídos pelos militares. Não é proeza qualquer, obra comparável a outras. A reconstrução, na verdade a primeira fundação entre nós de democracia participativa de massas, com conteúdo de direitos humanos, constitui a conquistas por excelência, a condição da possibilidade de outras realizações. Bastaria por si só à glória de qualquer governo. Houve, contudo, muito mais naqueles anos em que o país dava a impressão de redescobrir a alegria de experimentar caminhos inexplorados, que se perdera desde o fim do governo de Juscelino Kubitschek. Dentre as inúmeras realizações perduráveis do primeiro governo da democratização, é justo destacar a renovação da diplomacia, com ênfase no realinhamento da política externa no sentido de uma aproximação sem precedentes com a Argentina e a América Latina. Impregnado de romances e poesia hispano-americanos, José Sarney foi o mais latino-americano de todos os chefes de Estado brasileiros (RICUPERO, 2024, p. 394-395).

Quando começou, o governo liderado pelo PMDB encarnava como fruto das sementes plantadas pelos anos de combate à ditadura. Era grande a esperança naquele momento, capturada pela cultura brasileira: das falas de Cazuza, cantor do Barão Vermelho, em plena apresentação no Rock In Rio quando da eleição da chapa Tancredo-Sarney ("Que o dia nasça lindo para todo mundo amanhã, com um Brasil novo, uma rapaziada esperta!") até a canção *Aprendizes da esperança*, de Beto Fogaça e Kleiton Ramil, eternizada na voz de Fafá de Belém, lançada justamente naquele 1985:

---

em relacionamento ativo com todos os nossos vizinhos, retomando – em novas bases – o espírito original inaugurado na redemocratização. As Rotas de Integração Sul-Americana contam com um relatório técnico publicado pelo Ministério do Planejamento e Orçamento em novembro de 2024.

Um sonho brasileiro
Eles plantam nas manhãs
Nas fábricas, nos muros
Nas janelas, nos mercados
Nas ruas e nas praças
Nos teatros, nos arados
É festa e é trabalho
E é luta e é dança
São homens e mulheres
Aprendizes da esperança (FOGAÇA; RAMIL, 1985).[38]

Para fins de registro dos grandes passos dados durante o governo José Sarney, comandado, afinal, pelo Partido do Movimento Democrático Brasileiro (o nome completo do PMDB), destacamos o seguinte:

(i) a emenda constitucional que garantiu, já em 1985, a realização de eleições diretas dos municípios antes bloqueados pelo regime;[39]
(ii) o voto – pela primeira vez em nossa história – verdadeiramente universal e democrático (VILLAVERDE; BRANDÃO, 2022, p. 59) a partir das eleições municipais de 1985;
(iii) a legalização dos partidos políticos que operavam na clandestinidade (1985);
(iv) o início da integração política e econômica da América do Sul, a começar pela aproximação entre Brasil e Argentina, liderada por Sarney e pelo presidente argentino Raúl Alfonsín (AMORIM, 2022; RICUPERO, 2024);
(v) a convocação da Assembleia Nacional Constituinte (1986);
(vi) a criação, em 1986, da Escola Nacional de Administração Pública (ENAP), que visava modernizar e profissionalizar o serviço público brasileiro (CRUZ, 2010, p. 318);
(vii) o fim da censura à imprensa e à cultura (1985-1986);
(viii) o combate à inflação descontrolada, herdada do regime militar (que a ignorara): o governo José Sarney implementou quatro tentativas de controlar a inflação: planos Cruzado I e II (1986), Bresser (1987) e Verão (1989);

---

38 "Aprendizes da Esperança", canção que dá título ao disco de mesmo nome, gravado por Fafá de Belém e lançado pela Som Livre em 1985.

39 "Protegidos", como diria o regime, em caráter de "segurança nacional" por deterem "questões estratégicas" – todos termos, entre aspas, usados oficialmente pelo regime autoritário.

(ix) o fim da "conta movimento" junto ao Banco do Brasil, combinada com a criação da Secretaria do Tesouro Nacional (1986) e a unificação orçamentária (1987), de forma a trazer transparência para a gestão fiscal federal, bem como os esforços pela renegociação da dívida externa brasileira, uma chaga constituída pela ditadura militar;
(x) a criação da Fundação Palmares, em agosto de 1988, com o propósito de estimular a cultura de matriz africana no país, tendo como primeiro presidente, escolhido por Sarney, o advogado e ativista negro Carlos Moura, figura histórica do movimento em Brasília;
(xi) a promulgação da Constituição (outubro de 1988) após dois anos de trabalhos livres;
(xii) o início do estabelecimento do Sistema Único de Saúde (SUS), a partir de 1988;
(xiii) a fundação do Ibama, o Instituto Brasileiro do Meio Ambiente e dos Recursos Naturais Renováveis (1989), que garantiu o primeiro grande avanço institucional na defesa do meio ambiente nacional;
(xiv) a realização da eleição direta para a Presidência da República (1989);
(xv) a transição democrática da faixa presidencial (1990).

Todo esse processo foi o corolário do partido que, afinal, nascera como MDB (Movimento Democrático Nacional) justamente para enfrentar a ditadura militar. Como anota Melhem (1998), o MDB, nascido em 1966, desde o princípio tinha como marco uma espécie de caráter "frente ampla", na medida em que recebeu adesão de personalidades muito diferentes (que vinham desde o campo da centro-direita, como os democratas-cristãos, cujo nome mais reconhecido era o de André Franco Montoro, e alguns até oriundos da UDN, até o campo da extrema-esquerda, como os comunistas, passando por trabalhistas do PTB e parlamentaristas do PSD).

> O convívio forçado de grupos, pessoas e ideias políticas diversificadas, em um contexto de repressão militar e cassações, atraiu e estimulou sobretudo comportamentos conciliatórios e/ou pragmáticos no MDB, características que certamente deixaram raízes na organização (...) Mas sempre houve um limite na flexibilidade: defesa explícita do

autoritarismo, das regras de exceção e da tortura eram inaceitáveis (MELHEM, 1998, p. 118 e 121-122).

Um dos fundadores do MDB, o político de Santos (SP), Mário Covas, diria o seguinte:

> O que foi dramático na criação do MDB foi o caráter elitista com que a regra ditatorial fixou a forma de criar. Ou seja, na medida em que a criação do partido foi feita a partir da representação parlamentar, o partido ganhou muitos vícios da vida exclusivamente parlamentar. E nascendo na vida parlamentar, é evidente que a sua estrutura começou a ser implantada em benefícios, explícito ou tácito, daqueles que eram os seus criadores. Isso é uma consequência natural de um processo político que é falho na origem (MELHEM, 1998 *apud* KINZO, 1988, p. 70).

Como anota Melhem (1998), o grupo de parlamentares que formou o MDB era bem heterogêneo, momentânea ou definitivamente posicionado na oposição (por razões pessoais, ideológicas, históricas, ocasionais etc.), com trajetórias políticas diversificadas (às vezes conflitantes) e diferentes concepções de oposicionismo (algumas beirando ao adesismo; outras, ao contrário, pressionando por uma oposição radical) (MELHEM, 1998). Como anotou em suas memórias um dos fundadores do MDB, o advogado pernambucano Fernando Lyra – que viria a ser o primeiro ministro da Justiça da redemocratização –, o partido logo nos primeiros momentos já militava de forma forte contra a ditadura militar:

> O Grupo Autêntico do MDB foi a primeira tentativa sistemática e organizada de combater o regime, no campo institucional (...) foi no primeiro seminário, do MDB do Rio Grande do Sul, em abril de 1971, organizado por Pedro Simon, que houve as primeiras manifestações do grupo que se formava internamente. Terminado esse seminário, logo foi marcado outro, para junho do mesmo ano, no Recife, organizado por Jarbas Vasconcelos. Assim os autênticos começaram a se destacar, especialmente a partir do MDB de Pernambuco. No Recife, chegamos a defender, pioneiramente, uma Assembleia Nacional Constituinte, verdadeira heresia para aqueles anos de ditadura o mais fechada possível. O Grupo Autêntico foi revolucionário à sua maneira. Sem dúvida estávamos na vanguarda do processo da luta pela democracia no Brasil. Exemplos de iniciativas avançadas – além da reivindicação de Constituinte, já citada – não faltam, como o grito pela anistia, ainda em 1971. Houve até vozes mais extremadas, como a de Chico Pinto – um nacionalista radical – e a de Lysâneas Maciel, que quis convocar na

Câmara dos Deputados, no auge da ditadura, uma CPI para apurar os casos de tortura no Brasil (LYRA, 2009, p. 75-76).

Um "buraco" constitutivo ao MDB foi, no entanto, no campo sindical – "buraco" este que somente encontraria eco partidário muitos anos depois, com a fundação do Partidos dos Trabalhadores (PT). Segundo Ulysses Guimarães, as ausências de sindicalistas na formação e mesmo na condução posterior do MDB são explicadas assim:

> (...) quanto aos trabalhadores, houve mais demora [em aderir], porque nós queríamos contatos com os sindicatos que, em geral, eram uma organização corporativista, desde o tempo de Getúlio, com a mão do Estado presente... Então tínhamos dificuldades. E tivemos vários trabalhadores que foram presos... eles queriam entrar no partido, mas tinham medo. O problema era este: queriam, nós tínhamos seu apoio velado, tácito, muito grande. Mas o apoio ostensivo era mais difícil, naquela época. Nos nossos comícios, muitas vezes (tantas vezes no começo) iam ostensivamente figuras do SNI [Serviço Nacional de Informações], até militares. Queriam subir no palanque; subiam e ficavam tomando nota. Eu dizia: "Por que tomam nota? O comício é público, faz uma gravação e já leva de uma vez" (...). Mas eles ficavam ali para o pessoal saber que estava (MELHEM, 1998, p. 71-72).

Nesse sentido, é interessante notar que tanto o PT quanto o PSDB nasceram *a partir* do MDB-PMDB, notadamente, de omissões ou "lacunas" deixadas pelo partido. Isso foi ficando claro a partir do período de abertura "lenta, segura e gradual" promovido pelo ditador Ernesto Geisel (1974-1979). Como anota Melhem (1998), o MDB teve muito sucesso nas eleições de 1978 – a bancada aumentou 20,5% na Assembleia Legislativa de São Paulo e 37% na Câmara dos Deputados – mas 20,7% dos deputados estaduais calouros eleitos foram, em seguida, para o PT, assim como 6,9% para o PTB e 3,5% para o PDT (MELHEM, 1998, p. 259).

Com a reforma eleitoral de 1980, o MDB passa a incorporar o P, de partido, no nome: PMDB. Surgem o PT, a partir dos sindicatos mais aguerridos – que, pouco depois, formariam a Central Única dos Trabalhadores (CUT), de que falaremos –, e o PDT, de Leonel Brizola. No mesmo ano, a Arena transforma-se no PDS. Políticos mais à direita do PMDB, como Tancredo Neves, e lideranças da Arena que decidem não migrar para o PDS, como o ex-governador mineiro Magalhães Pinto, unem-se em torno de um novo projeto, o Partido Popular (PP), de recorte centro-direita. Os comunistas, ainda clandestinos, continuam a militar no PMDB.

O PP era uma aliança impensável de dois políticos que sempre foram adversários e litigantes (MARCHI, 2017), em referência aos mineiros Tancredo Neves (que, nos anos pré-1964, militara no antigo PSD) e Magalhães Pinto (que fora artífice do golpe de 1964 como liderança da UDN).

Temendo o PP, cujo potencial de roubar votos na direita era grande, a ditadura age rápido e força, para as eleições de 1982, que o eleitor fique amarrado em um partido: não seria possível votar em candidatos de partidos diferentes para cargos diferentes. Com isso, o voto a governador "amarraria" os demais votos. Era o voto vinculado.

Dada a proeminência do PMDB na luta contra a ditadura e do PDS em favor da ditadura, a ação do regime acabou tornando difícil – já na partida – de siglas mais à esquerda (caso do PT) e mais à direita (caso do PP). Enquanto o PT insistiu e resistiu, os caciques do PP decidiram abortar os planos e o partido acabou, tendo durado apenas alguns meses.

> O voto vinculado traz para o PMDB os integrantes do Partido Popular (PP) – considerado mais à direita do PMDB e tendo no futuro presidente Tancredo Neves a sua figura nacional máxima –, em função da sua inviabilidade eleitoral com a exigência de voto em candidatos de um só partido para todos os postos eleitorais. O PP significou não só ex-emedebistas e ex-arenistas, como também o apoio de camadas da elite antes distantes. Durante a eleição de 1982, em consequência da adesão do PP – e certamente também do prestígio pessoal de Montoro entre essas camadas sociais, além de ele ser candidato imbatível a governador – uma parte do empresariado aproxima-se mais do PMDB (...) por outro lado, as mesmas circunstâncias eleitorais, e a fundação do Partido dos Trabalhadores (PT), atraiu para o PMDB lideranças trabalhadoras e sindicalistas adversárias dos petistas, como o presidente do poderoso Sindicato dos Metalúrgicos de São Paulo e sindicalistas comunistas. Assim, ao enfrentar sua primeira eleição direta para governador, *o PMDB expandia-se à direita e à esquerda, ampliando ao extremo o caráter de ampla frente que sempre o caracterizara* (MELHEM, 1998, p. 262-263, destaque nosso).

O trecho acima é especialmente interessante. Ele marca não só o crescimento do PMDB a partir do ingresso de políticos e empresários mais à direita (oriundos do PP, morto ainda no nascedouro), como de sindicalistas e trabalhadores de diferentes perfis, desde aqueles mais "pelegos", como Joaquim dos Santos Andrade, o Joaquinzão (presidente dos metalúrgicos de São Paulo), até os comunistas, incluindo aí aqueles do Movimento Revolucionário 8 de Outubro (MR-8), que aderiam ao PMDB por antagonismo ao PT. Resta claro, portanto, não só o tamanho do PMDB – muito grande –, como seu caráter diverso ("de tudo um pouco") e multifacetado.

> O PMDB era o ator em maior evidência na luta pela democratização, situando-se em lugar privilegiado nas articulações com segmentos sociais decisivos para a conclusão do processo lento e gradual de abertura política: lideranças militares, elites e organizações destacadas na luta pelo Estado de Direito (Ordem dos Advogados, Associações de Imprensa). *O PMDB articulava-se, por consequência, sobretudo com o espectro da sociedade basicamente interessado na eliminação dos limites ilegais e estreitos do autoritarismo.* O restante da sociedade civil era acionado por ele apenas em grandes manifestações de massas – durante a campanha de rua pelas eleições diretas, em meados da década de 1980 – ou nas urnas. As novas siglas partidárias, entretanto, passaram a explorar temáticas e alianças deixadas em segundo plano pelo PMDB – como questões sindicais, movimentos sociais, outros ângulos da cidadania –, apoiadas no carisma e na notoriedade de seus líderes, que desenvolviam (PT) ou retomavam (PDT e PTB) outras formas de identidade com o eleitorado (MELHEM, 1998, p. 138, com destaque nosso).

A campanha de 1978, em São Paulo, acabou sendo especialmente simbólica por determinar o caráter "nave-mãe" que o MDB exerceu. O sociólogo Fernando Henrique Cardoso, recém-filiado ao MDB, saiu candidato ao Senado. Como suplente, colocou o sindicalista Maurício Soares, oriundo da região do ABC. Com isso, a campanha de Cardoso contou com apoio do presidente do Sindicato dos Metalúrgicos local, Luiz Inácio Lula da Silva. As duas principais lideranças do que viriam a ser o PSDB (Cardoso) e o PT (Lula) estavam juntas, portanto, na chapa do MDB.

Aquelas eleições, também, foram marcantes por demonstrar a força eleitoral da oposição nos centros urbanos. Como demonstrou Soares (1988), o MDB obteve a maior parte dos votos em Manaus (capital do Amazonas), Salvador (capital da Bahia), Fortaleza (capital do Ceará), Campo Grande e Dourados (capital e grande centro, respectivamente, do Mato Grosso do Sul), Belém e Santarém (capital e grande centro, respectivamente, do Pará), João Pessoa e Campina Grande (capital e grande centro, respectivamente, da Paraíba) e Rio de Janeiro (capital do estado de mesmo nome).

A entrada de um quadro eminente do partido do governo – José Sarney – no PMDB, de forma a viabilizar a consolidação da Aliança Democrática com a frente liberal, não foi um movimento alienígena para o PMDB, mas tão somente o corolário de uma ação constante desde o nascedouro, em 1966: o movimento pela democracia no Brasil era a bandeira fundamental, indiscutível, e, portanto, ações decisivas nesse sentido – como o alargamento partidário em busca de consensos e costuras – eram práticas costumeiras.

> Na verdade, o PMDB transformou-se em uma clara alternativa de poder no Brasil quando passou a disputar o apoio e a obter a confiança da sociedade civil. Na medida, entretanto, em que o PMDB ia obtendo um certo êxito nessa estratégia – e se tornando de fato uma alternativa de poder a curto prazo – *esse partido caminhava para a direita*. Sua fusão com o partido de centro PP, Partido Popular, em 1981, e a obtenção de dez governos estaduais nas eleições de 1982 acentuaram essa tendência. *É certo que não perdia suas características de um partido democrático e progressista*. Enquanto partido de esquerda, entretanto, apresentava uma postura ideológica muito moderada, caracterizando-se, na melhor das hipóteses, por uma posição de centro-esquerda, que não chega sequer a se definir por um projeto social-democrata (BRESSER-PEREIRA, 1988, p. 33, destaques nossos).

O trecho acima foi publicado em 1988, mas escrito em setembro de 1983 pelo economista Luiz Carlos Bresser-Pereira, que era então filiado ao PMDB e ocupava o prestigiado cargo de presidente do Banespa, durante a gestão de Franco Montoro, também do PMDB. Ele registra a tendência do PMDB de, ao crescer incorporando quadros políticos que estavam no PP, mover-se da esquerda para a centro-esquerda e, um pouco mais adiante, para o centro político em si. Bresser-Pereira também aponta, no trecho acima, que havia um vácuo a ser ocupado no país com o ressurgimento dos movimentos de trabalhadores: a social-democracia. Ele seria, afinal, um dos fundadores do PSDB, o partido que carregaria a ideia social-democrata no nome. Como veremos, o PSDB caminharia também para a direita, mas em uma velocidade ainda maior do que o PMDB, afinal "ultrapassando" este – enquanto o PMDB permaneceria por décadas como a maior força política de centro do país, o PSDB se notabilizaria por representar nacionalmente o campo da centro-direita e da direita (o que ocorreu notadamente entre 1998 e 2016). O PMDB – registre-se também a partir do que fora argutamente notado por Bresser-Pereira – nunca deixaria de ser um partido democrático e progressista em suas bandeiras, o que muito provavelmente é um sinal de dependência de trajetória (*path dependence*). O PMDB, afinal, era a evolução direta do MDB.

> O MDB teve de transformar-se em PMDB, por exigência legal de se usar o termo Partido, como forma de desfazer a mística do MDB. Ficou PMDB, a mística ganhou um P. Para tentar municipalizar as eleições, pretendendo retirar o debate do tema nacional da redemocratização, o sistema militar criou o voto vinculado, pelo qual se devia votar em candidatos do mesmo partido para todos os cargos em disputa: vereador, deputado estadual, deputado federal, senador e governador. O tiro saiu pela culatra. Federalizou-se a eleição municipal, pois o lema do candidato Franco Montoro foi: "PMDB de ponta a ponta". E assim foi. A oposição ganhou com larga maioria em importantes estados: Minas, Rio, São Paulo, Paraná, Goiás, Pará (REALE JÚNIOR, 2010, p. 540).

O partido, também, fora o primeiro a organizar politicamente movimentos feministas em suas bandeiras políticas (BLAY, 1988). Pouco depois da transição de MDB para PMDB, no começo dos anos 1980, o partido passou a realizar pesquisas internas para mapear quais valores deveriam ser encampados de forma a trazer mulheres para a política, como anota a pesquisadora Eva Alterman Blay:

> Em julho de 1982, o PMDB realizou sua convenção e foi feita uma pesquisa onde cerca de 500 mulheres presentes definiram as prioridades que esperavam ver implantadas em um futuro governo no que dizia respeito especificamente à mulher. Em reuniões com representantes de bairros, em cidades do interior, ou pelas presentes na convenção do PMDB ficou evidenciado que as mulheres queriam uma política voltada para a questão do emprego, da profissionalização, da saúde da mulher, uma solução para o problema das creches, da violência, enfim, uma política que atacasse as várias formas de discriminação que envolve a condição feminina. Formaram-se durante a campanha eleitoral, junto ao PMDB, grupos e subgrupos de trabalho especificamente voltados à problemática feminina. Programas embrionários de ação foram sendo formulados e se constatou que seria necessário criar um instrumento – a nível de Estado – que viabilizasse tais sugestões (...) no processo de discussão chegou-se à conclusão de que dever-se-ia propor um organismo político – abrir um espaço junto ao poder que tornasse tais questões

prioritárias e que influísse sobre os demais órgãos de Estado, tais como secretarias, assessorias etc., de tal modo a indicar-lhes soluções e sempre colocar a questão da mulher. Propõe-se, então, a criação de um Conselho Estadual da Condição Feminina. Após a vitória dos candidatos da oposição, Franco Montoro em São Paulo e Tancredo Neves em Minas, estes conselhos foram criados (BLAY, 1988, p. 203).

O caráter contestatório pela democracia e pela liberdade durante toda a ditadura militar e sua abertura a movimentos de esquerda (como o MR-8) e de direita (como políticos tradicionais que foram da Arena, do natimorto PP e do PDS) fizeram do MDB-PMDB um partido francamente de centro, cujo espírito era de diálogo universal. Como diria de forma magistral Ulysses Guimarães em famoso discurso feito da tribuna da Câmara dos Deputados a 24 de agosto de 1983, quando o movimento das *Diretas Já* estava prestes a começar:

> Para o PMDB o institucional é a democracia, instrumentalizada por uma Constituição estruturada pela vontade política da sociedade... o PMDB está aberto ao diálogo com a Igreja, com entidades como a OAB, a Associação Brasileira de Imprensa, a mocidade e seus órgãos representativos, com as mulheres e suas organizações, os sindicatos, empresários e confederações, com as minorias discriminadas, os negros, os índios e demais setores marginalizados (citado por REALE JÚNIOR, 2010, p. 541).

Ademais, a maior marca política do partido acabou sendo a liderança de todo o processo de redemocratização do país, que culminou com a realização de uma constituinte aberta e transparente à sociedade, cujo produto final foi marcado pelas inesquecíveis palavras de Ulysses Guimarães dentro do Congresso Nacional. Ulysses era, a um só tempo, presidente da Câmara dos Deputados, presidente da Constituinte e presidente nacional do MDB-PMDB:

> Senhores constituintes, a Constituição, com as correções que faremos, será a guardiã da governabilidade. A governabilidade está no social. A fome, a miséria, a ignorância, a doença inassistida são ingovernáveis. A injustiça social é a negação do governo e a condenação do governo. A boca dos constituintes de 1987-1988 soprou o hálito oxigenado da governabilidade pela transferência e distribuição de recursos viáveis para os municípios, os securitários, o ensino, os aposentados. Repito: esta será a Constituição cidadã. Porque recuperará como cidadãos os milhões de brasileiros... Esta Constituição, o povo brasileiro me autoriza

> a proclamá-la, não ficará como bela estátua inacabada, mutilada ou profanada. O povo nos mandou aqui para fazê-la, não para ter medo. Viva a Constituição de 1988. Viva a vida que ela vai defender e semear (BONAVIDES; PAES DE ANDRADE, 1991, p. 466).

Além de liderar o governo José Sarney e os passos da Constituinte (tendo à frente o maior cacique do PMDB, Ulysses Guimarães), o MDB-PMDB teve atuação fundamental nas duas conjunturas críticas que marcam este livro.

O presidente nacional do PMDB em 1992, o paulista Orestes Quércia, foi desde o início favorável ao *impeachment* do presidente Fernando Collor. O deputado Ulysses Guimarães teve, novamente, atuação destacada no processo, sendo figura frequente nos comícios do *Fora Collor*, além das articulações na Câmara pelo afastamento do presidente, em agosto de 1992. O presidente da Câmara dos Deputados, que abriu o processo de *impeachment*, era Ibsen Pinheiro, figura histórica do MDB-PMDB gaúcho. O presidente do Senado Federal, onde o julgamento de Collor ocorreu em dezembro daquele ano, era o senador Mauro Benevides, do PMDB cearense.

O presidente nacional do PMDB em 2015-2016, o pernambucano Romero Jucá, foi favorável ao *impeachment* da presidente Dilma Rousseff. O presidente da Câmara dos Deputados, que abriu o processo de *impeachment*, era Eduardo Cunha, então filiado ao PMDB fluminense. O presidente do Senado Federal, onde o julgamento de Dilma ocorreu em agosto de 2016, era o senador Renan Calheiros, do PMDB alagoano.

Cumpre notar, também, que o afastamento de Collor deu a Presidência ao vice-presidente, como determina a Constituição. À época, o vice era Itamar Franco, que fora senador pelo MDB mineiro e que, após o período como presidente (1992-1994), se filiaria ao PMDB, partido pelo qual foi governador de Minas Gerais (1999-2002). O afastamento de Dilma deu a Presidência ao vice-presidente, como determina a Constituição, e, à época, o vice era Michel Temer, que fora deputado constituinte pelo PMDB, presidente da Câmara dos Deputados pelo PMDB e, mais simbolicamente, presidente nacional do PMDB.

Feito o registro histórico e marcada a importância do MDB-PMDB para as duas conjunturas críticas deste livro, devemos agora migrar para o agente-chave do MDB-PMDB entrevistado.

5.3.1 Wellington Moreira Franco

Nascido em Teresina, no Piauí, mas com vida social e política toda formada no Rio de Janeiro, Wellington Moreira Franco ingressou no MDB no início dos anos 1970, durante o regime militar. Nas eleições de 1974, foi eleito deputado federal pelo MDB fluminense, momento em que passou a ocupar sucessivos cargos no diretório estadual e, posteriormente, nacional do MDB-PMDB. Foi eleito prefeito de Niterói em 1978 pela Arena, após desavenças ideológicas com Chagas Freitas, que comandava o MDB no Rio de Janeiro.[40] Ao final de seu mandato como prefeito, Moreira Franco voltou ao partido original, já chamado de PMDB. Nas eleições de 1986, Moreira Franco foi eleito governador do Rio de Janeiro, pelo PMDB. Assumiu em março de 1987 e cumpriu todo o mandato, concluído em março de 1991. Seu antecessor e seu sucessor foi a mesma pessoa: Leonel Brizola.

Em 1992, como integrante do diretório nacional do PMDB e como ex-governador do Rio de Janeiro, foi favorável ao *impeachment* de Fernando Collor, tendo participado ativamente de articulações junto a parlamentares do PMDB em Brasília para viabilizar a queda de Collor.

Durante o governo FHC, do PSDB, Moreira Franco foi deputado federal pelo PMDB fluminense, tendo atuado também como assessor especial do presidente da República.

No governo Dilma Rousseff, do PT, Moreira Franco foi ministro de Estado em duas ocasiões: da Secretaria de Assuntos Estratégicos (de 2011 a 2013) e da Secretaria Nacional de Aviação Civil (de 2013 a 2014). Quando da crise do *impeachment*, ao longo de 2015, Moreira Franco era o presidente da Fundação Ulysses Guimarães (FUG), do PMDB, a partir do qual liderou a costura do programa Uma Ponte para o Futuro. Ele foi favorável ao processo de *impeachment* de Dilma. No governo Michel Temer, Moreira Franco foi ministro-chefe da Secretaria Geral da Presidência da República, no Palácio do Planalto, entre fevereiro de 2017 e abril de 2018, e, depois, ministro de Minas e Energia, entre abril e dezembro de 2018.

---

[40] Até o início dos anos 1980, o MDB (posteriormente PMDB) do Rio de Janeiro era comandado "por uma facção muito singular do PMDB, pouco identificada com a luta contra a ditadura" (BARROS, 2022, p. 72). "O PMDB do Rio de Janeiro era dominado pelo chaguismo (...) a ala era assim denominada pela influência de Chagas Freitas, que durante o auge da ditadura militar fora o único governador do MDB, embora na prática tenha atuado como aliado regional dos militares" (PILAGALLO, 2023).

Aposentado da política parlamentar e executiva, Moreira Franco continua a militar no MDB fluminense, com cargos na executiva nacional do partido e no conselho curador da FUG.

Por conta de sua destacada participação nas duas conjunturas críticas e por ter atuado tanto no período do "MDB histórico", ainda durante a ditadura militar, quanto no PMDB pós-redemocratização, como governador, ministro de Estado e deputado federal, Moreira Franco foi selecionado como "agente-chave" para entender os dois processos.

Suas visões sobre o papel que o Tribunal de Contas da União desempenhou – ou não – nos processos de *impeachment* de Fernando Collor e de Dilma Rousseff são, portanto, especialmente relevantes. Seu lugar de fala como destacada figura política nacional é extremamente importante para compreendermos como a evolução institucional do TCU foi percebida.

Moreira Franco foi entrevistado pelo autor deste livro no dia 12 de abril de 2023, por meio da plataforma digital Zoom. Ele concedeu a entrevista a partir de sua casa, no Rio de Janeiro. A entrevista será inserida, a seguir, na íntegra. Logo após a leitura integral da entrevista, veremos pontos específicos de sua fala, que serão analisados criticamente, à luz da tese que embala o livro.

5.3.1.1 Entrevista integral com Wellington Moreira Franco

1) Como estava o país no imediato pós-Constituição, isto é, fim de 1988-começo de 1989, pensando os anseios sociais para as eleições presidenciais diretas?
Moreira Franco: O mundo estava mudando. Na medida que você socialmente e economicamente você tem que considerar não só o que ocorre com você, mas o que ocorre com o mundo. Caminhar por uma estratégia que não seja adequada para a realidade mundial que se vive. Posto isso, temos que considerar outro ponto: estávamos saindo de longo regime autoritário porque temos, na nossa República, um fruto de um golpe militar. Daí sucessivamente tivemos intervenções militares ao longo desse período todo e estávamos saindo de mais um daqueles períodos. O outro ponto é que o regime militar acaba fruto de uma situação econômica extremamente complicada para o país. Eles não tiveram condições de apresentar uma alternativa que permitisse se relacionar com esse ambiente de crise sem que as relações

externas fossem esgarçadas. No fundo, nós, do MDB, desde 1972-1973 resolvemos mudar o rumo da nossa história. Fomos criados para ser o partido de oposição ao regime. Nesse período de 1972-1973, o doutor Ulysses [Guimarães], que era o vice do partido, virou o presidente e o partido deixaria de ser o partido que o regime criou para ser oposição para ser o partido de verdadeira oposição, para acabar com o regime mesmo. A primeira consequência foi a anticandidatura do Ulysses com resultado surpreendente nas eleições de 1974. A estratégia do partido é vitoriosa, se consegue vitória sem derramar uma gota de sangue, consegue demonstrar para a população que a violência não era da oposição, mas fruto da ação do governo. O próprio governo começou a definir uma estratégia para sair do governo e é um ponto muito importante nisso. O terceiro ponto é que fizemos, nesse período, com uma nova Constituição. A nova Constituição teve como objetivo resolver o problema para trás. Ou seja, tínhamos que romper com a tradição do país de conviver com golpes militares desde a proclamação da República até os anos 1980, com permanentes intervenções. Essa era a grande questão. Ela foi enfrentada pela Constituinte não olhando para frente, a ponto de um cientista político, o Fukuyama, ter feito obra icônica sobre o fim da história. O mundo estava efetivamente em processo amplo de mudança, não só econômica e política, mas sobretudo cultural, começado na década de 1960.

A nossa Constituinte... tivemos tido experiência incomum. Normalmente juristas escrevem anteprojeto e a Constituinte discute. A nossa foi produzida no burburinho do plenário da Câmara, algo que não é trivial. Porque as propostas que surgem no plenário de um parlamento são as mais doidas que podem imaginar. Tivemos propostas como fixar juros de 12% na Constituição. Os constituintes estavam construindo novo tempo pelo retrovisor, queriam resolver o problema do golpe militar, instituições que não tinham vida suficiente para que se impusessem pelo próprio resultado de sua existência. A genialidade encontrada foi buscar na Constituição americana o instituto do *impeachment* como proteção à cultura do golpe militar. Se coisas escritas, sejam elas de onde vierem, resolvessem problemas, o mundo seria muito mais fácil. O nosso problema era cultural, não se resolve pela língua. Esse processo não havia. Os que lá estavam faziam a Constituição pelo retrovisor e aí trouxeram o *impeachment* como a grande solução, mas, como a cultura é muito mais forte do que a escrita, transformou-se no Brasil o *impeachment* em uma forma de golpe. A cultura do golpe continuou. Todos os presidentes tiveram que enfrentar nas ruas a pressão do *impeachment*, sendo que dois não tiveram força política para se defender.

Outra questão desse período: a questão social e econômica era muito grave no Brasil e no mundo. Não tínhamos ferramentas. E a Nova República não foi cuidadosa no uso da aritmética para tratar da questão do dinheiro. Então, a Constituição, sob responsabilidade do Estado brasileiro, uma série de obrigações sem dizer de onde esse dinheiro viria. Isso não dá certo em qualquer lugar no mundo. Se você gasta mais do que ganha, você constrói a sua cova. Havia também a ideia de fortalecer as instituições, mas obrigou o FHC a criar uma legislação que, chamando de fundo, retirou uma série de tributos. Aí entrou a nova República numa crise econômica profunda... enquanto isso, o mundo estava rodando bolsinha, mudando muito. Chegou um certo momento em que os EUA estavam o senhor do mundo, eles nem se preocupavam com o que fariam os outros. Os três grandes personagens: império é definição de natureza territorial. URSS, China e Brasil. Se olhar as alternativas estratégicas tomadas por cada um deles, foram para aberturas liberais. Desmontaram os aparatos estatais. No Brasil, uma política econômica que já vinha totalmente desbaratada... não tinha consciência de que economia você cuida com aritmética; se você não usa nas suas formulações, não vai dar certo. Aqui resolveu-se não usar. O *slogan* do governo na época era "tudo pelo social" e deu no que deu... não avançamos. Mas havia muita expectativa social, muita esperança... infelizmente.

2) Grandes nomes, como Ulysses Guimarães, Mário Covas, Leonel Brizola, Guilherme Afif Domingos e Aureliano Chaves, fizeram parte da disputa, mas o segundo turno de 1989 enviou dois nomes "menos tradicionais", Lula x Collor, com partidos sem amplitude nacional (comparativamente ao PMDB, de Ulysses, e mesmo ao PFL, de Aureliano). Collor venceu de forma apertada. Seu governo começou com a missão de colocar de pé instituições previstas na Constituição, como o SUS, enquanto lidava com hiperinflação e um contexto social (remetendo à pergunta 1). Como o senhor avaliou o governo Collor enquanto era contemporâneo dele, isto é, com os olhos do Moreira Franco de 1990, 1991 e 1992?

Moreira Franco: A estrutura partidária já não existia. O povo queria naquela época, queria o novo. Já tinha acertado as contas com as eleições municipais de 1988 quando o PMDB perdeu nos principais municípios. Ainda era o maior partido, tinha adesão popular, mas estava fragilizado, não tinha a capacidade de organizar a luta contra a questão econômica que estava posta. Se não tiver experiência social e política, não adianta. O publicitário torna charmosa a experiência que você tem, aí agrega. Se não tiver experiência, não adianta publicitário. Eu tive experiência curiosa. Em Brasília, tinha a Feira do Candango, com barracas de todos os estados. Uma atividade muito prestigiada e aí casualmente estava lá e tive a oportunidade de ver que os três candidatos (dois que já tinham voto e o terceiro que tinha uma estrutura partidária muito sólida, que tinha tido vitória acachapante). Numa eleição, se você não é vaiado, não é competitivo. Isso é um princípio de toda eleição majoritária que as pessoas tendem a esquecer. Se você não gera adversários, você não tem aliados. Passou o Lula e foi um tumulto. Xingamento, empurrão, briga. Depois veio o Collor, outro tumulto. Visivelmente a eleição estava polarizada. Aí veio o doutor Ulysses e foi recebido como um ícone da República, mas ninguém vota em ícone. Saí dali convencido que íamos para o vinagre. Ainda puseram *slogan* desgraçadamente incompatível com qualquer valor na sociedade moderna e na atual também, "põe fé no velhinho". E o resultado foi esse: a polarização entre os dois novos. Pega os outros todos e mesmo sendo competitivos, mas viviam no passado. Uns no passado mais distante e outros em passados mais recentes, mas todos no passado. Os dois novos eram Collor e Lula.

Conheci o Collor aqui do Rio, a juventude dele foi toda aqui. Eu o conheci muito bem. O Collor apresentou, naquele momento, uma proposta contemporânea: tinha começo, meio e fim. A grande revolução que aconteceria no mundo era cultural, sem dúvida, mas sobretudo tecnológica. A tecnologia passava a ser o principal indutor das questões culturais. Ele pegou isso, talvez até pela pouca idade. Eu não tinha ainda percebido isso naquele momento, só percebia que o novo era ele e o novo era o Lula. O Collor não tinha condições e nem elementos em torno dele que o sustentassem, na estrutura do governo federal. Ele não conseguiu transformar isso em algo que gerasse políticas públicas. Eu já tinha sido prefeito por seis anos, tinha sido governador. O Collor trouxe a melhor proposta, mas ele não tinha gente para tornar aquelas propostas viáveis. Sem conversar com o Lula, por uma convicção social, eu votei nele. Meu primeiro voto para presidente da República foi no Lula. Eu já tinha sido deputado, prefeito, era governador de estado em 1989 e eu nunca tinha tido a chance de votar para presidente. Veja que situação...

3) Collor sofreu *impeachment* após grande pressão política (a CPI do PC Farias, no Congresso Nacional), pressão midiática (grandes meios de comunicação) e pressão social (centrais sindicais, movimentos sociais). Como o senhor avalia a participação da sociedade e dos partidos políticos naquele processo de deposição de Collor da Presidência?
Moreira Franco: Da mesma intensidade do que ocorreu com Dilma, a economia não crescendo, a situação se deteriorando, a mídia em cima dela, a Lava Jato em cima dela e do conjunto da obra. Os outros presidentes conseguiram resolver enfrentar o problema do *impeachment*, mas esses dois não conseguiram. Você só governa o país com uma boa relação com o Congresso Nacional. Sem uma boa relação com o Congresso, não só no Brasil, como em nenhuma democracia do mundo, há condições de governar. O Collor não tinha nenhuma intimidade com o Ibsen e nem com o alto clero da Câmara. Collor foi pra rua e conseguiu ganhar eleição na rua. Ele não tinha nem partido. Ele criou um para disputar. Você não governa sem o Congresso, não governa sem o Congresso, em qualquer lugar. Não é só aqui. Esses fatos são como se você arrumasse o bolo. O bolo é a relação com o Poder Legislativo. A Dilma a mesma coisa: ela não entendeu o que estava acontecendo. Ela não gostava de conversar com parlamentar. Não tinha paciência. Ela não percebeu que o Eduardo Cunha era inteligente e, como dizia o embaixador Araújo Castro, "personagem capaz de tudo". O Eduardo Cunha era isso, alguém capaz de tudo. Cunha derrotou a Dilma e não é trivial. O Lula, quando perdeu a eleição da Câmara para o Severino [Cavalcanti],[41] imediatamente procurou compor. Ela perdeu para o Cunha e ficou com ódio, aumentando a hostilidade em relação a ele. Aí, na mesma época, as ruas vieram para responder a mais grave crise econômica que o Brasil viveu nesse período. Não tivemos uma situação tão estressada na economia quanto a dela. A nova matriz econômica era um desastre, não tinha nenhum bom senso. Essa é a razão. A mídia entra porque gosta desse tipo de cobertura. E a Dilma vem de dois governos do Lula, sendo que, no primeiro governo, foi o maior arrocho econômico que tivemos no Brasil.
4) Uma expressiva análise documental daqueles anos indica pouca (quase nenhuma) participação no processo de *impeachment* por

[41] Deputado do PP de Pernambuco e ligado ao chamado "baixo clero", Severino Cavalcanti foi eleito presidente da Câmara dos Deputados em fevereiro de 2005, em grande surpresa para o governo Lula. Severino foi forçado a deixar o cargo meses depois, após ser acuado por denúncias de corrupção pessoal.

parte de instituições de controle formal (como o Ministério Público Federal e o Tribunal de Contas da União). Por que o senhor avalia que o papel de instituições de controle, hoje tão costumeiro (e nem por isso positivo, me refiro aqui em termos analíticos, sem juízo de valor), foi praticamente inexistente naquele período crítico?
Moreira Franco: Ele [o TCU] não existiu. O TCU é um órgão auxiliar do Legislativo para análise das contas e sempre foi isso. Ele foi assumindo espaço muito em função da fragilidade do Poder Executivo. Isso de um lado. Por outro lado, estamos já há algum tempo sem respeitar um princípio básico de equilíbrio social e político em uma sociedade, que é a harmonia e a independência entre Poderes. Naquela época, quem incensava esses órgãos que você sentiu falta era o PT, mas, como ele não tinha ainda o papel que hoje tem em função do esgarçamento desses dois princípios constitucionais, eles foram usados para sustentar as denúncias que eram levadas ao Executivo.
5) Corta para 2015-2016. Os maiores partidos políticos ainda são os mesmos: PT, PSDB e PMDB. As três maiores centrais sindicais também. Há, tal como em 1992, um processo de *impeachment* em andamento, sob a mesma lei e a mesma Constituição. Que diferenças, no entanto, o senhor vê entre os dois casos, pensando em termos políticos e sociais?
Moreira Franco: Você está colocando como sinônimos o que está escrito na Constituição. A Constituição era difícil de ser cumprida. A quantidade de dispositivos importantes para se resolver com legislações que seriam aprovadas posteriormente dava para fazer nova Constituição, sobretudo na área econômica. Essa indefinição foi uma das causas do tumulto que vivemos até hoje. Eles não existiam. O que existia ainda era Judiciário, Legislativo e Executivo. O TCU, o MP já tinha modificado e já estava patrocinado pelo PT, assumindo as novas posições escritas na Constituição e até gerar o PGR Rodrigo Janot, que era o ponto culminante de poder total ao MP e aos órgãos de controle como um todo.
6) O TCU teve um papel grande no *impeachment* de 2015-2016. Além das bases do processo, procurador e auditor do TCU foram testemunhas de acusação no processo de *impeachment* de Dilma Rousseff. Como o senhor avalia esse aumento de relevância institucional frente à sua inexistência prática em 1992?
Moreira Franco: Não acho que seja um equívoco você ter um órgão de controle; na realidade, é indispensável e fundamental. Não é um equívoco o TCU acompanhar os gastos e as ações do Poder Executivo e, daqui a pouco, do Judiciário também, é inevitável que chegue. Acho isso

positivo. Tem que ter pesos e contrapesos para conseguir construir uma relação de equilíbrio institucional, político e econômico na administração pública. Não teve no Collor porque não tinha nada, o TCU não tinha tido o oxigênio necessário para andar. O PT oxigenou no Collor alguns membros do MPF, e não a instituição MPF e muito menos o TCU. Com o tempo, ela passou a andar, ao ponto dela própria quebrar a relação de comando que é definida pela Constituição. Esse critério de escolha por eleição, no MPF, fere um princípio da Constituição. Do jeito que está escrito, para garantir a independência e a harmonia entre Poderes, não pode continuar desse jeito, essas coisas têm que ter uma harmonia.
7) À luz do que o senhor viu e viveu, como caracterizaria essas diferenças de posturas políticas, sociais e institucionais?
Você esqueceu de colocar um elemento que mais incita e excita essa nova relação, que é o avanço da tecnologia. Antigamente, quando eu morava no Piauí, até meus dez anos de idade, as pessoas ficavam nas praças conversando, ouvindo música. Hoje, com a tecnologia, as *fake news* – que sempre existiram, em maior e menor grau – são espalhadas nesse nível que temos. Exatamente como estamos vendo agora esse problema das pessoas quererem matar crianças nas escolas, um incentivo absurdo por parte de algumas pessoas. A foto, a notícia, glamouriza, e aí as pessoas que se deixam levar. O problema é que o volume que inquieta de informações é que não faz ninguém resistir. A minha filha hoje preside a Fundação Darcy Vargas, que tem uma escola. Ela é advogada, mas passou o dia ontem cuidando de ameaça de que iriam pegar alunos na escola. Isso é algo que vamos ter de encontrar solução regulando e acredito que isso é importante. A história da humanidade é a pressão da regulação e a contrapressão da desregulação, e aí vamos criando situação próxima de equilíbrio.

5.3.1.2 Análise crítica da entrevista

As falas do agente-chave Moreira Franco trazem uma série de confirmações para nossa hipótese. Em primeiro lugar, destacamos o que chamamos de "ecos de Ulysses", em que Moreira Franco repete a ideia-mestre de Ulysses Guimarães introduzida nas eleições de 1989 e que consideramos um anátema para pensarmos a forma como se dá a formação, a estabilidade e o fim de governos no Brasil: "Governo, no Brasil, é presidente da República mais Congresso Nacional; presidente sem Congresso não governa", dizia Ulysses. E o que nos diz Moreira

Franco na terceira resposta, quando instado a falar sobre os *impeachments* de Collor e Dilma?

> Os outros presidentes conseguiram resolver enfrentar o problema do *impeachment*. Mas esses dois não conseguiram. Você só governa o país com uma boa relação com o Congresso Nacional. *Sem uma boa relação com o Congresso, não só no Brasil, como em nenhuma democracia do mundo, há condições de governar.* O Collor não tinha nenhuma intimidade com o Ibsen e nem com o alto clero da Câmara. Collor foi pra rua e conseguiu ganhar eleição na rua. Ele não tinha nem partido. Ele criou um para disputar. *Você não governa sem o Congresso, não governa sem o Congresso, em qualquer lugar. Não é só aqui.* Esses fatos são como se você arrumasse o bolo. O bolo é a relação com o Poder Legislativo. A Dilma a mesma coisa: ela não entendeu o que estava acontecendo. Ela não gostava de conversar com parlamentar. Não tinha paciência. Ela não percebeu que o Eduardo Cunha era inteligente e, como dizia o embaixador Araújo Castro, "personagem capaz de tudo". O Eduardo Cunha era isso, alguém capaz de tudo. Cunha derrotou a Dilma e não é trivial.

Além do trecho em destaque, também grifamos no interior dele algumas frases mais simbólicas. Segundo esse agente-chave, arguto observador da política nacional e figura ativa em ambos os afastamentos presidenciais, Collor e Dilma tinham em comum a inabilidade do trato com o Congresso Nacional. No caso de Collor, Moreira Franco destaca que nem mesmo partido político o presidente tinha. Isso não era o caso para Dilma Rousseff, filiada a um dos três maiores partidos do país naquele momento, mas a falta de habilidade era, sim, característica intrínseca, aponta ele.

Destacamos agora dois trechos relevantes na fala de Moreira Franco que estão em sua quarta resposta. Quando perguntado sobre o papel do TCU durante o processo de *impeachment* de Collor, ele responde: "Ele [o TCU] não existiu".

Assim, numa frase curta, esse agente-chave define muito bem qual foi o papel do Tribunal de Contas da União em um processo constitucional decisivo para a geração do imediato pós-Constituição: nenhum.

Em seguida, na mesma resposta, Moreira Franco menciona um único partido político. Vejamos qual e a razão pela qual ele citou: "Naquela época, quem incensava esses órgãos que você sentiu falta era o PT".

Ele usa o termo "incensava", que não estava nem na pergunta e nem mesmo por detrás, de forma implícita. Ele traz, portanto, algo de sua vivência política prática e de sua observação do desenrolar histórico. O partido político por ele mencionado, o PT, fazia, segundo ele, o papel de "incensar" as instituições de controle. Já o "você sentiu falta" é uma referência direta ao autor deste livro, que, nas perguntas até aquele momento, notava a ausência do TCU e também do Ministério Público Federal em toda a caminhada que levou ao *impeachment* de Fernando Collor.

Essa percepção de Moreira Franco quanto ao PT e ao papel deste como "incensador" das instituições de controle encontra eco na literatura, como veremos a seguir.[42]

Por fim, cumpre notar o que diz Moreira Franco em determinado momento de sua sexta resposta. Vejamos:

> Não acho que seja um equívoco você ter um órgão de controle; na realidade, é indispensável e fundamental. Não é um equívoco o TCU acompanhar os gastos e as ações do Poder Executivo e, daqui a pouco, do Judiciário também, é inevitável que chegue. *Acho isso positivo.* Tem que ter pesos e contrapesos para conseguir construir uma relação de equilíbrio institucional, político e econômico na administração pública. *Não teve no Collor porque não tinha nada, o TCU não tinha tido o oxigênio necessário para andar.* O PT oxigenou no Collor alguns membros do MPF, e não a instituição MPF e muito menos o TCU. *Com o tempo, ela passou a andar* (destaques nossos).

Há diversos pontos de interesse no trecho acima. O primeiro deles, que grifamos, está no caráter positivo dado ao agente-chave ao papel crescente do TCU. Mas o agente-chave delimita bem qual deve ser esse papel positivo da instituição: no acompanhamento de gastos do Poder Executivo "e, daqui a pouco, do Judiciário também". Podemos depreender que, para esse agente-chave, o aumento de importância no TCU quando focado no controle dos gastos é algo positivo, especialmente se esse acompanhamento chegar às despesas do Judiciário. Para além desse foco, o agente-chave não menciona se trataria de uma evolução positiva.

Em seguida, Moreira Franco retoma – e reforça – a percepção de que o TCU não teve papel algum no caso Collor "porque não tinha nada, o TCU não tinha tido o oxigênio necessário para andar". Isso é

---

42 Nesse sentido, convido a leitora e o leitor a verificar algumas páginas adiante conforme entramos na discussão sobre o PT na Constituinte.

interessante porque consolida nossa ideia principal. Ademais, cumpre notar o uso do termo "andar" para determinar o avanço institucional. Ao final do trecho destacado acima, ele retoma o mesmo verbo ao dizer que, "com o tempo, ela passou a andar", ou seja, depois do *impeachment* de Collor e antes do *impeachment* da Dilma, "com o tempo", portanto, as instituições de controle passaram a "andar" e, com isso, ganharam o fôlego e o instrumental institucional e político para agir como agiram.

5.4 PT

> "Uma coisa que é preciso admirar no Partido dos Trabalhadores desde sua origem é sua ousadia. Apesar de ter elegido apenas dezesseis deputados e de não ter emplacado nenhum senador, o PT foi para a Assembleia Constituinte com seu próprio projeto de Constituição elaborado e pronto para a discussão."[43]
> Celso Rocha de Barros

O Partido dos Trabalhadores nasceu de uma luta. Em seus manifestos inaugurais, de 1980, e nas primeiras falas de sua figura nacional maior – Luiz Inácio Lula da Silva –, resta claro que, como o nome literal do PT já diz, o partido nascia da luta dos trabalhadores por mais direitos, mais liberdades (de associação sindical, de greve, de voto, de opinião) e por melhores condições de vida. As primeiras lideranças políticas do PT eram, quase todas, sindicalistas de São Paulo: os metalúrgicos Lula, Jair Meneguelli, Vicentinho e Paulo Paim, além dos bancários Olívio Dutra, Luiz Gushiken e Gilmar Carneiro.

Como anota Barros (2022), o PT foi fruto, principalmente, de sindicalistas urbanos, em consonância com movimentos sociais ligados à Igreja Católica, notadamente os adeptos da Teologia da Libertação nas Comunidades Eclesiais de Base (AVELAR, 2021), bem como outros movimentos de base, como o movimento negro.

O primeiro candidato do PT em seu estado de origem, São Paulo, na primeira eleição direta para governador, em 1982, foi Luiz Inácio Lula da Silva. O primeiro candidato do PT na primeira eleição direta para presidente da República, em 1989, foi Luiz Inácio Lula da Silva. Nas duas ocasiões, Lula foi derrotado, mas houve uma diferença fundamental

[43] Barros (2022, p. 124).

nesse breve espaço de tempo durante os anos 1980. Se após as eleições de 1982, o pequeno PT tinha seu futuro colocado em dúvida, ao fim da disputa eleitoral de 1989, o PT já estava posicionado como um dos importantes partidos políticos brasileiros, e seu papel como protagonista nos eventos futuros do país era considerado inquestionável.

> O principal líder do PT, Lula, era mais do que um simples líder – era o sindicalista que simbolizara a reorganização dos operários do ABC, de fala fácil e simples, excepcional carisma e um instigante faro político. Mas a ficha de filiação número 1 foi assinada por Apolônio de Carvalho, antigo dirigente comunista que lutara contra o nazifascismo na Guerra Civil Espanhola e na Resistência Francesa. Os filiados que assinaram a seguir eram intelectuais, o crítico de arte Mário Pedrosa, o crítico literário Antonio Candido e o historiador Sérgio Buarque de Hollanda (MARCHI, 2017, p. 301).

O surgimento do PT, logo a 1980, foi um dos principais marcos inaugurais de uma década de grande agitação social no Brasil: eram, afinal, os anos da libertação após duas décadas de autoritarismo e arbítrio. Havia uma nova sociedade civil em ebulição (CARDOSO, 2021, p. 189). Em 1982, surgiria a "Democracia Corinthiana". Em 1983, seria fundada a CUT e, em 1984, o MST, o Movimento dos Trabalhadores Rurais Sem Terra. Ao longo da década, também os médicos sanitaristas se organizariam em grandes conferências – regionais e, depois, também nacionais. Diversas associações de classe se organizavam ou simplesmente se reorganizavam. Outras, tradicionais, ganhavam fôlego continuado, como a Sociedade Brasileira para o Progresso da Ciência (SBPC), de participação fundamental no debate temático da Constituinte. A coletividade brasileira voltava a respirar. A cultura brasileira, como sempre, registrou esses movimentos melhor do que a literatura técnica:

> Nota dez para as meninas da torcida adversária
> Parabéns aos acadêmicos da associação
> Saudações para os formandos da cadeira de direito
> (...)
> Medalhinhas para o presidente
> Condecorações aos veteranos
> Bonificações para os bancários
> Congratulações para os banqueiros
> (...)
> Distribuição de panfletos

Reivindicação dos direitos
Associação de pais e mestres (TITÃS, 1986).[44]

O cenário de descalabro social após 21 anos de ditadura militar era grande. Não à toa, os principais partidos a surgir nos anos 1980 eram majoritariamente de esquerda (PDT, PT e PSB) ou centro-esquerda (PMDB e, no fim da década, também o PSDB).

> "Vocês deveriam fundar o Partido dos Desempregados", disse um operário a Djalma Bom durante uma reunião que procurava arregimentar filiados ao PT. A provocação tinha razão de ser: a maioria dos líderes do ABC havia sido presa e demitida em razão de sua militância. Entretanto, no início dos anos 1980, o resto dos trabalhadores brasileiros não estava muito melhor do que eles. A ditadura terminava com uma das maiores crises econômicas da história brasileira (BARROS, 2022, p. 73).

É importante ter sempre em mente que, mesmo governando com uma ditadura que perseguia adversários, censurava a imprensa e as críticas culturais; fechava o Congresso Nacional e o Judiciário quando necessário; e selecionava governadores, prefeitos e senadores sem passar por eleições diretas, o regime militar tinha produzido um cenário econômico simplesmente terrível. Não era à toa, portanto, que o país vivesse uma explosão de alívio democrático quando, enfim, o horror autocrático terminara, como anota o médico e professor Erney Plessmann de Camargo, integrante da Sociedade Brasileira para o Progresso da Ciência (SBPC):

> Lembro-me bem da essência da situação geral do país, na segunda metade de 1980, quando finalmente nos livramos da ditadura militar. Havia uma sensação geral de alívio e anseio pela reaquisição da liberdade perdida. No meio acadêmico, a essência dessas lembranças compreendia não só as reivindicações universitárias, mas as de toda a sociedade. Depois das Diretas Já, nossas esperanças se concentravam na Assembleia Nacional Constituinte (CAMARGO, 2022, p. 45).

O quadro econômico herdado pelos civis após o horror da ditadura militar era dramático. A inflação estava quase totalmente fora de controle.

[44] Trechos da letra de *Porrada,* de Arnaldo Antunes e Sergio Britto, gravada pelos Titãs e lançada no disco *Cabeça Dinossauro,* de 1986.

> No meio século que vai de meados dos anos 1940 a meados dos anos 1990, o Brasil só teve três anos de inflação inferior a 10%. Entre 1950 e 1980, a taxa média de inflação foi da ordem de 30% ao ano. Do início dos anos 80 (quando chegou a 100%) até o Real, a taxa média anual foi superior a 600%, passando dos 1.000% em 1989 e chegando a quase 2.500% em 1993. Na literatura econômica há uma palavra para isso: hiperinflação (MALAN, 2018, p. 348).

Esse cenário de desalento social por conta da inflação beirando hiperinflação, corroendo o poder de compra dos salários e dirimindo a confiança da população em sua própria moeda foi perfeitamente capturado na cultura popular:

> Não é nossa culpa
> Nascemos já com uma bênção
> Mas isso não é desculpa
> Pela má distribuição
> Com tanta riqueza por aí
> Onde é que está? Cadê sua fração?
> Com tanta riqueza por aí
> Onde é que está? Cadê sua fração?
> Até quando esperar? (PLEBE RUDE, 1986)[45]

O PT capturava justamente esse grito de liberdade, em especial nos sindicalistas urbanos de fabricantes industriais. Seu recorte eminentemente urbano foi aguçado pela associação, logo no começo, a um time de futebol de massas, o Corinthians, na capital de São Paulo.

> Ciente da imagem que projetava, Sócrates, o ídolo da torcida mais numerosa de São Paulo pôs seu prestígio pessoal a serviço da oposição ao regime militar. Semanas antes do pleito, ele e os companheiros Casagrande e Wladimir organizaram uma festa para arrecadar fundos para a campanha de Lula ao governo do estado de São Paulo, pelo recém-fundado Partido dos Trabalhadores. Naquele início dos anos 1980, o PT e o Corinthians estavam na moda nos mais badalados circuitos intelectuais e artísticos da capital paulista (...) o PT era festejado nas zonas mais nobres da cidade, onde anfitriões emprestavam espaço e

[45] Trechos da composição *Até quando esperar*, de Carlos Augusto Woortmann, Philippe Seabra e André Muller, gravada pelo grupo Plebe Rude em 1985 e lançada no disco *O concreto já rachou* no início de 1986.

influência para angariar recursos ao partido dos operários (PILAGALLO, 2023, p. 54-55).

O surgimento do PT, pela perspectiva real politique, era fruto de um movimento de duas mãos. De um lado, o PT surgiu em 1980 porque justamente a partir daquele ano o regime militar passou a permitir que partidos como o PT pudessem surgir.

> Com o mesmo objetivo de esvaziar o MDB-PMDB, o setor militar articulador da abertura política teria interesse na criação de um partido operário que rachasse a frente ampla. "O Planalto apressou-se em facilitar – não ostensivamente – a emergência do PT", crava Skidmore. A desconfiança com relação ao partido que se esboçava era nutrida sobretudo pela esquerda tradicional. Abrigado no PMDB, o PCB, por exemplo, era francamente contra a formação do PT. O Partidão entendia que lideranças sindicais deveriam se manter como tais, sob a pena dupla de comprometer a luta operária e dispersar as forças que se opunham ao regime. Próximo ao PCB na época, o ex-deputado emedebista e escritor Fernando Morais conta que ele mesmo "havia estado publicamente entre os que acreditavam que a criação do Partido dos Trabalhadores contribuía para o rompimento da frente política que o MDB juntava na luta contra a ditadura" (PILAGALLO, 2023, p. 65).

De outro lado, o PT nasceu, também, para suprir uma lacuna deixada pelo MDB – justamente a relação com o movimento sindical.

> Até 1980, o movimento operário não atraíra a atenção do MDB. Aliás, não é que o MDB estivesse distante das movimentações operárias: elas simplesmente não existiam porque os sindicatos eram controlados por uma legislação sindical duríssima, rigidamente manejada pela Secretaria de Relações do Trabalho do Ministério do Trabalho e, fora dela, espionados pelo SNI e seus congêneres nos ministérios. Dificilmente um líder com ímpeto combativo conseguia se candidatar em seu sindicato. Em geral, a candidatura morria no nascedouro, rejeitada pelo Ministério do Trabalho. Como resultante, os sindicatos eram ocupados por pelegos simpáticos aos militares e conduzidos sob uma política estritamente assistencialista. Mas no ABC esse elo fora quebrado, em especial nos sindicatos metalúrgicos (MARCHI, 2017, p. 245).

Essa lacuna deixada pelo MDB foi amplamente usada pelo PT. É digno de nota o que ocorreu em abril de 1983, o primeiro mês de trabalho dos governadores eleitos pelo voto direto pela primeira vez em duas décadas. Em São Paulo, tomara posse Franco Montoro, do PMDB. Já em seu primeiro mês, encarou um movimento de contestação liderado pelo PT. Ao decidir suspender qualquer ação de repressão policial, Montoro deixou a sede do governo, o Palácio dos Bandeirantes, relativamente desguardada, e os manifestantes derrubaram as grades, gerando um fato político notório (MARCHI, 2017). Logo de partida, o PT queria deixar claro seu caráter eminentemente contestatório.

> O PT era visto como um partido-movimento (PAOLI, 1995), como um partido caracterizado pela "lógica da diferença" (KECK, 1991) com relação à construção partidária de todos os outros partidos no Brasil, nascidos no seio dos parlamentos ou a partir de acordo entre as elites político-econômicas do país. É verdade que, mais que nenhum outro até então, o PT e Lula se constituíram em um grande magneto que atraiu quase toda a esquerda no final dos anos 1970 e início dos 1980 (ROMÃO, 2021, p. 129).[46]

Escrevendo durante o período de organização do PT e sendo um observador privilegiado do processo político, o então senador pelo PMDB paulista, Fernando Henrique Cardoso, anotou que o PT inegavelmente:

> Lançou pontes em setores sociais definidos: operários do ABCD, classe média intelectualizada, segmentos do povão influídos pelo circuito da igreja da libertação. Não capturou, é certo, todo o movimento sindical; não se articulou nacionalmente; está penetrado por setores de esquerda organizada (CARDOSO, 1988, p. 53).

Ainda em sua primeira década de vida, o PT conseguiu dois feitos expressivos: eleger duas prefeitas – mulheres, aumentando o simbolismo dessas conquistas políticas – em capitais brasileiras. Em 1985, Maria Luiza Fontenelle foi eleita prefeita de Fortaleza. Três anos depois, Luiza Erundina foi eleita prefeita de São Paulo. No meio do caminho, nas eleições de 1986, o PT conseguiu eleger deputados constituintes, dentre eles o próprio Lula, além de Plínio de Arruda Sampaio (que teria destacada atuação justamente na discussão sobre órgãos de controle).

---

[46] O autor menciona os seguintes trabalhos: PAOLI, M. C. Movimentos sociais no Brasil: em busca de um estatuto político. *In*: HELLMANN, M. (org.). *Movimentos sociais e democracia no Brasil*. São Paulo: Marco Zero, Labor, 1995; e KECK, M. *PT*: a lógica da diferença. São Paulo: Ática, 1991.

Quando chegou em sua reta final, entre julho e setembro de 1988, a Constituinte passou a Comissão de Redação, também presidida por Ulysses Guimarães, tendo como copresidentes Afonso Arinos e Jarbas Passarinho, de recorte mais conservador; como relator, Bernardo Cabral (do MDB); e como relatores adjuntos, Adolfo Oliveira, Antônio Carlos Konder Reis e o senador progressista José Fogaça, também do MDB. Como anotaram em clássico livro os juristas Paulo Bonavides e Antônio Paes de Andrade (este que viria a se tornar presidente nacional do PMDB), o texto definitivo da Carta foi apresentado pela comissão ao plenário, com votação memorável, a 22 de setembro de 1988, com 474 votos favoráveis e apenas 15 contrários – todos do PT. "Essa atitude de oposição do PT à nova Carta era mais uma ressalva de cunho ideológico do que propriamente uma reprovação a tudo quanto ali se continha", anotam Bonavides e Paes de Andrade (1991, p. 468), que arrematam: "Tanto isso é verdade que a bancada daquele partido não se recusou a assinar a Constituição por ensejo de sua promulgação, a 05 de outubro de 1988".

A despeito de lamentáveis decisões políticas, como a de punir seus parlamentares que votaram na chapa democrática de Tancredo-Sarney contra a chapa da ditadura e a de, no momento de aprovação do texto final da Constituição Cidadã, em 1988, votar de forma contrária, o papel do PT nas lutas sociais pela abertura do país foi destacado e indiscutível. Seu "radicalismo", no entanto, era grande nos primeiros anos, como reconhecerá o agente-chave do PT entrevistado (cuja entrevista será apresentada e em seguida discutida criticamente logo a seguir) e como também rememora o ex-presidente da República, Fernando Henrique Cardoso, que acompanhou muito de perto o nascedouro e a evolução do PT:

> Até a criação do PT, eu ainda acreditava na possibilidade de uma frente mais ampla. Depois ficou difícil, o PT era intransigente: crê ou morre. Quando o senador Teotônio [Vilela, do MDB] morreu, em 1983, houve um grande comício no Pacaembu, em São Paulo, nas preliminares pelas eleições diretas. Fui, mas achei que ia levar vaia. O PT era agressivo. Vaiava mesmo. Abri meu discurso falando sobre Teotônio Vilela, justamente para não levar vaia. A coisa foi ficando tensa, no fundo era uma briga por espaço político (CARDOSO, 2021, p. 184).

A crise econômica que eclodiu durante o segundo mandato de FHC permitiu ao PT viabilizar-se, de forma realmente efetiva, como candidato real a comandar o governo federal. Esse período histórico ocorreu exatamente enquanto o PT suavizava sua plataforma ideológica, aproximando-se de quadros sociais e políticos mais ao centro – e até na direita. Quando da disputa eleitoral de 2002, Lula contou com o empresário José Alencar, filiado ao então Partido Liberal (PL), como seu vice-presidente.

> A crise econômica do segundo governo de Fernando Henrique Cardoso, entre os anos de 1998 e 2002, possibilitou para o PT um desempenho melhor em relação ao PSDB. Uma vez no poder, políticas públicas voltadas majoritariamente aos mais pobres, como a criação do Bolsa Família e o aumento real do valor do salário mínimo, reconfiguraram a geografia do voto petista. No Nordeste, o PT manteve sua votação ao longo dos anos, independentemente de o candidato na disputa ser Lula, Dilma ou Haddad; já as regiões Sul e Centro-Oeste constantemente votaram contra o PT (NUNES; TRAUMANN, 2023, p. 18).

Quando, afinal, chegou à Presidência da República, o PT – por meio do presidente Lula – liderou o governo federal por 13 anos e 5 meses consecutivos. Superou os oito anos de comando do PSDB e os cinco anos do PMDB.

> Tanto na campanha finalmente vencedora de 2002 quanto em seus oito anos de mandato, Lula conseguiu montar uma base política que garantiu a aprovação da maioria dos seus projetos (...). É verdade que deixou de promover reformas que depois fizeram falta, como a política e a tributária, e *fortaleceu instituições como os órgãos jurídicos do Estado, que, mais tarde, agiram para o impeachment de Dilma* e a condenação e prisão do próprio Lula, tudo isso efetuado sem base legal. Mas, enquanto governou, a lista de sucessos foi bem superior à de derrotas (RIBEIRO, 2022, p. 126-127, destaque nosso).

O sucesso do governo do PT foi especialmente derivado da capacidade de Lula assimilar tanto o funcionamento do sistema de governo – o "presidencialismo de coalizão" – quanto a estratégia de manter as instituições criadas por antecessores (principalmente José Sarney e FHC). Como registra Mailson da Nóbrega, que fora ministro da Fazenda nos primeiros dois anos da Constituição e, depois, se especializou na consultoria econômica:

> A democracia nos ensinou que o sistema político brasileiro, marcado pelo multipartidarismo e pela fragmentação, caracterizava o que o cientista político Sérgio Abranches denominou de "presidencialismo de coalizão" (...) como muito bem definiu Carlos Pereira, cientista político da FGV, o presidente da República é o coordenador do jogo político (...) Isso funcionou muito bem na gestão Sarney, na do Fernando Henrique Cardoso e na do Lula. Como presidente, Lula tinha habilidade não só de perceber o processo, mas de conquistar apoio, de interagir com os parlamentares usando recursos de poder. Decidia quem convidava para jantar, para viajar com ele pelo país ou para o exterior. Sabia escolher em qual casamento comparecer, coisas aparentemente simples, mas que são parte de um complexo conjunto de recursos de poder que, se bem utilizados, favorecem a tarefa de coordenação que cabe ao presidente exercer (FERNANDES, 2023, p. 42-43).

A popularidade de Lula ao final de seu segundo mandato, em 2010, era tamanha que foi possível a ele indicar sua sucessora – Dilma Rousseff, que nunca disputara um cargo político – e elegê-la diante de políticos experientes e carismáticos, como José Serra (PSDB) e Marina Silva (então no Partido Verde).

> O governo Lula deixou confusas as elites conservadoras, decepcionou a esquerda mais radical, que saiu do PT e criou o PSOL, satisfez a esquerda reformista, foi visto como uma volta à ideia de nação pelos desenvolvimentistas de centro esquerda, maravilhou o "povão" – a grande massa de trabalhadores pobres que garantiu sua reeleição em 2006 –, e alcançou popularidade no final de seu governo jamais vista anteriormente (...) Um momento de euforia nacional, durante o governo Lula, foi a descoberta de grandes reservas de petróleo no pré-sal (BRESSER-PEREIRA, 2021, p. 352-353).

Dado o caráter eminentemente sindical do PT, especialmente nas primeiras duas décadas, entendo, aqui, ser necessário registrar a história do partido político em paralelo com seu principal braço de atuação sindical e social, a Central Única dos Trabalhadores (CUT). A fundação da CUT, a partir de 1981, passou a ocupar a maior parte do tempo e da energia dos principais articuladores petistas – imediatamente após a criação do partido.

5.4.1 CUT

> "A participação [da CUT] no processo de elaboração da nova Constituição também foi objeto de divergência, pois algumas correntes da esquerda marxista defendiam a priorização da mobilização de massa e da greve geral em lugar da luta institucional."
> David Maciel (2012, p. 183)

Entre a intervenção estatal, sob a ditadura militar, no Sindicato dos Metalúrgicos de Osasco (em 1968), e as primeiras greves na região do ABC Paulista, passaram 10 anos. Esses dez anos foram de imenso terror para o país. Foi a década do AI-5, com direitos suspensos. Perseguições, prisões, torturas e assassinatos de opositores. Ao final do período, uma intervenção do ditador-presidente Ernesto Geisel fechou o Congresso Nacional (abril de 1977). A abertura "lenta, gradual e segura" era seguida à risca. Por fim, a inflação começava a sair do controle da política econômica, aproximando-se de três dígitos ao ano. Era esse o contexto quando, em 1978, os metalúrgicos organizados pelo sindicato de São Bernardo do Campo começaram os movimentos de mobilização por melhores salários e condições de trabalho. As greves ganhariam expressão nacional nos três anos seguintes. As memórias de um protagonista daquele período são reveladoras:

> No final dos anos 1970 as coisas começavam a desanuviar, mas ainda pairava o medo (...). Todo esse processo foi algo muito novo no Brasil. Historicamente tudo girava em torno do poder do Estado – políticos, militares, empresários. Agora a sociedade, os movimentos sociais entravam em cena (CARDOSO, 2021, p. 189-190).

No início dos anos 1980, não estava claro que a ditadura terminaria, mas era suficientemente evidente que o controle estatal sobre a atividade sindical não poderia mais ocorrer.

Em reportagem do *Valor Econômico*, anos atrás, o autor deste livro teve a oportunidade de recontar aqueles passos, após conversas com sindicalistas que lideraram aquelas lutas:

> Em abril de 1977, ao mesmo tempo em que o então presidente Ernesto Geisel fechava o Congresso para passar reformas constitucionais, o operário Hugo Perez era eleito vice-presidente da Federação dos Trabalhadores da Indústria Urbana. Sete meses mais tarde, estariam

frente a frente. Após concluir curso no Ministério do Trabalho, Perez, orador da turma, tomou a palavra, se dirigindo a Geisel. Tratava-se de um procedimento normal, este do orador da turma de trabalhadores treinados transmitir ao presidente os cumprimentos pela oportunidade. Perez, por outro lado, aproveitou a atenção do presidente militar para alertar sobre os movimentos de operários que começavam a ganhar corpo em São Paulo. Disse que os trabalhadores, principalmente os das fábricas, se organizavam e clamavam negociação direta com as companhias. "Os empresários promovem seu congresso anual. Queremos ter a mesma chance, de promover um congresso da classe trabalhadora". Ali, em 07 de novembro de 1977, em frente ao presidente Geisel, nascia a ideia de unir os trabalhadores numa grande assembleia.

As manchetes dos jornais, no dia seguinte, serviram de embrião para as greves que se seguiriam. A ideia de uma grande assembleia só ganhou corpo, no entanto, quatro anos mais tarde. No meio tempo, os sindicalistas de São Paulo, com Perez e Joaquim dos Santos Andrade, o Joaquinzão, à frente, promoviam greves e debates sobre o fim da ditadura. Ao mesmo tempo, em São Bernardo do Campo, Luiz Inácio Lula da Silva, presidente do sindicato dos metalúrgicos do ABC, liderou quatro grandes greves. "Mas foi só no final de 1981, em caráter de urgência, que os trabalhadores de São Paulo e do país todo finalmente se uniram", diz Perez, em entrevista ao *Valor*.

Realizada entre os dias 21 e 23 de agosto daquele ano, na Praia Grande (SP), a Conferência Nacional da Classe Trabalhadora (Conclat) foi recebida como o grande "divisor de águas" do movimento sindical brasileiro. Até hoje, dirigentes sindicais de diferentes correntes avaliam que os rumos do movimento, desde então, foram definidos pelos erros e acertos da Conclat. "Foi tirado, em plenária, que faríamos um congresso dos trabalhadores no ano seguinte. Aquilo foi um erro", diz Perez. Em 1982 foram realizadas as primeiras eleições – para o governo do Estado – desde o plebiscito de 1963. "A pauta sindical ficou nublada com as eleições", avalia.

Para Perez, que esteve à frente da primeira Conclat dividindo bancada com Lula e Joaquinzão (...) "Nossa agenda", diz, "era a agenda da sociedade. Queríamos liberdade de expressão e recomposição salarial" (...) em 1981, os sindicalistas se uniam, principalmente, em torno da luta pela distensão política – a ditadura já sangrava, diante da crise econômica que fez o PIB despencar 4,2% naquele ano, mas só deixaria o poder em 1985. (...) Após a Conclat de 1981, os sindicalistas ligados ao PT, criado um ano antes, levaram à frente a ideia de criar uma central única – em 1983, com a fundação da CUT. Descontentes, como Joaquinzão, formaram uma central dissidente – a CGT, em 1986. Perez, anos mais tarde, se ligaria a uma dissidência da CGT, a Força Sindical, criada em 1991 (VILLAVERDE, 2010).

Esse protagonismo tinha nome e endereço: Lula, em São Bernardo do Campo, São Paulo. Presidente do sindicato de metalúrgicos da cidade que sediava as principais montadoras de veículos automotores, Lula passou a ganhar especial atenção midiática a partir das greves de 1978 e, principalmente, de 1979. O movimento grevista testava o regime militar, às voltas com a abertura "lenta, segura e gradual" e com a crescente perda de controle sobre a inflação no país, que corroía o valor da renda do trabalho.

Em pouco tempo, Lula, o PT e os sindicalistas estavam em todas as rodas de conversas do país. Em 1981, o maior sucesso de cinema nacional foi o filme *Eles não usam black tie*, de Leon Hirszman, todo filmado em São Bernardo do Campo, mesclando imagens reais do movimento grevista com a atuação ficcional de Gianfrancesco Guarnieri e Fernanda Montenegro.

> Em 21, 22 e 23 de agosto de 1981, foi realizada na Praia Grande (SP) a primeira Conferência Nacional da Classe Trabalhadora (Conclat). O evento estabeleceu uma comissão pró-CUT que deveria encaminhar a criação da central. No entanto, divisões internas se estabeleceram logo no começo. De um lado estava o Bloco Combativo, liderado por "autênticos", como os metalúrgicos de São Bernardo, aliados às oposições sindicais, em que predominavam sindicalistas ligados à esquerda católica e às organizações de esquerda. Do outro lado, estava a Unidade Sindical, em que conviviam sindicalistas moderados ligados à máquina sindical oficial e aos três principais grupos comunistas: o PCB, o PC do B e o MR-8, que eram moderados "táticos" e seguiam em sua estratégia de apoiar o PMDB. O Bloco Combativo, que, não por acaso, era basicamente petista, queria a convocação de uma greve geral e a aceleração da criação da central, reafirmando a independência dos sindicatos. A Unidade Sindical, em que conviviam moderados e comunistas abrigados no PMDB, pedia cautela, temendo que uma radicalização colocasse em risco a redemocratização. (...) Após numerosos adiamentos propostos pela Unidade Sindical, o Bloco Combativo decidiu criar a central sindical sozinho. Em 28 de agosto de 1983, realizou uma nova Conclat e deliberou a criação da CUT, sem os comunistas e sem os moderados, que fundariam a Central Geral dos Trabalhadores (CGT) poucos anos depois. A CUT nasceu defendendo uma reorganização do sindicalismo brasileiro por ramo de atividade, a organização sindical no local de trabalho e a autonomia dos sindicatos diante de patrões e partidos (BARROS, 2022, p. 74-75).

A despeito das óbvias ligações com o PT, a ata de fundação da CUT – lavrada em cartório por Jair Meneguelli e por Delúbio

Soares – registrava: "A CUT será uma entidade de âmbito nacional, sem caráter partidário" (VILLAVERDE, 2013).[47]

As posições do PT e da CUT, durante a redemocratização brasileira, foram de corte mais radical e, portanto, menos disposto a composições. Já em abril de 1985, o primeiro mês do novo governo civil após 21 anos de ditadura, o PT e a CUT iniciaram campanha pelas eleições diretas (MACIEL, 2012), numa tentativa de reduzir a legitimidade do governo José Sarney, do PMDB, que tinha sido eleito pelo Congresso Nacional após a formação da frente ampla com a frente liberal e com o PDT. No caso específico da CUT, a tática grevista, adotada desde o nascedouro da central, foi aprofundada mesmo em tempos democráticos. A radicalização em tempos de busca de consensos e pactos pela substituição do entulho ditatorial pela nova institucionalidade democrática foi formalizada:

> No II Congresso da CUT, ocorrido em fins de julho e início de agosto de 1986, a central avançou em sua perspectiva ético-política, indo além de sua dimensão econômico-corporativa. As correntes ligadas à esquerda marxista que se referenciavam no leninismo (incluindo as trotskistas), como Convergência Socialista, PCBR, O Trabalho, Causa Operária, Força Socialista etc., conseguiram inserir no programa da central a luta por uma "sociedade socialista", fórmula mais precisa e politicamente determinada do que a de uma "sociedade sem explorados, nem exploradores", anteriormente adotada (...) A participação [da CUT] no processo de elaboração da nova Constituição também foi objeto de divergência, pois *algumas correntes da esquerda marxista defendiam a priorização da mobilização de massa e da greve geral em lugar da luta institucional* (MACIEL, 2012, p. 183, destaque nosso).

O trecho acima, em especial aquele grifado, é especialmente interessante. Primeiro, por indicar a miríade de tendências que existiam dentro da CUT – algo comum também ao PT. Embora o "U" em CUT represente "única", são várias as ideias presentes no seio da central. Em segundo lugar, cabe destacar as diversas denominações de esquerda presentes na CUT, em si uma central de esquerda. Por fim, o destaque para o embate interno: "Algumas correntes da esquerda marxista defendiam a priorização da mobilização de massa e da greve geral em lugar da luta institucional". Essa frase destaca bem as diferenças entre

---

[47] Documento de posse do autor.

os dois maiores partidos políticos brasileiros, MDB e PT. De um lado, a luta intrainstitucional, isto é, por dentro das instituições, seguindo suas regras para, uma vez no poder, tentar – por composição e busca de consensos – alterá-las. De outro, a luta extrainstitucional, ou seja, por fora das instituições, negadas por si só, dado o caráter revolucionário que enseja a luta. Ao defenderem greve geral e mobilização de massa, partes importantes da CUT e do PT estavam negando a própria ideia da construção de uma redemocratização nos termos da Aliança Democrática liderada pelo MDB/PMDB.

Esse caráter "por fora" das instituições foi reforçado durante o III Congresso da CUT, realizado em 1988, simbolicamente o ano em que os partidos – liderados pelo PMDB – concluíam a manufatura da nova Constituição no Congresso Nacional. O caráter anti-institucional da CUT era claro: "O avanço da luta dependerá da força dos trabalhadores na conquista de suas reinvindicações, *abolindo a CLT e a intervenção da Justiça do Trabalho e do Estado*" (AVELAR, 2021, p. 41, com destaque nosso).

Escrevendo a quente, como deputado constituinte pelo PT e como observador do processo histórico que se desenrolava diante de seus olhos, Florestan Fernandes anotara que:

> O "novo sindicalismo", com base nas fábricas, irrompe na cena histórica como uma força de rebelião imbatível. As greves derrotam a ditadura militar e disputam peso e voz para os operários na sociedade civil. Nesse contexto, os sindicatos assumem a linha de frente do combate e provocam a liberalização do regime militar. Criam-se o PT e a CUT (...). Várias reivindicações proletárias e sindicais são atendidas, nos dispositivos de teor mais moderno e avançado da Constituição (FERNANDES, 1988).

A questão sindical era tão forte no Brasil dos anos 1980 que, além da cultura (como vimos) e da luta social em si, estava presente em todo tipo de assunto.

> Na mesma época [1987], Antonio Ermírio de Moraes, grande industrial e exportador, expressiva liderança empresarial e ex-candidato a governador de São Paulo, deu entrevista em que acusou a CUT e o PT de imprudência política por fomentarem greves, defendeu a intervenção nos sindicatos devido à ilegalidade dos mesmos e alertou que a crise econômica e política, somada à imprudência da esquerda, poderia trazer os militares de volta (MACIEL, 2012, p. 234).

Todo esse embate nas grandes cidades brasileiras começou a moldar uma mudança no PT e na CUT. De um lado, o PT passou a administrar a capital de São Paulo a partir da vitória de Luiza Erundina nas eleições de 1988. Com isso, a perspectiva de um petista – Lula, no caso – vencer as eleições diretas para presidente da República passou a ser real. Arrefecer o discurso e também a prática era um caminho mais ágil para reduzir as restrições colocadas em diversos setores da sociedade brasileira ao que antes era percebido como radicalismo. De outro lado, a CUT passou a sofrer pressão não apenas do lado patronal, como era de se esperar, mas também do surgimento, em 1987, do chamado "novo sindicalismo", de que falaremos mais adiante. Aqui, no entanto, vale mencionar que essa tendência incorporava uma agenda de maior proximidade com lideranças políticas institucionais e também com o empresariado.

Ao mesmo tempo em que isso ocorria, os petistas participavam da Constituinte (1987-1988). De um jeito ou de outro, estavam forçados pelas circunstâncias históricas a colaborarem dentro da institucionalidade.

> Com dezesseis parlamentares, o PT só conseguiu uma relatoria de subcomissão [na Constituinte]. Plínio de Arruda Sampaio, deputado constituinte por São Paulo, foi o relator da subcomissão do Poder Judiciário e do Ministério Público. (...) *Foi, ao lado do deputado pemedebista Ibsen Pinheiro, também promotor, uma das grandes figuras na defesa de um Ministério Público muito mais poderoso do que o que existia no Brasil até 1988* (...) até então, o MP era um braço do Poder Executivo, controlado pelos governantes. A ideia do movimento era transformá-lo de braço do Estado em braço da sociedade. Muitas dessas propostas foram acolhidas. *A Constituição de 1988 criou um Ministério Público muito forte, talvez o mais forte do mundo.* O MP tem autonomia organizacional e financeira, e seus membros têm as mesmas prerrogativas dos juízes quanto a estabilidade e outras garantias importantes. Tem grande capacidade de fiscalizar o Estado em diversas áreas, do meio ambiente ao combate à corrupção. *Os constituintes sabiam que haviam criado uma instituição nova.* (...) O Estado [para o PT] seria ainda mais aberto à participação popular do que as empresas, com grandes facilidades de apresentação de projetos legislativos por cidadãos e partidos, *ampla fiscalização da administração pública e, o que viria a ser a grande contribuição do Partido dos Trabalhadores à Constituição de 1988, um Ministério Público forte e independente do Poder Executivo* (BARROS, 2022, p. 125, destaques nossos).

O trecho acima guarda muito interesse. Primeiro, por deixar claro que a atuação do PT na Constituinte ficou, basicamente, circunscrita à criação de um novo Ministério Público, dentro da ideia geral do partido de ampliar os controles e as fiscalizações – sociais e formais – sobre a administração pública. Vínhamos de uma ditadura que usara o Estado como títere. Segundo, por registrar a parceria entre o deputado petista Plínio de Arruda Sampaio com o deputado do PMDB, Ibsen Pinheiro – seria ele o presidente da Câmara, poucos anos depois, que abriria o processo de *impeachment* contra Collor. Terceiro, por indicar que, ao buscar parcerias com outros partidos, o PT estava, aos poucos, se institucionalizando.

Ao final da década de 1980, portanto, tanto o PT quanto a CUT estavam em um processo de amainar discurso e prática. Continuavam aguerridos – especialmente quando comparados com as práticas ainda mais amenas que viriam com o passar dos anos –, mas em caráter mais "dialogável" do que antes.

> Em outras palavras, a CUT passou a abandonar sua condição de ator político, confundindo-se com as atribuições de um partido orgânico dos trabalhadores, para restringir-se à dimensão meramente sindical (...) este processo não ocorreu isoladamente da evolução do próprio PT, pois a Articulação Sindical era o braço cutista da Articulação, corrente majoritária do PT, que internamente também desenvolvia um processo de enquadramento das correntes da esquerda marxista (...) Isso quer dizer que, na relação entre a CUT e o PT, a Articulação passou a operar uma "divisão de tarefas" que desmembrou progressivamente a luta sindical da luta política, reforçando a submissão da central à estrutura sindical de Estado e do partido à estrutura partidária e eleitoral. O PT, por sua vez, saudou as mudanças ocorridas na CUT, afirmando que a partir de então ela poderia funcionar como uma verdadeira central sindical, e não como uma frente de sindicatos (MACIEL, 2012, p. 328).

Lula quase foi eleito presidente do país nas eleições de 1989. Recebeu 47% dos votos válidos no segundo turno, com Fernando Collor eleito com 53%. A força política do PT e de Lula, em particular, estava colocada: ele recebera o apoio de praticamente todas as lideranças políticas do país, notadamente Ulysses Guimarães e demais líderes do PMDB, de Mário Covas e Tasso Jereissati, do PSDB, além de Leonel Brizola, do PDT, que por muito pouco não tinha ocupado o lugar de Lula no segundo turno.

Durante a crise política que desembocou no *impeachment* de Fernando Collor, em 1992, Lula e o PT lideraram as mobilizações populares pelo afastamento do presidente. Em 1994, Lula foi mais uma vez candidato a presidente, sendo derrotado por FHC, do PSDB. O cenário se repetiu em 1998. Em 2000, o PT elegeu mais uma vez a prefeita da cidade de São Paulo, Marta Suplicy. Em Villaverde (2021), reconto brevemente como evoluiu a política econômica adotada pela chegada do PT ao poder federal, com a eleição de Lula.

Os anos seguidos do PT na oposição fizeram ligar o sinal de alarme em parte da elite financeira e empresarial brasileira quando, em 2002, ficou claro que Luiz Inácio Lula da Silva poderia ser eleito presidente. À deterioração econômica já presente (o alto desemprego, o baixo crescimento econômico e o elevado déficit em transações correntes) no início de 2002 foi somado, então, o pânico de investidores: o real passou a se depreciar rapidamente frente ao dólar e o BC, em resposta, passou a apertar fortemente as condições monetárias, elevando drasticamente a taxa de juros (BARROS, 2022, p. 226-228). Foi quando a direção do PT decidiu produzir a famigerada "carta ao povo brasileiro", assinada por Lula. Tratava-se de:

> [...] uma ampla campanha para convencer os mercados financeiros e os segmentos mais conservadores da opinião pública de que seus temores eram infundados. E de que, na verdade, o partido havia abandonado seu discurso radical e estava pronto a respaldar a manutenção da política macroeconômica que vinha sendo adotada pelo governo FHC. Tais esforços tornaram-se bem mais efetivos quando o anúncio dos principais nomes da equipe econômica do novo governo – liderada por Antônio Palocci, como ministro da Fazenda – ajudou a dar alguma credibilidade à desconcertante e vertiginosa metamorfose por que vinha passando o PT (WERNECK, 2014, p. 355).

Lula venceu com larga vantagem (61% dos votos válidos no segundo turno), e o PT assumiu o governo federal cumprindo a promessa de manter a política econômica de FHC. Na Fazenda, o médico e político Antônio Palocci colocou economistas direta ou indiretamente associados ao governo FHC, como Joaquim Levy no comando do Tesouro Nacional, e Marcos Lisboa na Secretaria de Política Econômica. No BC, Lula escolheu Henrique Meirelles como presidente – na mesma eleição de 2002, Meirelles fora eleito deputado federal pelo PSDB, o partido de FHC. De partida, Meirelles não só manteve quadros importantes da gestão Armínio Fraga, como o diretor Ilan Goldfajn, como também a política monetária então em vigor, com a taxa de juros subindo acima de 27% ao ano. O tripé estava mantido.

Também na política educacional houve relativa continuidade explícita. A grande aposta do PT no governo federal estava na manutenção e ampliação do Fundef, o fundo de financiamento federal para o ensino básico nacional, criado em 1996. O Fundef seria depois ampliado (e renomeado para Fundeb) a partir da gestão do ministro Fernando Haddad, em 2006.[48] Não foi uma continuidade completa na área, mas relativa: o PT buscou ativamente a ampliação de vagas no ensino superior.[49] Ademais, os governos petistas adensaram nas duas frentes, Educação e Saúde, políticas públicas de relação federativa entre os três entes de governo, com avaliações periódicas (como exames nacionais a estudantes) e revisões técnicas.[50]

As grandes marcas de relativa diferenciação do PT em relação ao governo FHC ocorreram, nos primeiros anos, nas políticas ambiental e social. Para o Ministério do Meio Ambiente, Lula selecionou a ativista Marina Silva, com importante histórico de defesa da fauna e da flora nacional. Sob Marina, o ministério ganhou *status* de primeira linha.[51]

Já na política social, um dos focos prioritários para o petismo se diferenciar do governo anterior, o objetivo era a redução da desigualdade de renda, a ser atingida por criação de vagas de emprego e por transferência de recursos a famílias em situação de extrema pobreza. No primeiro campo, o governo Lula inicialmente seguiu a política de FHC de aumentos anuais do salário mínimo, mas concedendo reajustes reais (acima da inflação) mais elevados. Depois, a partir de 2006, Lula criou uma política formal para o salário mínimo, que consistia em recomposição da inflação somada ao PIB de dois anos anteriores. Essa política seria mantida e transformada em lei pelo governo Dilma.

---

[48] O Fundeb vincula o repasse de dinheiro federal a alunos matriculados na rede pública, estimulando as prefeituras a manterem os estudantes nas escolas, entre outras políticas.

[49] Por meio do aumento da oferta (com institutos e faculdades federais) e da demanda (criação da política de cotas, do Prouni e do Fies).

[50] Para uma primorosa avaliação sobre o desempenho nessas duas frentes, Educação e Saúde, nos trinta anos a partir da Constituição de 1988, o autor deste artigo sugere fortemente a leitura do capítulo de Naércio Menezes no livro de Salto e Pellegrini. Outra boa fonte de informação, mais específica à evolução das políticas públicas em educação no Brasil, é o livro *País mal educado*, de Daniel Barros.

[51] O autor sugere a leitura do livro *Amazônia*, de Ricardo Abramovay, que mapeia os avanços na área ambiental até 2012 e, também, a terrível deterioração desde então.

Ademais, o governo petista também passou a se fiar em políticas de estímulo ao crédito para famílias como forma de ampliar a renda disponível e o consumo doméstico.[52]

Após o fracasso com o programa Fome Zero (BARROS, 2022), o governo Lula apostou em outra solução. Em outubro de 2003, foi criado o programa Bolsa Família, com transferência direta de dinheiro para famílias pobres, condicionando o recurso à manutenção das crianças na escola. Embora a ideia não fosse original (o governo FHC contava com o programa Bolsa Escola, que, por sua vez, fora gestado a partir de ideias regionais, como no Distrito Federal e na cidade de Campinas), o Bolsa Família ganhou centralidade. Enquanto as políticas econômica, educacional e sanitária eram basicamente as mesmas, foi com a política social que o PT se diferenciou.

Os avanços foram, de fato, relevantes. Em rigoroso trabalho sobre os efeitos do Bolsa Família na renda das famílias pobres brasileiras, entre o período 2009 e 2014, a economista Débora Freire verificou importantes avanços anuais, em termos reais (isto é, acima da inflação). Os efeitos sobre as rendas familiares ocorreram de forma direta[53] (para o caso dos beneficiários do programa) e indireta, dado que o dinheiro é gasto com comércio, serviços e aluguéis locais, isto é, gerando incremento de salários e rendimentos de propriedade (CARDOSO, 2016).

> Na ausência da expansão do programa Bolsa Família no período analisado (2009-2014), o índice de Gini da distribuição da renda total entre as dez classes de renda seria, em 2014, 0,64% maior. A renda das famílias estaria, portanto, mais desigual. Considerando a renda disponível, a diferença do índice entre dois cenários é 0,04 p.p. mais elevada que o da renda bruta, logo, a política tem seu efeito redistributivo levemente ampliado quando se considera a variação endógena na arrecadação de tributos sobre renda das famílias e transferências ao governo (CARDOSO, 2016, p. 233).

---

52 Entre outros fatores, essas políticas ampliaram a massa salarial e a renda percebida pelas famílias, notadamente aquelas na base da pirâmide, gerando uma miríade de consequências. No campo econômico, surgiu a teoria do "social-desenvolvimentismo", especialmente associada à Unicamp, liderada pelo economista Aloizio Mercadante. No campo político, o governo passou a se fiar nos *slogans* de "nova classe média" e de "governo da classe C". No campo sociológico, André Singer cunhou o termo "lulismo" para definir a coesão social obtida naquele período – coesão que começou a ruir justamente quando foi lançado seu livro *Os sentidos do lulismo*.

53 Em Cardoso (2016, p. 236-245), há uma pormenorizada e alentada apresentação de dados sobre o consumo das famílias beneficiadas pelo programa Bolsa Família entre os anos de 2009 e 2014.

Vale mencionar que o sucesso do Bolsa Família gerou vitórias eleitorais importantes para o governo petista. Há ampla literatura apontando para a grande relevância que o programa teve para impulsionar tanto a reeleição de Lula, em 2006, quanto a primeira eleição de Dilma, em 2010.[54]

O PT, a partir de janeiro de 2003, governou o Brasil por mais de 13 anos consecutivos, tendo Lula (eleito duas vezes) e Dilma Rousseff (eleita duas vezes) na Presidência. O auge desse período, para o PT, foi justamente o biênio final do segundo mandato de Lula, entre o combate à crise financeira mundial (pós-setembro de 2008) e o fim de 2010.

> Lula havia mantido o equilíbrio macroeconômico [produzido pelo governo tucano de FHC], reduzido a pobreza pela metade, cortado o desmatamento da Amazônia de forma drástica, levado a influência diplomática do país ao maior nível de sua história e, de repente, seu projeto de investimentos controverso havia ajudado o Brasil a superar a maior crise internacional desde 1929 de modo muito melhor do que o mundo desenvolvido (...). Naquele ano [2010], no rebote da crise, a economia cresceu 7,5%. A popularidade de Lula era imensa, e o próprio candidato da oposição, o tucano José Serra, buscava se mostrar como um continuador do lado bom do governo, sem o lado ruim (BARROS, 2022, p. 288 e 290).

O governo Dilma Rousseff foi, ao mesmo tempo, o fim do período áureo do petismo no poder e o início de uma derrocada política.

> No plano político, o crescimento com redistribuição virou um pilar retórico das campanhas e dos governos Lula e Dilma Rousseff. Por alguns anos, a discussão da "nova classe média", iniciada por Marcelo Néri em 2008, pautou a imprensa e o governo, culminando em uma inédita e surreal definição oficial para a classe média [...]. O otimismo da comunidade acadêmica era palpável. Soares (2008, p. 16) especulou que poderíamos "estar no início de uma revolução no nosso padrão civilizatório", projetando que, se o ritmo fosse mantido, o Brasil atingiria níveis americanos de desigualdade em uma década e chegaria ao patamar canadense em pouco menos de 25 anos [...]. A dissipação do otimismo foi forte nos últimos anos. A economia brasileira colapsou. Os prognósticos para o curto e médio prazo são sombrios, reforçados por uma crise política inimaginável há poucos anos (SOUZA, 2018, p. 162-163 e 165).

---

[54] O autor sugere Licio, Rennó e de Castro (2009); Zucco e Power (2013); e Zucco (2015).

A entrada do PT na institucionalidade nacional foi grande: deputados petistas comandaram a Câmara dos Deputados (João Paulo Cunha, entre 2003 e 2005, e Marco Maia, entre 2011 e 2013); governadores e prefeitos petistas passaram a liderar estados e municípios pelo país todo. Lula e Dilma indicaram ministros para o Supremo Tribunal Federal e para o Tribunal de Contas da União.

Quando do *impeachment* de Dilma Rousseff, o PT governava, entre outras cidades, a capital de São Paulo novamente, dessa vez com Fernando Haddad.

Se as principais marcas do MDB-PMDB são a redemocratização do país junto da Constituição Cidadã e a realização de eleições universais, e a do PSDB, a estabilização econômica a partir do Plano Real, a do PT está nos avanços sociais com os programas elaborados durante os dois governos Lula.

5.4.2 Vicente Paulo da Silva, o Vicentinho

Figura destacada do PT e da CUT, o sindicalista metalúrgico Vicente Paulo da Silva é um agente-chave para discutir as duas conjunturas críticas deste livro. Fundador da CUT, em 1983, Vicentinho assumiria a presidência do Sindicato dos Metalúrgicos de São Bernardo do Campo, cargo que fora de Lula. Ele foi o responsável pelo crescimento do sindicato, que, a partir do fim dos anos 1980, passaria a se chamar Sindicato dos Metalúrgicos do ABC. Vicentinho também chegaria a comandar a CUT nacional.

Nas eleições gerais de 2002, Vicentinho foi eleito deputado federal pelo PT de São Paulo. Desde fevereiro de 2003, quando tomou posse na Câmara dos Deputados em Brasília, Vicentinho tem tido vitórias sucessivas para o cargo – que ocupa até hoje (2024).

> (...) em 1987, o Sindicato dos Metalúrgicos de São Bernardo e Diadema elegia um presidente negro, Vicente Paulo da Silva, o Vicentinho, que nos anos 1990 presidiria a CUT e, desde 2003, é deputado federal. Como grande parte dos sindicalistas do ABC, veio do Nordeste para São Paulo ainda jovem. Participou das grandes greves que marcaram o período. Quando a diretoria de Lula foi cassada, Vicentinho entrou na nova diretoria, e foi eleito vice-presidente do sindicato já em 1981 (BARROS, 2022, p. 87).

Quando presidente da CUT, Vicentinho liderou as principais manifestações – sindicais e também político-partidárias (PT) – nos anos 1990. Eram anos dos governos Collor, Itamar Franco e Fernando Henrique Cardoso, quando diversas reformas constitucionais foram propostas e muitas delas aprovadas pelo Congresso Nacional. Via de regra, o PT e a CUT se opuseram a todas as reformas: as privatizações da CSN, da Vale e da Telebras; a quebra do monopólio da Petrobras na exploração de petróleo; da Previdência; da administração pública e do Estado. No caso desta última, vale o registro de seu principal autor intelectual, o então ministro da Reforma do Estado, Luiz Carlos Bresser-Pereira:

> (...) a oposição do PT à reforma foi uma oposição irracional que, inicialmente, tinha certa lógica: os altos servidores públicos, que sempre tiveram seus interesses defendidos pelo PT, estavam contra a reforma. Aliás, logo antes do governo [FHC] começar, ainda em dezembro de 1994, eu convidei o presidente da CUT, que na época era o Vicentinho, para conversar sobre as linhas gerais do que pensávamos fazer. E ele não aceitou, não queriam conversa. Quando, porém, os dirigentes desses sindicatos compreenderam melhor a reforma, deixaram de se opor a ela, mas o PT continuou no ataque, porque também representa os interesses do baixo funcionalismo público. Quando ficou pronta a emenda constitucional, pedi que as bancadas me ouvissem novamente e todas concordaram, exceto a do PT (VILLAVERDE; REGO, 2021, p. 229-230).

Vicentinho comandava o Sindicato dos Metalúrgicos do ABC e era dirigente nacional da CUT em 1992, tendo sido liderança destacada nas passeatas e manifestações pelo *Fora Collor*. Quando do *impeachment* de Dilma Rousseff, em 2016, Vicentinho era deputado federal pelo PT de São Paulo, tendo votado contra o processo de impedimento.

Suas visões sobre o papel que o Tribunal de Contas da União desempenhou – ou não – nos processos de *impeachment* de Fernando Collor e de Dilma Rousseff são, portanto, especialmente relevantes. Seu lugar de fala como destacada figura política nacional é extremamente importante para compreendermos como a evolução institucional do TCU foi percebida.

Vicentinho foi entrevistado pelo autor no dia 5 de julho de 2023, presencialmente, em seu gabinete na Câmara dos Deputados, em Brasília. A entrevista será inserida, a seguir, na íntegra. Logo após a leitura integral da entrevista, veremos pontos específicos de sua fala, que serão analisados criticamente, à luz deste livro.

5.4.2.1 Entrevista integral com Vicentinho

Onde o senhor estava em 1992?
Vicentinho: Eu era presidente do Sindicato dos Metalúrgicos do ABC, na sede em São Bernardo e era por lá que eu estava.
O senhor foi um ator-chave para o processo de *impeachment* de Collor. Farei a mesma descrição. O *impeachment* foi majoritariamente a partir da CPI do PC Farias, com parcela importante dos meios de comunicação, como *Veja*, *IstoÉ*, *TV Globo*, e com movimentos sociais muito fortes, como UNE, os sindicatos, as centrais sindicais (notadamente a CUT) e também os partidos políticos, que estavam vindo da luta pela redemocratização, principalmente o PT, o PSDB e o PMDB, de Ulysses Guimarães. Com pressão social, sindical, de partidos e da imprensa, além da CPI, criou-se um contexto impossível imaginar que Collor pudesse continuar na presidência. Concorda?
Vicentinho: Concordo.
Em nenhum momento da minha descrição eu citei atores de controle da administração pública, como TCU e MP. Vivendo como o senhor viveu em 1992, sendo muito ouvido na sociedade, concorda que eles foram pouco importantes?
Vicentinho: Concordo. Eu nem me lembro como eles agiram. Por isso eu concordo.
A relação que o senhor tinha como dirigente nacional da CUT era muito diferente daquela do Medeiros. Ele era igualmente importante, tanto como o senhor e o Meneguelli eram figuras nacionais, mas, diferente de vocês, ele estava ligado ao Collor. Como o senhor avalia o papel do movimento sindical naqueles anos?
Vicentinho: Me lembro que quando o Collor foi visitar o Medeiros no hospital, por coincidência surgiram a Força Sindical e aquele Palácio do Metalúrgico... Tínhamos nossas divergências. Mas quando digo isso me refiro ao limite da classe trabalhadora. Não posso dizer que eles estavam lá com os patrões, a verdade é que tínhamos visões diferentes. Naquele tempo, aliás, houve um grande acordo, inclusive com o Collor de Mello presidente da República, quando a Ford anunciou o fechamento da fabricação de tratores, eu fiquei muito indignado porque tínhamos vários tipos de mobilizações por emprego, por salários, mas o fechamento de

uma empresa era algo muito brutal. Fiz uma delegação, aprovamos na assembleia na Ford e levamos o Plínio de Arruda Sampaio, que falava inglês e era membro da FAO, e o Djalma de Souza Bom, fomos aos EUA. Lá estivemos na direção mundial da Ford, estivemos com acionistas, conversei com o senador Jesse Jackson e conversei também com o ministro Marcílio, que era embaixador nos EUA. Reclamamos da situação da Ford e reclamamos que o governo Collor não conversava conosco. Estou contando isso para mostrar como eram as coisas. O embaixador brasileiro em Nova York é que falou para conversarmos com o Marcílio. E aí ele recebeu: entregamos projeto que envolvia redução de impostos condicionada à manutenção de empregos. Pelo acordo, ficaríamos três meses sem fazer campanha salarial, e os estados ajudariam reduzindo uma parte de seus impostos. Foi um grande acordo que permitiu queda de preço para o consumidor e permitiu também aumento real de salários, além da estabilidade de emprego. Isso num momento de crise da indústria. O Collor nunca conversou conosco, nunca teve reunião. Uma coisa importante dessa e nada disso passou por ele. O Itamar manteve esses acordos todos quando ele assumiu, depois. Nós, mesmo com um acordo bom desses, o Collor não recebia. Tinha pouco tempo que acabara a ditadura. A Globo manipulou os debates em benefício do próprio Collor. Não tinha política para os trabalhadores. O Collor então tinha muita antipatia conosco. A gente estava bem mobilizado, fazíamos muitas greves, passeatas aqui em Brasília. O Collor de Mello então excluiu parcelas importantes do movimento sindical. Durante a Câmara setorial, o Medeiros chegou a participar, mas falava contra, e a impressão que dava é que o Medeiros estava lá representando o Collor. Foi ridículo para o Medeiros sair daquela Câmara setorial. Quando fechamos o acordo, eu fui no programa do Zé Paulo lá na Bandeirantes e expliquei para a população que o acordo gerava benefícios também em São Paulo, base do Medeiros. Quando chegou o *impeachment*, ele já tinha perdido qualquer apoio.

Conte mais.

Vicentinho: A gente nem entrou no debate técnico do *impeachment*. O parlamento fez, a CPI fez, mas nós já estávamos no *Fora Collor*. Ele não representava o país democrático que nós queríamos. Ele não representava o país que ouviria empresários, mas também trabalhadores. Fazendeiros, mas também rurais. Então esse clima todo fortaleceu essa manifestação. Era um movimento que era quase consensual na sociedade, um negócio incrível. E o Collor de Mello, infelizmente, continua depois desses anos todos com a mesma posição, agora defendendo o Bolsonaro... e ele vai preso.

Mencionamos aqui a CUT, seu lado, e o Medeiros, pelo lado Força Sindical. Mas precisamos falar da CGT, presidida pelo Canindé Pegado e que tinha o Magri como ministro do Collor. Como você encarava a CGT naquela ocasião?

Vicentinho: A verdade é que o clima de maior dificuldade era com a Força Sindical. Tivemos a Conclat em 1981, que eu tive a honra de participar. Éramos jovens e ali todos estivemos juntos, mas quando se definiu por uma pressão democrática pela criação da CUT e que havia certa divergência, nós avançamos na criação nacional pró-CUT para 1982-1983. Nosso pessoal progressista e a divergência que havia era por ideologia, que levaria à CGT e depois também à Força Sindical, mas mesmo o pessoal dos comunistas tinha divergência. O Canindé Pegado era uma esperança para nós porque ele era um líder sindical carismático, até lembrava o Lula. Eu lembro de ir a Natal pedir apoio a uma chapa contra o Canindé, mas sempre tivemos relação boa. Com o Medeiros nós tivemos atritos. Mas isso mudou muito desde aquele tempo...

Mudou como?

Vicentinho: Nós éramos muito radicais. Eu lembro que a primeira vez que eu vim a Brasília foi com o Lula, em 1982. Ainda na ditadura. Foi a primeira vez que eu andei de avião. Foi um voo da Vasp de São Paulo para Brasília. O Lula veio participar de algumas reuniões aqui, e a principal delas era a reunião da comissão nacional pró-CUT, para criar a CUT. Eu lembro, rapaz, que quando fomos para a sede da Contag e que estavam lá aqueles com quem brigamos na Conclat, e o Lula jogando sinuca... eu não sei se foi com o José Francisco ou com o Arnaldo, e o Lula jogando sinuca com eles... eu lembro de pensar que aquilo não podia acontecer, eles eram contrários a nós! Olha como era a cabeça da gente. Hoje, eu penso diferente, claro. Minha relação com o Medeiros é outra. Eu sei que ele faz falta aqui [no Congresso Nacional] para nós. Eu tenho profunda divergência com o Paulinho da Força, mas para nós aqui faz falta... quem entrou no lugar dele entrou com visão muito pior. Hoje a relação é uma outra. O problema é que neste momento o movimento sindical enfrenta profunda dificuldade, né?

Muita.

Vicentinho: Mas naquele contexto era aquilo mesmo. Com a CGT a gente tinha também divergência, mas não era tão acirrada como era contra a Força Sindical.

Para fechar 1992, o PT muito forte, que tinha governado com Erundina em São Paulo e Lula quase eleito. O PMDB, forjado a redemocratização, o Ulysses Guimarães ainda liderança importante, o senador José Fogaça, e o PSDB com os cardeais. Como era a sua visão em 1992 desses partidos?

Vicentinho: Em 1992, eu era presidente do Sindicato dos Metalúrgicos do ABC. É bom lembrar que até 1987 era Sindicato dos Metalúrgicos de São Bernardo do Campo e Diadema. Depois passou a ser de todo o ABC e era esse o sindicato que eu presidia. Eu fui o primeiro presidente do sindicato unificado. Naquele período, a gente acompanhava os debates. Eu e o Gushiken, que era presidente dos bancários em São Paulo, recebemos a tarefa do PT de construir a linha partidária-sindical, quer dizer, como os militantes do PT atuariam nos sindicatos. A primeira concepção era respeitar a soberania das assembleias, concepção que temos até hoje. O sindicato não é do PT, a CUT não é do PT, embora seja uma coisa altamente politizada, um trabalho que conscientiza. Naquele tempo, o nosso principal adversário era o PSDB. O PSDB era um palavrão. Mas hoje em dia a gente percebe que o PSDB, também o PMDB, era um nível dentro do patamar democrático. As divergências com Mário Covas, com Ulysses Guimarães, com Franco Montoro, eram pesadas, mas eram respeitosas.

E todos concordavam na luta contra a ditadura militar.

Vicentinho: Claro, claro. Todos no mesmo campo. Lembra que no movimento pelas Diretas, todo mundo se juntou nos grandes eventos, a gente às vezes ficava puto ali embaixo [no público], mas não tinha vaia. Então a coisa recrudesceu, lamentavelmente. Nós temos aqui, hoje, líderes medíocres e que não são capazes de ouvir.

Agora vamos para o *impeachment* da Dilma. Farei descrição e o senhor me diz. Estamos em 2015-2016, os três principais partidos são os mesmos: PSDB, PT e PMDB. Mas, diferente de 1992, eles estão esgarçados, questionados na sociedade, com lideranças envelhecidas ou queimadas. As três principais centrais sindicais quase as mesmas, mas com papéis muito diferentes, sofrendo perda de relevância do movimento sindical. Um processo em que a imprensa perde muita força, os movimentos sociais perdem força. Mas tem muita gente na rua em 2015-2016, tal como 1992. Agora, no entanto, tem instituições

de controle. Não dá para contar a história do *impeachment* da Dilma sem mencionar o TCU, de onde vieram os processos administrativos envolvendo as pedaladas fiscais, o MPF e a PF, com a Lava Jato. O senhor concorda?

Vicentinho: Eu concordo com essa descrição e até adicionaria alguma coisa, como lembrança. Existe um debate profundo sobre as cláusulas sociais, que a direita não queria colocar na Constituição. O José Sarney foi à mídia dizer que as cláusulas sociais iriam acabar com o Brasil. O Ulysses dizendo que o que acaba com o Brasil era a fome, a violência... e o Centrão conseguiu emenda prevendo reavaliação da Constituição em cinco anos. Quando chegou a época do *impeachment* do Collor, não teve tempo do pessoal reavaliar as cláusulas... isso foi bom. Mas agora, com Michel Temer e depois Bolsonaro, eles avançaram em muitas coisas, avançando sobre a CLT, mas é bom colocar esse detalhe. Mas agora sobre o *impeachment* da Dilma: os motivos são diferentes. A Dilma não teve acusação de corrupção em momento algum. Ela não sofreu nem uma CPI. Ela foi acusada por um movimento atípico, que são as pedaladas. "Como eu preciso disso aqui urgente, eu pego emprestado e depois devolvo", é isso. Ela não fez nada de errado. O motivo no fundo não era esse. A decisão foi: "vamos promover o *impeachment* da Dilma", eles começaram e aí foram atrás de algum motivo. Aí vieram todos os aliados que participaram, como TCU, MPF e até o Supremo Tribunal Federal. Na época do *impeachment* do Collor, nós queríamos que o Brasil fosse de fato democrático e que o país avançasse em direitos para o povo: democracia plena era o nosso objetivo. No *impeachment* da Dilma, o objetivo era a retirada de direitos, modificar o papel do Estado para ficar só uma agência econômica para o mundo.

O TCU e o MPF, que o senhor concordou, foram desimportantes em 1992, foram fundamentais em 2015-2016. Na Constituinte, era uma pauta progressista o fortalecimento das instituições de controle para evitar o arbítrio da ditadura. O senhor acha que essa construção institucional foi malsucedida ou bem-sucedida?

Vicentinho: É bom lembrar do momento final, que não foi o *impeachment*, mas o processo eleitoral que levou Bolsonaro à presidência. Agora, se pensarmos, Bolsonaro está sendo investigado justamente pelos órgãos de controle. Então acho que nossa democracia é muito jovem. Há desequilíbrios. Enquanto você define os papéis, pode ser que haja abuso aqui, abuso ali. Mas aos poucos vamos chegando a um papel mais bem definido. Se é verdade que esses organismos tiveram atuação pró-*impeachment* da Dilma, é verdade também que agora eles têm tido outra atuação, pró-Estado Democrático de Direito.

Quando olhamos os dois *impeachments*, há uma espécie de substituição de políticos, movimentos sociais e sindicatos por atores institucionais. Como o senhor avalia isso?

Vicentinho: Bom lembrar que no *impeachment* da Dilma as centrais estivessem unidas contra o processo. Pode ser que não tivessem o mesmo poder de mobilização que tinham tido em 1992, mas é bom fazer esse registro. Instituições de controle tiveram um papel e o movimento social que teve papel em 2016 foi esse desorganizado, que levou à ideologia de extrema-direita, desde 2013 estavam nas ruas. Esse é um fato novo e é perigoso para os próximos passos da caminhada. Bolsonaro pode até ir preso e desaparecer, mas a concepção que ele representou é muito preocupante. Não é somente uma posição conservadora, mas é algo muito mais grave, tem a ver com a vida de negros, homossexuais, mulheres, indígenas... mudaram os atores.

5.4.2.2 Análise crítica da entrevista

O primeiro ponto de destaque na entrevista realizada com Vicentinho está em sua confirmação da inexistência de atuação relevante do TCU durante todo o processo de *impeachment* de Fernando Collor.

> **Em nenhum momento da minha descrição eu citei atores de controle da administração pública, como TCU e MP. Vivendo como o senhor viveu em 1992, sendo muito ouvido na sociedade, concorda que eles foram pouco importantes?**
>
> **Vicentinho**: Concordo. Eu nem me lembro como eles agiram. Por isso eu concordo.

O segundo ponto que chamamos atenção em sua entrevista está no miolo de sua resposta seguinte. Destacamos aqui o trecho em questão e, dentro dele, grifamos aqueles pontos que guardam interesse especial:

> *O Collor nunca conversou conosco, nunca teve reunião.* Uma coisa importante dessa e nada disso passou por ele. O Itamar manteve esses acordos todos quando ele assumiu, depois. Nós, mesmo com um acordo bom desses, *o Collor não recebia.* Tinha pouco tempo que acabara a ditadura. A Globo manipulou os debates em benefício do próprio Collor. Não tinha política para os trabalhadores. *O Collor então tinha muita antipatia conosco. A gente estava bem mobilizado, fazíamos muitas greves, passeatas*

> *aqui em Brasília. O Collor de Mello então excluiu parcelas importantes do movimento sindical* (destaques nossos).

Vemos aqui que o então presidente do Sindicato dos Metalúrgicos do ABC, dirigente nacional da CUT e fundador do PT simplesmente não tinha acesso ao presidente da República: "O Collor nunca conversou conosco, nunca teve reunião"; "o Collor não recebia"; "o Collor de Mello então excluiu parcelas importantes do movimento sindical". Essa postura do presidente, confirmada pela literatura, reforça como o caráter antipolítica, anti-institucional de Collor, era percebido por lideranças sociais: de forma extremamente negativa.

Digno de nota, também, que Vicentinho mencione quão mobilizada estava a CUT naquele contexto do *impeachment*, em 1992: "A gente estava bem mobilizado, fazíamos muitas greves, passeatas aqui em Brasília".

Agora, destacamos com especial ênfase a resposta que Vicentinho apresenta logo em seguida:

> A gente nem entrou no debate técnico do *impeachment*. O parlamento fez, a CPI fez, mas nós já estávamos no *Fora Collor*. Ele não representava o país democrático que nós queríamos. Ele não representava o país que ouviria empresários, mas também trabalhadores. Fazendeiros, mas também rurais. Então esse clima todo fortaleceu essa manifestação. Era um movimento que era quase consensual na sociedade, um negócio incrível.

Trata-se de um trecho muito interessante. O dirigente nacional da CUT e fundador do PT deixa claro que o movimento sindical e a ação política ("a gente") não estavam necessariamente voltados a tecnicalidades do processo formal de afastamento de Collor: "A gente nem entrou no debate técnico do *impeachment*". De fato, o processo de *impeachment*, como sabemos, é eminentemente político. A parcela social engajada no *impeachment* de 1992, tal qual a parcela social engajada no *impeachment* de 2016, não entrou no debate técnico, ficando concentrada no que o próprio Vicentinho destacou como "clima todo": "Então esse clima todo fortaleceu essa manifestação".

Resta claro, também, novo reforço à percepção dessa importante liderança sindical e política ao caráter anti-institucional de Collor: "Ele não representava o país democrático que nós queríamos. Ele não representava o país que ouviria empresários, mas também trabalhadores. Fazendeiros, mas também rurais".

Agora, analisemos o que diz Vicentinho sobre o *impeachment* de Dilma Rousseff. Na ocasião, como vimos, Vicentinho era deputado federal pelo PT e votou contrário ao afastamento da presidente. O trecho que destacamos está no recheio de sua resposta específica ao procedimento realizado em 2016 pelo Congresso Nacional:

> Mas agora sobre *impeachment* da Dilma: os motivos são diferentes. *A Dilma não teve acusação de corrupção em momento algum. Ela não sofreu nem uma CPI.* Ela foi acusada por um movimento atípico, que são as pedaladas. "Como eu preciso disso aqui urgente, eu pego emprestado e depois devolvo", é isso. Ela não fez nada de errado. O motivo no fundo não era esse. A decisão foi: "vamos promover o *impeachment* da Dilma", *eles começaram e aí foram atrás de algum motivo. Aí vieram todos os aliados que participaram, como TCU, MPF e até o Supremo Tribunal Federal* (destaques nossos).

A percepção desse agente-chave é que o processo de *impeachment* contra Dilma Rousseff foi muito diferente daquele realizado contra Fernando Collor, porque contra este havia uma Comissão Parlamentar de Inquérito (CPI) e diversas acusações de corrupção, com desvio de recursos públicos, enquanto contra aquela não havia uma CPI instalada e o processo de *impeachment* não se baseava em corrupção, mas em uma questão de cunho administrativo.

Cumpre destacar a percepção do deputado federal do PT quanto ao formato do *impeachment* de 2016: "Eles começaram [leia-se, a oposição no Congresso Nacional] e aí foram atrás de algum motivo". Em seguida, ele cita o TCU como parte do grupo de "aliados" institucionais que levaram ao *impeachment*: "MPF, TCU e até o Supremo Tribunal Federal".

Por fim, queremos chamar a atenção para o momento em que, em sua penúltima resposta, o agente-chave Vicentinho denota um caráter neutro – do ponto de vista histórico – na ação do Tribunal de Contas da União:

> Agora, se pensarmos, Bolsonaro está sendo investigado justamente pelos órgãos de controle. Então acho que nossa democracia é muito jovem. Há desequilíbrios. *Enquanto você define os papéis, pode ser que haja abuso aqui, abuso ali.* Mas aos poucos vamos chegando a um papel mais bem definido. *Se é verdade que esses organismos tiveram atuação pró-impeachment*

da Dilma, é verdade também que agora eles têm tido outra atuação, pró-Estado Democrático de Direito (destaques nossos).

É interessante notar como Vicentinho, figura relevante na luta pela redemocratização do Brasil nos anos 1980 e no *impeachment* de Fernando Collor em 1992, percebe historicamente a movimentação das instituições de controle mencionadas, especialmente o TCU: "Enquanto você define os papéis [institucionais], pode ser que haja abuso aqui, abuso ali". Ou seja, enquanto essas instituições de controle – criadas ou simplesmente ressignificadas a partir da Constituição de 1988 – estão em processo de formação e organização, alguns "abusos", aqui e ali, podem ocorrer. "Mas aos poucos vamos chegando a um papel mais bem definido", diz ele.

A atuação dos mesmos órgãos de controle na investigação de crimes de ação e de omissão do ex-presidente Jair Bolsonaro reforça, para o agente-chave, esse processo de organização institucional: "Se é verdade que esses organismos tiveram atuação pró-*impeachment* da Dilma, é verdade também que agora eles têm tido outra atuação, pró-Estado Democrático de Direito".

5.4.3 Força Sindical

> "Daí veio a Força, pensando na representação dos trabalhadores e pensando sempre dialogar com o governo, construindo um muro de contenção contra a CUT."
> Luiz Antônio Medeiros

Tudo no movimento sindical brasileiro moderno começou com a Conferência Nacional das Classes Trabalhadoras (Conclat), realizada em 1981. Como vimos, a Conclat veio de um anseio externalizado pelo sindicalista Hugo Perez ao então presidente-ditador Ernesto Geisel ainda em dezembro de 1977. A mesa principal da Conclat tinha três homens: Lula, Joaquim dos Santos Andrade e o próprio Perez. Numa ponta, sob Lula, estavam aqueles sindicalistas de corte mais ideológico (como vimos), que defendiam um sindicalismo mais combativo, fincado em greves e com bandeiras ligadas ao afastamento da relação tutelada pelo Estado, estabelecida desde os anos 1930. Esse grupo, Lula à frente, fundaria a CUT pouco depois. Na outra ponta, estava Perez, que viria a se tornar consultor da Força Sindical, a central que emergiria a partir da liderança de Luiz Antônio Medeiros – metalúrgico como Lula, mas com uma postura totalmente oposta à deste. A Força, cujas origens remontam ao *slogan* do "novo sindicalismo" ainda em 1987, apostava em negociação direta não apenas com empresários, mas também com lideranças políticas institucionais, incluindo aquelas do campo da direita no espectro político. No meio entre uma e outra estava Joaquim dos Santos Andrade, o Joaquinzão. Seria ele a liderar, ao menos de início, a Central Geral dos Trabalhadores (CGT):

> Fundada dias após a edição do Plano Cruzado, em março de 1986, a nova central aglutinava os setores que compunham a Conclat: representantes do velho peleguismo, como Joaquim dos Santos Andrade (Sindicato dos Metalúrgicos de São Paulo), sindicalistas do PMDB, sindicalistas do PCB, do PC do B e do MR-8, a Contag (Confederação dos Trabalhadores na Agricultura) e até representantes da nova direita sindical, como Antonio Rogério Magri (Sindicato dos Eletricitários de São Paulo) e Luis Antônio Medeiros. Em seu congresso de fundação, a nova central apoiou o congelamento de preços [estabelecido pelo Plano Cruzado, do governo José Sarney], o fim da correção monetária e o combate à especulação financeira (...) parabenizou, também, a criação do seguro-desemprego (MACIEL, 2012, p. 157).

No exato momento, a postura da CUT era radicalmente outra, como anota Maciel (2012):

> A reação da CUT foi dura. Além de vaiar Funaro [ministro da Fazenda de José Sarney] na cerimônia de apresentação do plano ao Congresso, criticou o Cruzado como manobra do governo para recompor a Aliança Democrática (...) a CUT defendeu uma postura de enfrentamento contra o governo e de mobilização dos trabalhadores contra o que considerava uma nova política de arrocho salarial (...) O PT dirigiu duras críticas ao plano, assumindo a maior parte das questões levantadas pelo movimento sindical (...) (MACIEL, 2012, p. 158-159).

Os dois trechos acima delimitam bem tanto a razão de criação da CGT como a relação umbilical entre a CUT e o PT. Dito de forma direta: a CGT, basicamente, nasceu para oferecer uma posição diferente daquela da CUT na relação capital-trabalho e também na relação trabalho-governo. De imediato, a CGT e, em particular, suas correntes mais à direita (como aquela que viria a ser liderada por Medeiros) contaram com simpatia direta do empresariado. A despeito do uso da semântica mais carregada presente em Maciel (2012), vale o registro de como se deu essa relação:

> De todas as experiências de articulação e mobilização desenvolvidas pelas frações burguesas com vistas à intervenção nas eleições e no processo constituinte, a mais abrangente e com maior vocação hegemônica foi a União Brasileira de Empresários (UB). Verdadeira "central única dos empresários", aliás um dos nomes sugeridos quando da sua fundação, a UB visava coordenar os esforços ainda dispersos das várias entidades empresariais, com vistas à convergência de objetivos (...) sob o patrocínio de diversas federações e confederações sindicais patronais, como Fiesp, Febraban, CNI, CNC (...) surgiu a UB no início de 1986, reunindo mais de 100 entidades patronais (...) Além da intervenção no processo eleitoral, a UB também atuava no sentido de criar uma "linha auxiliar" no interior do movimento sindical dos trabalhadores, fortalecendo as correntes identificadas com a colaboração entre capital e trabalho: o velho peleguismo (Joaquim dos Santos Andrade, Ary Campista, José Calixto Ramos) e o chamado "sindicalismo de resultados" (Antonio Rogério Magri e Luis Antonio Medeiros), presentes na CGT. A nova direita sindical, representada pela corrente do "sindicalismo de resultados", era bastante identificada com os valores da livre iniciativa e do pragmatismo empresarial, com fortes vínculos com sindicalismo norte-americano e o apoio da AFL-CIO. Além de apoio financeiro, a UB também respaldava a presença destas lideranças sindicais na mídia e nas instâncias e cargos representativos do movimento sindical no interior do aparelho do Estado (MACIEL, 2012, p. 176-177).

A partir do *slogan* "sindicalismo de resultados", em 1987, Medeiros começou aos poucos a criar uma cisão importante dentro da CGT. Novo presidente do Sindicato dos Metalúrgicos de São Paulo, sucedendo Joaquinzão, Medeiros passou a atuar dentro da CGT para levá-la a uma posição de diferenciação ainda maior frente à CUT. Houve, então, um racha na CGT ao longo de 1988 (MACIEL, 2012).

Na CGT, as tendências conciliadoras foram ainda mais reforçadas com o II Congresso, realizado em abril e maio de 1988. A corrente ligada ao "sindicalismo de resultados", anticomunista, defensora da livre-iniciativa e liderada por Antonio Rogério Magri e Luiz Antônio Medeiros, foi a grande vitoriosa, conquistando a presidência da entidade. A chapa liderada por Joaquim dos Santos Andrade e apoiada pelo PCB e pelo MR-8 foi derrotada, levando esse setor a convocar um novo congresso em setembro e fundar uma nova central (MACIEL, 2012).

O racha na CGT produzido pela ascensão meteórica de Medeiros já começara em janeiro de 1988, quando o PCdoB se desligou da central e formou a sua própria (a Corrente Sindical Classista – CSC)[55] – quando Joaquinzão realizou um congresso paralelo para criar uma nova central, ele decidiu pelo original nome de CGT. Assim, entre 1988 e 1991, existiram duas CGTs: a CGT de Medeiros e a CGT de Joaquinzão (RODRIGUES, 1991).

Esse racha entre duas CGTs foi terminado em 1991, quando Medeiros, enfim, criou a sua própria central. Essa nova entidade seria gestada ao longo do primeiro ano de governo Fernando Collor, com fundação logo em março de 1991. Era a Força Sindical.

> Uma boa notícia para o governo Collor foi a criação da Força Sindical, que nascia para se contrapor à CUT. Seu principal líder, Luiz Antonio Medeiros, era aliado de Collor desde a campanha eleitoral de 1989 e teve importante participação nas negociações salariais e no pacto social. Segundo seus opositores, a organização da nova central contaria com recursos do esquema PC Farias, o que nunca ficou comprovado, mas recebeu generosas verbas federais através de convênios com os ministérios da Saúde e da Educação, além de recursos da Caixa Econômica Federal para o edifício-sede (VILLA, 2016, p. 142).

Por conta do aniversário de duas décadas da Força, o autor deste livro produziu longa reportagem no jornal *Valor Econômico*, incluindo depoimentos tomados de diversos atores relevantes da Força e da rival, CUT, que valem ser retomados nesta reconstituição daquele cenário do período crítico de 1992.

> Eleições de 1989, primeiro turno. O maior sindicato da maior cidade do país está totalmente dividido. Enquanto Luiz Antônio de Medeiros, presidente do Sindicato dos Metalúrgicos de São Paulo, apoia a candidatura de Fernando Collor, pelo partido nanico PRN, o 1º secretário do sindicato, Paulo Pereira da Silva, o Paulinho, defende o voto em Leonel Brizola, do PDT, e a base dos metalúrgicos, onde estava João Carlos Gonçalves, o Juruna, quer Luiz Inácio Lula da Silva, do PT. A vitória de Collor definiu o lado vitorioso entre os metalúrgicos paulistas e influenciou o futuro do sindicalismo brasileiro. Medeiros, então expoente do "sindicalismo

[55] Que por muitos anos militaria junto à CUT; a partir de 2007, essa tendência deixaria a CUT para formar uma nova central, a Central dos Trabalhadores e Trabalhadoras do Brasil (CTB).

de resultados", obteve de Collor a chancela para criar uma central, a Força Sindical, que completa neste mês 20 anos.

Eram tempos de "marajás" e "descamisados', segundo a nomenclatura oficial do então presidente, que se referia aos funcionários públicos como marajás e às massas de trabalhadores como "descamisados". A disputa sindical brasileira estava polarizada em dois grupos: a esquerda petista, sob a Central Única dos Trabalhadores (CUT), criada em 1983, e o grupo liderado por Medeiros, cujo slogan "sindicalismo de resultados", criado em 1987, servia para contrabalançar o chamado "sindicalismo ideológico" da CUT.

Quando a Força foi fundada, em 8 de março de 1991, o estrategista sindical João Guilherme Vargas Neto escreveu artigo no "Jornal do Brasil" apelidando a nova entidade de "a central dos descamisados". A prática revelou uma central diferente.

(...)

Na época da fundação da Força Sindical, havia críticas à criação e ao funcionamento da central. O então presidente da CUT Jair Meneguelli dizia que a central rival nascera "com recursos da Fiesp [Federação das Indústrias do Estado de São Paulo]". Um expoente líder dos metalúrgicos do ABC nos anos 90 afirmou ao Valor que, à época, a visita que Collor fez à Medeiros, quando o sindicalista tratava um câncer no hospital, serviu para "dar a chancela presidencial à uma central pró-empresários".

(...)

Sob a liderança de Medeiros, a Força passou a ocupar um campo totalmente distinto da CUT no movimento sindical e na ação política. Segundo levantamento dos pesquisadores Leôncio Martins Rodrigues e Adalberto Moreira Cardoso, feito com os 1,1 mil dirigentes fundadores da Força, entre os 65 integrantes da cúpula da central, 31,7% votaram em Brizola, 22,2% em Covas, 15,9% em Roberto Freire (PPS), 14,3% em Collor e apenas 9,5% em Lula.

A primeira grande conquista da Força foi a eleição do Sindicato dos Trabalhadores na Indústria Siderúrgica em Volta Redonda – basicamente, os operários da Companhia Siderúrgica Nacional (CSN). Realizadas em outubro de 1992, em meio ao impeachment de Collor, as eleições contaram com duas chapas: uma, ligada à CUT, defendia não só manifestações anti-Collor, como também passeatas contra o processo de privatização da então estatal, enquanto a outra chapa, ligada à Força, era favorável à privatização. A Força levou, e a CSN foi privatizada em 1993.

(...)

Exercendo a presidência da Força desde 1999, quando recebeu o cargo de Medeiros, Paulinho deu à entidade, entendem os sindicalistas, "uma cara mais popular". Em seu segundo ano, em 2000, foi fundado o Sindicato Nacional dos Aposentados, que passou a atuar no Congresso para pressionar por reajustes mais elevados na parcela de beneficiários

do Instituto Nacional do Seguro Social (INSS), cujas pensões não seguem o salário mínimo. É quando, também, as festas promovidas pela central no feriado do 1 de Maio, em São Paulo, se popularizaram. Criadas no fim da gestão Medeiros, em 1998, as festas da Força promoveram o sorteio de carros e eletrodomésticos, além de contarem com a presença de artistas famosos, como Chitãozinho e Chororó.
Eleito deputado federal em 2006, Paulinho passou a moderar suas críticas ao governo a partir do ano seguinte, quando ingressou na Câmara (VILLAVERDE, 2011).

A relação da Força Sindical com o governo Lula ficou ainda mais forte após a decisão do governo petista de compartilhar com as centrais sindicais uma parte do recurso arrecadado por meio do imposto sindical. O modelo, inaugurado sob o "getulismo" nos anos 1930 e mantido intacto ano a ano desde então, pode ser resumido da seguinte forma: o Estado, por meio do Ministério do Trabalho, gerava uma guia de pagamento compulsório a todas as empresas, de todos os setores; essa guia tinha como valor o equivalente a um dia de trabalho de cada funcionário formal. O dinheiro arrecadado era, então, dividido ao sistema sindical a partir da seguinte proporção: 60% iam para os sindicatos, 20% para as federações, 5% para as confederações e o restante ficava com o governo federal. A partir de 2008, o Ministério do Trabalho passou a entregar às centrais 10% do que era arrecadado junto a todos os trabalhadores formais do país. Também naquele ano, Medeiros assumiu cargo no governo Lula: passou a ser o secretário de relações do trabalho do Ministério do Trabalho. Nas eleições de 2010, pela primeira vez desde que ascendeu politicamente, Paulinho defendeu o voto no PT já no primeiro turno das eleições presidenciais.

5.4.3.1 Entrevista com Luiz Antonio Medeiros

Medeiros comandava a Força Sindical e o Sindicato dos Metalúrgicos de São Paulo quando da imensa crise política que levou ao *impeachment* de Fernando Collor em 1992. Quando do *impeachment* de Dilma Rousseff, em 2016, Medeiros era dirigente da Força Sindical, tendo passado por secretário municipal em São Paulo poucos anos antes.

Suas visões sobre o papel que o Tribunal de Contas da União desempenhou – ou não – nos processos de *impeachment* de Fernando Collor e de Dilma Rousseff são, portanto, especialmente relevantes. Seu lugar de fala como destacada figura política nacional é extremamente importante para compreendermos como a evolução institucional do TCU foi percebida.

Medeiros foi entrevistado pelo autor no dia 19 de janeiro de 2022, presencialmente, na sede do Sindicato dos Metalúrgicos de São Paulo, na rua Galvão Bueno, no centro da capital paulista. O prédio, chamado Palácio do Trabalhador, foi uma das principais aquisições de Medeiros quando esteve à frente do sindicato e da Força Sindical, nos anos 1990. Quando da ocasião da entrevista, o prédio estava praticamente vazio: estava colocado à venda pela Força, atravessando crise financeira. A entrevista será inserida, a seguir, na íntegra. Logo após a leitura integral da entrevista, veremos pontos específicos de sua fala, que serão analisados criticamente, à luz deste livro.

Pergunta: Como foram aqueles anos 1980 para você?

Luiz Antonio Medeiros: Então, eu vim saído de uma experiência... no Brasil eu fui preso. Depois morei no Chile por dois anos e, depois do golpe militar do general Augusto Pinochet, fiquei na Embaixada da Venezuela em Santiago. A Cruz Vermelha entrevistava todo mundo e me entrevistou. Ao final, disseram que poderiam me auxiliar no meu deslocamento para a Inglaterra ou para a Alemanha Oriental. Eu não vacilei e disse que queria a Alemanha Oriental. Fui para lá e trabalhei em fábricas, como metalúrgico. Pelo Partidão, consegui transferência para a União Soviética: fiquei dois anos morando em Moscou e um ano morando em Leningrado. Conheci o domínio que o partido comunista russo exercia sobre aquela sociedade: conheci profundamente. Senti a vontade daquele povo de sair daquele sistema... era impressionante. Se tivesse uma calça jeans lá, causava um alvoroço, porque todo mundo queria comprar. Se tivesse um disco dos Beatles, a mesma coisa, aquele furor para conseguir. Era uma sociedade que eu via e pensava: esse troço vai estourar e vai explodir porque ela não tem competitividade e as pessoas estão absolutamente insatisfeitas com seus salários, de baixo de cima, literalmente todo mundo insatisfeito.

Mas você era comunista, ligado ao Partidão no Brasil e que tinha conseguido se salvar justamente por conta dos laços políticos.

Medeiros: Sim, mas eu via aquele controle todo e só pensava: porra, eu saí de uma ditadura no Brasil e fui cair numa ditadura aqui (União Soviética). O Geisel era um democrata se comparado com aquilo. Lá era tudo controlado. Era uma contradição na minha consciência ter lutado pela sociedade no Brasil e ver como o socialismo lá. Tinha lojas só para os dirigentes do Partido Comunista Russo. Eu estudava em uma escola internacional do Partido lá na Rússia e eu conseguia assistir ao balé Bolshoi. O homem simples russo não conseguia ver espetáculos, mas eu conseguia. O Prestes morava em um prédio em que era um apartamento por andar. Então quando eu saí de lá, eu já pensava: "Tô fora". Mas fiz devagarinho, porque senão eu não viveria mais politicamente.

Como foi?

Medeiros: Quando cheguei aqui, o Partidão ainda me deu um dinheiro, me ajudou a conseguir um emprego e eu sou muito grato a isso, claro. Eu trabalhava 12 horas por dia, ganhava uma miséria numa empresa em Pinheiros, São Paulo. Eu ficava batendo martelo todo dia, 12 horas, por dois anos. Dureza. Foi aí que fui para o sindicato. E me liguei à oposição ao Joaquinzão.

Mas você compôs com ele no início, não?

Medeiros: O Joaquinzão era um cara que tinha um certo respeito, sim, porque ele fez um sindicalismo assistencial muito grande lá. Era importante. E aí, por orientação do Partidão, eu fiquei com o Joaquim. Não podia nem me expor, porque eu vinha da clandestinidade. Eu não podia nem dizer quem eu era. Eu havia voltado para o Brasil com passaporte falso da KGB e com uma identidade falsa. Tive que esperar amadurecer as coisas, porque voltar a minha identidade de Luiz Antônio de Medeiros. Então tinha que não era possível...

Você se recorda o nome que usava?

Medeiros: Acho que era Marcelo... usei por tanto tempo... mas depois queimei tudo isso. Porque eu não poderia ter algo que servisse de prova.

Bom, voltando ao sindicato e ao fim dos anos 1970...

Medeiros: O Joaquim era um homem que ele dava expediente de paletó e gravata. Você tem uma ideia disso, para um metalúrgico? O sindicato não ia para a porta das fábricas. Fazia só o assistencialismo. Criou uma clientela que o mantinha. Através do Ministério do Trabalho, ele tinha uma bolsa que ele dava para os trabalhadores comprarem material escolar. Digamos que ele desse 500 bolsas, a US$100, ele só exigia que o trabalhador fosse a uma assembleia de vez em quando e, claro, votar nele. O Joaquinzão então ganhava todas as eleições. Da porta das fábricas para dentro, então, o empresário poderia fazer o que quisesse. O que existia então era a oposição sindical, que se dividia em diversas tendências. Para esse pessoal, tomar o sindicato, a direção do sindicato, era tudo. Era o poder. Pensa no Sindicato dos Metalúrgicos de São Paulo, com mais de 400 mil trabalhadores na base. Era o sonho de todos: dos comunistas, dos stalinistas, dos trotskistas... era uma alavanca para a ideologia política.

Passou a ser o sonho seu também?

Medeiros: Não, pensei em outro caminho. Eu já conhecia bem o movimento de esquerda, conhecia a União Soviética. Comigo não tinha dessas. O socialismo como eu vi era falido. Tinha acabado. Foi como se fosse um passeio: eles pensavam em tudo, menos no trabalhador. Eles pensavam no poder. Queriam ganhar o poder. O trabalhador querendo maior salário, menor jornada de trabalho, mais dignidade, queria carro, queria ter filho na faculdade. O trabalhador queria esse tipo de conquista. Eu então inventei essa consignia junto do Aloisio Azevedo, o sindicalismo de resultado. Fomos para cima com essa ideia. Assumi o sindicato.

Você assumiu como primeiro-secretário em 1985, ainda sob Joaquinzão, correto?

Medeiros: Isso, mas eu basicamente tocava o sindicato. Isso teve muita repercussão na sociedade. De repente, o "sindicalismo de resultado" veio para isso, o sindicato como canal de representação dos trabalhadores, não como partido político. Eu vim com muita força nisso. Hoje, eu acho, bati com força demais, até exageradamente... As pessoas até hoje ficam com pé atrás comigo: "Medeiros é um cara de direita". Eu votei no Collor, mas depois votei no Lula. Não sei se vou votar agora (2022). Se ficar ele e Bolsonaro, daí, claro, votarei no Lula.

O primeiro presidente que o senhor teve contato foi com Sarney. Como foi sua relação com ele?

Medeiros: Foi o melhor possível meu contato com ele. Vou dizer uma coisa para você: tive maior simpatia do Sarney e também do Collor, mas eu sempre mantive minha independência. Eu abri os maiores processos contra o Collor na defesa dos aposentados. Mas o Sarney, ele de certa forma me escolheu como interlocutor da área social. Teve o negócio dos planos econômicos... foi todo mundo de São Paulo lá falar com ele em Brasília, o Quércia, todo mundo. Aí todo mundo argumentando e o Sarney mandou um cara dele falar comigo, o Ronaldo Costa Couto, dizer que o presidente cederia um dos pleitos dos sindicatos, que eu estava patrocinando, e ele dizia que não poderia dar através do Quércia. Não era para o Quércia faturar qualquer coisa. Daí marcaram outra reunião para o dia seguinte só comigo. E foi aí que conseguimos determinada vitória.

O governo Collor racha o movimento sindical. O racha fica mais flagrante. Uma liderança da CGT, o Magri, vira ministro. A CUT não aceita diálogo com Collor e começa uma série de greves. Foi daí que surgiu sua ideia de criar a Força?

Medeiros: O Magri não fui eu quem indicou. Se me chamassem para ser ministro, eu não iria. Eu tinha muitos compromissos na base. Mas qual foi a minha ideia? Criei a Força porque o sindicato nosso vivia isolado. A CGT era um negócio meramente formal. Imagina, o Joaquinzão era o presidente... a CGT era como a Nova Central é hoje. Um negócio meramente formal, sem existência real. E eu isolado. A CUT não parava de crescer, com aquela agitação toda. Em determinado momento, a CUT ganhou a eleição para o sindicato dos plásticos de São Paulo, pertinho daqui. Já tinha ganhos bancários, uma porrada de coisas. Eleição no sindicato era uma batalha campal, um horror. Éramos nós contra o Brasil: vinha gente da Bahia, de Pernambuco, de tudo quanto é lugar em batalha contra a gente. E a CGT, a central com que tínhamos simpatia, era 100% pelega, não fazia nada. Então pensamos em criar a nossa, pô.

Daí veio a Força Sindical.

Medeiros: Daí veio a Força, pensando na representação dos trabalhadores e pensando sempre em dialogar com o governo, construindo um muro de contenção contra a CUT. A pelegada também não queria se comprometer porque tinha medo da CUT. Quando criamos a Força, criamos uma estrutura capaz de se opor, de organizar eleições sindicais, de oferecermos apoio a outros sindicalistas pelo país que pensavam como nós. E deu certo. A central cresceu muito, conseguiu paralisar aquele crescimento da CUT. Com o Paulinho a Força, deu um puta de um salto, sempre dialogando com o governo. O FHC apoiou muito o Paulinho, muito, muito mesmo. Mas agora eu não sei qual vai ser o fim da Força.

Está perto?

Medeiros: Ela vai continuar com o nome, claro, fazendo nota para os jornais, mas o fim do imposto sindical atingiu demais as centrais. No Brasil, quem faz acordo coletivo é o sindicato: federação não faz, confederação não faz, central não faz. O imposto sindical chegou a entregar R$50 milhões por ano para a Força. Era uma briga para filiar sindicato para a central. Era um festival. Aí o seguinte: ninguém no Brasil, de bom senso, era ouvido quando falava em fim do imposto sindical. A CUT falava contra o imposto sindical, mas era para inglês ver. Ninguém se preparou e aí quando acabou... pegou todo mundo. Resta a CUT, porque a CUT tem ideologia, tem o PT por trás. A CUT assume que é um braço do PT. Tem alguns sindicatos fortes e esses vão segurando a central. Mas e a Força Sindical? A UGT? É tudo nome... todas elas ficam em torno da CUT agora. Aí todo mundo vai com o Lula e agora estão discutindo uma revisão da reforma trabalhista. Mas a reforma trabalhista não atingiu o cara do chão da fábrica. Ela acabou com o imposto sindical e confirmou que o negociado vale sobre o legislado, o que é uma bandeira do sindicalismo no mundo e aqui no Brasil quem trouxe foi justamente a CUT, com as comissões de fábrica. Então todas as centrais estão hoje a reboque da CUT, não tem jeito.

Março de 1991, o senhor cria a Força junto do José Ibrahim, do Lucio Bellantani, o Alemão. Em julho de 1992, vem a vitória na CSN, em Volta Redonda, e pouco depois o senhor vai ao Rio emprestar apoio ao Cesar Maia na disputa contra a Benedita da Silva. Você estava em um período de grande exposição. O Collor te visitou quando o senhor fez um procedimento médico que precisou ficar internado em hospital de São Paulo. Como foi esse período para você?

Medeiros: O Cesar Maia foi um dos formuladores da Força Sindical. Tive muitas conversas com ele na época. Eu precisava de apoio e eles precisavam de mim. Ninguém tinha interlocução com sindicato. Então eu aparecia ali fazendo esse papel para eles. Mas ao mesmo tempo eu precisava deles. O Cesar Maia me ajudou muito naquela época. Eu precisava desses caras. Você vê como são as coisas: o PT aqui em São Paulo imprensava em tudo quanto é lugar. Eles tinham carro para ir para as fábricas, tinham material humano, era uma luta louca e eles usavam a prefeitura da Erundina contra mim; então, o que eu pudesse fazer para atrapalhar o PT, eu fazia.

Sua relação com políticos começou cedo, então.

Medeiros: Olha só, vou contar uma história aqui para você, primeira vez que eu conto. Quando o Reinaldo de Barros era prefeito de São Paulo,[56] um sindicato nosso da área de transporte estava passando por eleições. Daí ele estava para dar aumento da passagem de ônibus. Ia ter quebra-quebra, clima pesado. Daí fomos até o Reinaldo de Barros e ele só fez o aumento depois da nossa eleição. Eu segurei o aumento das

---

[56] Reinaldo de Barros foi prefeito de São Paulo durante a ditadura militar, entre julho de 1979 e maio de 1982. Foi indicado ao cargo por Paulo Maluf. Tal como o padrinho político, Barros era filiado à Arena e, depois, ao PDS. A história narrada por Medeiros pela primeira vez aqui nesta tese ocorreu em 1982, quando Medeiros militava no Sindicato dos Metalúrgicos de São Paulo e iniciava sua trajetória.

passagens por quase um mês. É a primeira vez que conto essa história. Eu tenho testemunhas. Eu fiz o que depois o PT faria com a Erundina. Não se faz política com avental branco...

Agora vamos entrar no *impeachment* do Collor. O episódio do Watergate nos EUA começou com gente do partido republicano invadindo a sede do partido democrata, e a crise só começou quando os jornalistas do *Washington Post* revelaram e investigaram. Como começou para o senhor o *impeachment* do Collor? Com a imprensa, com o Congresso, com os movimentos sociais, como começou, na sua visão, o movimento pelo *impeachment* do Collor?

Medeiros: O Collor perdeu apoio popular, ficou isolado. Teve problemas com um Fiat, que a imprensa buscou, o irmão dele deu uma entrevista para a *Veja*, essa entrevista deu uma repercussão muito grande, falando em uso de dinheiro das sobras de campanha... foi um escândalo nacional. Foi avassalador o movimento. Foi realmente muito grande. Eu tinha dúvidas se nós entrávamos ou não entrávamos no movimento. Reuni plenária da Força e ficou claro que tínhamos que entrar. Esse prédio em que você está aqui foi financiado pela CEF. Eu nunca pedi financiamento ao Collor, nunca perdi minha independência. O movimento foi avassalador. Nós fomos de roldão e tinha uma manifestação no Anhangabaú, bem grande, simultânea a uma greve dos professores que vieram em marcha e tomaram a frente do palanque. Quem falava ali que não fosse do PT era liquidado. Quando chamaram o Quércia para falar, ele gritou "Viva o Brasil" e veio uma certa vaia. Quando eu fui falar, acho que ninguém ouviu. Eu li um troço. A tensão era bem grande, eram, sei lá, uns 2 milhões de pessoas gritando, me olhando, me xingando. Era... rapaz, aquela manifestação... E eu li tudo o que tinha que falar ali. Dali em diante não teve outra saída. O Collor nunca me cobrou. Participei então do movimento, mas não totalmente convencido daquilo. Mas movimento sindical, movimento social é assim: não dá para nadar contra a correnteza.

Uma época em que o país estava acostumado: *Diretas Já,* eleições de 1989 e o *impeachment* de 1992, com um certo costume de pessoas indo para as ruas...

Medeiros: A história é que dirá se o *impeachment* do Collor foi bom para a democracia. Bem como o da Dilma. Se realmente eles mereciam ter sido trucidados como foram. A água vai assentando e a gente vai ver... o negócio da Dilma teve movimento de massa e tal, mas foi uma conspiração. Teve um vice que conspirava.

Uma instituição que foi muito importante no *impeachment* da Dilma foi o TCU, com as pedaladas fiscais. O senhor tem alguma lembrança do TCU no *impeachment* do Collor?

Medeiros: Nenhuma. Nunca ouvi falar de TCU no *impeachment* do Collor... o TCU é de fiscalização, mas é organização política. Ele é nomeado politicamente. A esculhambação é tão grande no TCU que vou contar história aqui: a Dilma quando foi presidente inventou lá a desoneração da folha de pagamentos. A política não criou emprego algum, só aumentou o lucro deles e eles todos foram favoráveis ao *impeachment* dela. Depois, o *lobby* deles foi e é tão forte que conseguiram que o Temer mantivesse a política. E continuaram a conseguir com o Bolsonaro. É uma esculhambação. Quem garante que vai manter emprego? O sindicato não controla, ninguém controla. O TCU tinha posicionamento contra essa política e agora mudou. E ninguém diz nada. O TCU mudou a posição sobre a desoneração da folha. O TCU foi uma peça da grande conspiração para derrubar a Dilma.

O movimento sindical foi importante em 1992. Como estava o movimento no contexto do *impeachment* da Dilma?

Medeiros: Eu não participei, fiquei olhando de longe. Fui contra o *impeachment* da Dilma. Sei que a Força Sindical foi favorável e foi o maior erro cometido pela Força. Estava junto lá do Eduardo Cunha. O Michel Temer, que assumiu depois, foi uma pessoa que não tinha diálogo conosco. Foi o maior tiro no pé que a Força Sindical deu em sua história. O fim do imposto sindical não teve negociação alguma com as centrais...[57] O *impeachment* da Dilma foi uma grande conspiração para cima dela. Pedalada, no meu entender, todos os governantes fizeram...

Manifestações contra Dilma tinham muitas bandeiras, faixas e gritos com dizeres da Lava Jato, do TCU, do MPF, vinham muito de instituições de controle. Quando compara com as manifestações contra o Collor, vinham mais de baixo, não?

Medeiros: Sim, com certeza. Contra Collor, os gritos vinham da base da sociedade. Já contra Dilma... o Ministério Público Federal participou intensamente do *impeachment* da Dilma. Foi um movimento das corporações de controle e da classe média contra Dilma.

O senhor vê um problema nisso?

---

57 O fim do imposto sindical ocorreu por meio da reforma trabalhista, que entrou em vigor a partir de novembro de 2017. A proposta foi apresentada pelo governo Michel Temer e aprovada pelo Congresso Nacional.

Medeiros: Vejo um grande problema. Fomos capturados pelas grandes corporações, que depois ajudaram a eleger o Bolsonaro. A elite de Brasília nunca andou de ônibus, não sabe o que ocorre no país. Acho que há uma certa captura do institucional brasileiro, do país, pelas grandes corporações. Eu não sei onde isso vai terminar.

5.4.3.2 Análise crítica da entrevista

O primeiro ponto que queremos chamar a atenção na entrevista com esse agente-chave está na percepção dele para o movimento popular que desembocou no *impeachment* de Fernando Collor. Diferentemente de Vicentinho, do PT, e de Moreira Franco, do PMDB, o então presidente da Força Sindical era aliado de Collor:

> *O Collor perdeu apoio popular, ficou isolado.* Teve problemas com um Fiat, que a imprensa buscou, o irmão dele deu uma entrevista para a *Veja*, essa entrevista deu uma repercussão muito grande, falando em uso de dinheiro das sobras de campanha... foi um escândalo nacional. *Foi avassalador o movimento. Foi realmente muito grande. Eu tinha dúvidas se nós entrávamos ou não entrávamos no movimento.*

Há dois pontos de interesse nosso nos trechos grifados acima. O primeiro é no caráter eminentemente político do *impeachment*: sempre foi assim e sempre será. "O Collor perdeu apoio popular, ficou isolado". Em um caso assim, como também ocorreria com Dilma Rousseff em 2016, o procedimento de *impeachment* ganha velocidade própria. Sem apoio popular, isolado, um presidente da República torna-se presa fácil para o Congresso Nacional. O *impeachment*, previsto na Constituição, passa a ser percebido pelos agentes políticos como uma possível solução. Se, além do isolamento social, o presidente da República não conseguir arregimentar nem mesmo 171 deputados dentre os 513, número suficiente para barrar o processo, então fica claro a todas e a todos os envolvidos que o afastamento ocorrerá. "Foi avassalador o movimento. Foi realmente muito grande", diz Medeiros, ao recordar como ocorreu em 1992. Em outra resposta, mais adiante em nossa entrevista, o agente-chave apontará para essa repetição quando do *impeachment* de Dilma Rousseff em 2016: "O negócio da Dilma teve movimento de massa...".

O segundo ponto de interesse está na forma como esse agente-chave agiu quando do processo de *impeachment* de Collor: "Eu tinha dúvidas se nós entrávamos ou não entrávamos no movimento". De fato, enquanto PT (e, portanto, a CUT), o PMDB e o PSDB estavam unidos na luta pelo afastamento de Collor, o dirigente nacional da Força Sindical estava na outra ponta. Medeiros era aliado de Collor. Não era óbvio, portanto, que o agente-chave participasse do movimento. Seu envolvimento ocorreu apenas na reta final, a partir de meados de agosto, quando o *impeachment* passou a ser inexorável.

Agora, destacamos como Medeiros, presidente da Força Sindical e agente-chave quando das lutas pela redemocratização do país nos anos 1980 e quando do *impeachment* de Fernando Collor em 1992, percebeu o papel do TCU naquela ocasião:

> **Uma instituição que foi muito importante no *impeachment* da Dilma foi o TCU, com as pedaladas fiscais. Você tem alguma lembrança do TCU no *impeachment* do Collor?**
> **Medeiros**: Nenhuma. Nunca ouvi falar de TCU no *impeachment* do Collor...

"Nunca ouvi falar de TCU no *impeachment* do Collor", diz Medeiros. Assim, em uma frase curta e direta, esse agente-chave confirma que, durante toda a imensa crise política que desembocaria no afastamento do presidente eleito, o papel do Tribunal de Contas da União foi nulo. Medeiros é direto: quando perguntado se tem alguma lembrança do TCU naquela ocasião, ele deixa claro não ter "nenhuma".

Ao final dessa mesma resposta, Medeiros – sem ser questionado ainda sobre o *impeachment* de Dilma Rousseff – menciona o TCU: "O TCU foi uma peça da grande conspiração para derrubar a Dilma".

O agente-chave percebe que, muito diferente do que ocorreu em 1992, já em 2015-2016 o papel do TCU foi "uma peça" no *impeachment*, por ele chamado de "conspiração para derrubar a Dilma".

Essa frase curta é importante para a análise que fazemos aqui. Primeiro porque o agente-chave não tinha sido, ainda, provocado a falar sobre o *impeachment* de 2016. Ele tinha sido perguntado sobre o papel do TCU no *impeachment* de 1992 ("nunca ouvi falar de TCU no *impeachment* do Collor", disse ele). Segundo porque, no curso de suas reminiscências do assunto, ele mesmo decidiu falar do *impeachment* de 2016 e, nesse sentido, percebeu o TCU como protagonista. Independentemente da visão sobre o *impeachment* de Dilma, por ele chamado de "grande conspiração", nos interessa aqui notar que, para Medeiros, está claro que em 2016 o TCU foi uma "peça", ou seja, esteve lá, foi relevante para explicar o processo, enquanto em 1992 o mesmo TCU fora completamente desimportante.

Fica claro, portanto, novo reforço de nossa percepção: é perfeitamente possível estudar o *impeachment* de 1992 sem mencionar o TCU, mas é impossível pesquisar o *impeachment* de 2016 sem passar pelo papel do TCU. A instituição era a mesma, com a sede no mesmo local, e os eventos políticos foram idênticos – *impeachments* presidenciais realizados pelo Congresso Nacional, sob a mesma Constituição. Mas os papéis do TCU foram distintos. Houve evolução institucional entre as duas conjuntas críticas.

Por fim, cumpre destacar a integralidade da penúltima resposta concedida por esse agente-chave:

> **Manifestações contra Dilma tinham muitas bandeiras, faixas e gritos com dizeres da Lava Jato, do TCU, do MPF, vinham muito de instituições de controle. Quando compara com as manifestações contra o Collor, vinham mais de baixo, não?**
> **Medeiros**: Sim, com certeza. *Contra Collor, os gritos vinham da base da sociedade. Já contra Dilma...* o Ministério Público Federal participou intensamente do *impeachment* da Dilma. *Foi um movimento das corporações de controle* e da classe média contra Dilma (destaques nossos).

Ele confirma que o movimento contra Collor vinha "da base da sociedade", isto é, dos movimentos sociais, do movimento sindical, dos partidos políticos organicamente montados. Ao mencionar o *impeachment* de Dilma Rousseff, o agente-chave já percebe de forma distinta: "Foi um movimento das corporações de controle".

5.5 PSDB

> "Quem silencia frente a vozes autoritárias não é conservador. É promotor da desordem e do retrocesso civilizatório ou conivente com ele."
> Fernando Henrique Cardoso

> "Não é a moeda forte que faz o país. É o país que faz a moeda forte."
> Fernando Henrique Cardoso

O MDB nasceu para lutar contra o regime autoritário imposto pelo golpe militar de 1964. O PT nasceu do combate predominantemente sindical por maior autonomia e liberdade contra um Estado autoritário. Pois o PSDB nasceu a partir de um racha partidário entre as suas lideranças fundadoras e o MDB. Embora, claro, o próprio PT tenha contado com quadros fundadores que tinham sido do MDB, a relação deste com o PSDB é muito mais umbilical: as principais lideranças políticas (Fernando Henrique Cardoso, Franco Montoro, Mário Covas, Tasso Jereissati e José Serra) e econômicas, como Luiz Carlos Bresser-Pereira, tinham sido cardeais ativos do MDB-PMDB por anos e anos.

Com exceção de Tasso Jereissati, todas as lideranças citadas no parágrafo anterior, as que criaram o Partido da Social Democracia Brasileira, eram de São Paulo. Mais que isso: todos eram ou tinham sido políticos eleitos pelo eleitorado paulista para cargos públicos. Mais do que o PT e muito mais do que o MDB, portanto, o PSDB constituiu-se em um partido, basicamente, paulista. Seu nascedouro, aliás, remete totalmente a uma questão paulista: seus pais fundadores estavam inconformados com o controle do PMDB por parte do então governador paulista Orestes Quércia (que sucedeu a Montoro no governo de São Paulo a partir de março de 1987).

> Muitas das tensões que o PSDB viveria nas décadas seguintes foram prenunciadas nos debates sobre a escolha do nome do partido. Além da proposta vencedora, também havia as alternativas Partido Popular Progressista e Partido da Renovação Democrática. Quando venceu a proposta de colocar "social-democracia" no nome, Fernando Henrique Cardoso pressentiu problemas: "Vocês vão me obrigar a explicar para todo mundo como faz partido social-democrata sem sindicato". Na Europa, a social-democracia era o partido do operariado organizado. No Brasil, o grande problema eram os excluídos, os trabalhadores informais. Franco Montoro, ex-governador de São Paulo, avisou que o nome ainda causaria problemas ao partido: se, em algum momento, o PT decidisse moderar seu discurso – o que era provável, dada a história dos partidos trabalhistas pelo mundo – o que seria dos "social-democratas" do PSDB? De fato, nas décadas seguintes, os membros do PSDB seriam muito mais conhecidos pela mascote – um tucano – do que como "os social-democratas". É o único partido brasileiro conhecido pela mascote, o que mostra que havia mesmo uma incongruência em seu nome (BARROS, 2022, p. 185-186).

Nos parece indiscutível que o maior nome do MDB seja Ulysses Guimarães e, no PT, seja Lula. Igualmente, para o PSDB, o nome maior é o de Fernando Henrique Cardoso. Ilumina, pois, verificar como ele, em suas memórias, conta os primeiros passos do partido que fundou:

> Franco Montoro sentia calafrios quando se discutia o nome do novo partido, da Social-Democracia Brasileira. Na Europa, a social-democracia era a adversária histórica da democracia cristã. Nosso problema era que os sindicatos mais combativos estavam com o PT (...). As divisões eram inevitáveis. Muitos dos meus amigos, a maioria, foi para o PT (...). No Cebrap havia uma confluência entre o pessoal mais à esquerda do MDB e os do PT (...). A fundação [do PSDB] se realizou no plenário da Câmara, em 1988, com a presença de líderes políticos, intelectuais e operários, embora estes fossem menos numerosos. Eu não via apoio da base sindical sobre a qual assentaríamos um partido social-democrata. A maioria dos líderes sindicais que contavam havia apoiado o PT (CARDOSO, 2021, p. 184 e p. 213-214).

É razoável quem argumenta que naqueles primeiros anos, o PSDB era um partido pequeno, de resultados eleitorais decepcionantes (BARROS, 2022). O outro lado da moeda nos interessa mais: apenas dois anos após ser criado, o PSDB elegeu um governador (Ciro Gomes, no Ceará) e mantinha, entre seus quadros, personalidades políticas e econômicas com amplo acesso ao debate público (como colunistas fixos de jornais e revistas nacionais) e com mandato parlamentar em Brasília.

O desempenho do PSDB na sua primeira eleição majoritária – com Mário Covas candidato presidencial em 1989 – foi surpreendente: terminou em quarto lugar, com 12,5% dos votos válidos, apenas um pouco atrás de Leonel Brizola e de Lula, e muito à frente de Ulysses Guimarães, do PMDB. No segundo turno entre Lula e Fernando Collor, o PSDB decidiu pelo apoio a Lula. Quem conta é o economista Luiz Carlos Bresser-Pereira, fundador do partido:

> No PSDB, eu fui o primeiro a apoiar Lula. Dei a ele meu apoio em um debate na Folha, quando o PSDB não havia ainda decidido quem apoiar. Anunciei meu apoio sem consultar ninguém. Para um partido que se supunha de centro esquerda não havia alternativa. Apoiar o Collor era impensável. Pouco depois, o PSDB decidiu mesmo apoiar Lula e então aconteceu uma coisa interessante. Decidido o apoio, o Lula se dispôs a vir agradecer ao partido. Foi marcada uma reunião no escritório do Montoro, que era na rua Colômbia (em São Paulo), O encontro foi

> marcado para as 8 horas da manhã. Estavam lá Montoro, Mário Covas, Fernando Henrique Cardoso, Serra e eu. Chegou o Lula, apressado. Ele tinha pedido esse horário porque estava a todo vapor na campanha. Lula chegou sozinho. Sentou-se, a conversa foi muito rápida. Não se foi antes ou depois de agradecer o apoio que ele disse, muito francamente: "Ainda não estou acreditando que eu pudesse estar aqui hoje como candidato no segundo turno" (VILLAVERDE; REGO, 2021, p. 184).

Pouco antes da crise que desembocaria no *impeachment* de Fernando Collor, o presidente negociava a entrada do PSDB no governo: fazia sentido político e simbólico, a Collor, ter tucanos em sua administração. Isso, por si só, não indica um partido frágil – ao contrário. Já naquele momento estava claro que, embora menor do que MDB-PMDB e do que o PT, o PSDB já tinha sua imagem associada francamente a temas econômicos. É especialmente simbólico, nesse sentido, o depoimento da economista Elena Landau:

> (...) comecei a acompanhar os movimentos do PSDB, pois o famoso discurso "O choque do capitalismo", do Mario Covas, já havia chamado a minha atenção. Aliás, este é um manifesto que vale ser relido, porque já em 1989 antecipava uma série de políticas liberais e modernizantes que hoje estão na ordem do dia. Aborda até a privatização. Por essa época, passei a prestar atenção em um jovem governador chamado Tasso Jereissati, que iniciava no Ceará uma mudança de política pública. Ele ganhara uma eleição contra coronéis e implantava em seu estado uma nova forma de governar, bem característica da que fariam no futuro os governos do PSDB (...). Anos mais tarde, por recomendação de André Lara Resende, Edmar Bacha e Persio Arida, meus professores na PUC, o Tasso me convida para fazer sua assessoria na presidência do PSDB (FERNANDES, 2023, p. 238-239).

O que consideramos inegável é que o ponto de virada para o PSDB ocorreu com o Plano Real. Foi a partir desse plano econômico que a história política e econômica brasileira mudou: o Real conseguira um feito que nenhum outro plano anterior (Cruzado, Cruzado II, Bresser, Verão, Collor, Collor II) conseguira – debelar a hiperinflação brasileira de forma estrutural e perene. O Real, ademais, permitiu a eleição (e a reeleição) de um tucano – FHC – como presidente da República, em primeiro turno. E mais: o sucesso do Real garantiu a eleição de tucanos em diversos estados brasileiros, em todas as regiões. O caso mais notável ocorreu em São Paulo, onde tudo começou para os tucanos: a partir de 1994, os paulistas elegeriam sucessivamente políticos do PSDB (Mário Covas, em 1994 e 1998; Geraldo Alckmin, em 2002; José Serra, em 2006; Geraldo Alckmin, em 2010 e 2014).

Até hoje, a imagem do PSDB é fortemente associada a temas econômicos e, em particular, ao Plano Real. Trata-se de uma ideia teórica, de orientação prática para política econômica, que representa um auge do pensamento econômico brasileiro: brilhantemente criada e sofisticadamente implementada. Os autores intelectuais são os economistas Persio Arida e André Lara Resende, que, juntos, escreveram um artigo acadêmico com a formulação do que viria a ser o plano. O *paper* foi escrito e publicado em 1984, ano da campanha popular pelas *Diretas Já*, e imediatamente a ideia ganhou o apelido de "Larida": junção entre os sobrenomes de Lara Resende e Arida. Quem conta é Persio Arida:

> Em 1984, dez anos antes do Plano Real, foi ali que tudo começou. Eu havia escrito um artigo propondo neutralizar a inflação. A ideia era sincronizar por lei o reajuste pela inflação de todos os contratos. Tanto um contrato com cláusula de indexação anual quanto um contrato com cláusula de indexação semestral seriam compulsoriamente modificados para contar com indexação mensal. Obviamente, o valor médio do contrato seria maior naquele que vigia com cláusula semestral do que naquele que tinha cláusula anual. E não havia qualquer intenção de afetar os preços relativos ao longo do tempo. O objetivo era evitar a sobreposição de contratos com indexação diferenciada. Se todos tivessem a mesma regra, o efeito da inflação sobre os preços relativos seria mínimo, a não ser que a inflação mudasse de patamar. O André [Lara Resende] veio com a ideia da reforma monetária, da troca do padrão monetário. Obteríamos o mesmo resultado – a sincronização de reajustes – permitindo que o mercado sincronizasse sozinho os contratos na moeda alternativa. No final, acabamos escrevendo o "Larida", que foi um paper muito criticado na ocasião. Não só academicamente, mas também na imprensa. Diziam que estávamos tentando fazer mágica, que não entendíamos a importância do ajuste fiscal, e assim por diante (FERNANDES, 2023, p. 83-84).

O combate à inflação descontrolada era obra fundamental do governo civil, dado que a crise de preços fora originada pela ditadura militar. Como sempre pregou Ulysses Guimarães (MDB):

> O regime democrático é condição inarredável para resolver as dificuldades da economia geradas pelo arbítrio. Somente o engajamento político de toda a sociedade através de debates, da livre manifestação

> de pressões e a negociação inerentes a esse regime poderão permitir que o país defina a política econômica adequada para enfrentar a inflação galopante e o desequilíbrio externo que sufocam a economia. Somente no contexto da democracia será possível conferir a ação governamental legitimidade para pedir sacrifícios à sociedade, bem como conferir ao governo a credibilidade de que necessita para ser eficaz. O governo não sendo representativo não tem legitimidade, e a crise de legitimidade gera incredibilidade (Ulysses Guimarães em 1981, citado por KUHN, 2020, p. 152).

Tanto Arida quanto Lara Resende tiveram a oportunidade de trabalhar no primeiro governo civil após 21 anos de ditadura militar: o de José Sarney, do PMDB, em 1985. Lara Resende assumiu diretoria do Banco Central e Arida tornou-se secretário nacional no Ministério do Planejamento. Diante da impossibilidade de implementar, naquela ocasião, a ideia do "Larida", ambos partiram para uma sugestão alternativa, advogada por outro grupo seleto de economistas brilhantes (como Edmar Bacha, Luiz Carlos Bresser-Pereira, Yoshiaki Nakano e Francisco Lopes): o choque heterodoxo, que também derivava da teoria maior, de inflação inercial. A ideia estaria por trás de dois dos principais planos de combate à hiperinflação herdada do regime militar: os planos Cruzado (1986) e Bresser (1987). O fracasso de ambos, a despeito de bem-sucedidos na partida, foi pedagógico.

No governo de união nacional após o *impeachment* de Fernando Collor, o presidente Itamar Franco – ainda apoiado por PT, PMDB e PSDB – decidiu por deslocar Fernando Henrique Cardoso do Ministério das Relações Exteriores para o Ministério da Fazenda. FHC seria o quarto ministro da pasta em apenas sete meses. Aceitou o desafio e, de imediato, começou a cercar-se dos economistas que teriam carta-branca para tentar um novo plano de estabilização da economia e combate à inflação. Edmar Bacha, filiado ao PSDB, ficou encarregado de convencer Persio Arida e André Lara Resende a voltarem a Brasília e ao setor público. Dessa vez, eles teriam a chance de implementar o "Larida", cujo nome evoluiria para Plano Real.[58] A equipe econômica, além dos três supracitados, incluiria também Pedro Malan, Gustavo Franco (também filiado ao PSDB), Winston Fritsch e Francisco Lopes,

[58] O nome do plano derivava da nova moeda, a ser introduzida em 1994, chamada "Real". Este, por sua vez, foi sugerido ainda em 1989 pelo economista Francisco Lopes em seu livro *O desafio da hiperinflação*.

todos oriundos da PUC-Rio, casa intelectual que deu guarida à formação das principais ideias dez anos antes. Além da semelhança de formação, escreveu posteriormente Persio Arida, "o grupo compartilhava o mesmo posicionamento político: contra o governo militar, a favor da redemocratização" (ARIDA, 2024, p. 32).

Logo de partida, FHC tomou uma decisão de grande repercussão: anunciaria publicamente cada passo que seria dado pelo governo, seguindo um conselho de Persio Arida (ARIDA, 2024, p. 47). Diferentemente de todos os planos anteriores – Cruzado, Cruzado II, Bresser, Verão, Collor e Collor II –, o Plano Real não envolveria um "susto" para a população. Todos saberiam, no devido tempo, o que ocorreria adiante. Todos saberiam que haveria troca de moeda e todos seriam devidamente informados, por rádio, televisão e imprensa, como o governo agiria. O depoimento de Arida ilumina esse ponto:

> A questão-chave na arte da política econômica é o convencimento, o trabalho de persuasão que precisa acompanhar qualquer proposta de política econômica (...). Um dia dei ao Fernando Henrique a ideia de estruturar o Plano Real em fases preanunciadas, a fim de tranquilizar a população. Era uma ideia que não constava do paper do "Larida", só me ocorreu depois. Fernando Henrique contou isso em uma entrevista recente e me confidenciou privadamente da importância que atribuía a essa ideia. Fez muita diferença preanunciar o programa, mas o mérito é apenas parcialmente de quem teve a ideia. Porque não é a ideia que convence, quem convence é alguém que articula a ideia e conversa com os demais. Fernando Henrique tinha extraordinária capacidade de persuasão junto a Itamar Franco e em boa parte do Congresso. Ele vinha do Congresso, era um político. Conversava com senadores, eles eram seus pares. Não era um técnico conversando sobre um tema esotérico (FERNANDES, 2023, p. 93).

A rigor, o Real começou em 27 de agosto de 1993, quando FHC, há pouco empossado como ministro da Fazenda pelo presidente Itamar Franco, realizou uma remonetização forçada, ao trocar novamente a moeda nacional, o cruzeiro (recuperado por Collor depois do cruzado e do cruzado novo), pelo cruzeiro real.

> Se não tivesse ocorrido a reforma de 27 de agosto de 1993, um corte de cabelo em 28 de fevereiro de 1994 poderia custar algo como CR$ 110 milhões [cento e dez milhões de cruzeiros], e as quantias maiores, no interior do mercado financeiro, por exemplo, entrariam facilmente no

> terreno do quatrilhão ou mais, desafiando a capacidade de máquinas de calcular, computadores, etiquetadoras de preços e do meio circulante. No ritmo em que as coisas andavam em meados de 1993, era preciso cortar três zeros a cada ano simplesmente para evitar o ridículo, o que não é assunto trivial quando se trata do sistema monetário (FRANCO, 2017, p. 553).

A gestação do plano ocorria ao mesmo tempo em que a Argentina tinha, aparentemente, superado seus problemas com a inflação a partir da criação de um *currency board* (simplificadamente, uma espécie de dolarização da economia). A tentação era grande para o Brasil fazer o mesmo e se livrar, de uma vez por todas, de uma taxa que chegara a 82,3% ao mês em fevereiro de 1990 e que, em 1993, acumularia 2.477% pelo IPCA.

> É difícil negar que o *currency board* representava uma espécie de fracasso da nação em desenhar instituições monetárias minimamente efetivas para gerir uma moeda nacional de natureza fiduciária; no plano simbólico, parecia uma derrota talvez pior que própria hiperinflação (FRANCO, 2017, p. 556).

O Plano Real foi anunciado em três partes, sendo a primeira ainda em dezembro de 1993, abarcando um ajuste fiscal e a criação do Fundo Social de Emergência (FSE), que liberava recursos obrigatórios do orçamento para gastos sociais. A segunda parte começou em fevereiro de 1994, quando foi criada a URV, a moeda virtual, e a vinculação entre ela e o dólar, na medida de um para um. A URV seria depois, na terceira fase, monetizada, isto é, ela deixaria de ser virtual e passaria a ser uma moeda em si, o real, substituindo completamente a moeda velha, o cruzeiro real. Entre 1º de março, quando começou a URV, e 1º de julho, quando ela virou o real e o cruzeiro foi totalmente substituído, a população foi comunicada de cada passo de funcionamento do plano. E não apenas o público amplo, mas também o mercado financeiro, para evitar especulações que pudessem corromper a nova moeda.

Pouco depois da criação da URV, Fernando Henrique Cardoso deixou o cargo para cumprir o requisito legal eleitoral: seria o candidato do PSDB para as eleições presidenciais de 1994. Competiria contra Lula, do PT, Brizola, do PDT, e Orestes Quércia, do PMDB. A equipe econômica montada pelo cardeal tucano foi toda mantida pelo sucessor de FHC, o diplomata Rubens Ricupero.

Logo a 13 de abril de 1994, Ricupero fez um pronunciamento ao meio-dia – depois repetido por todos os telejornais noturnos –, em que disse que os salários de todos os brasileiros, em qualquer que fosse a ocupação, estariam mantidos e continuariam sendo corrigidos. Ele também enfatizou que o plano não traria surpresas, sustos ou correrias, deixando claro que ele seria distinto de todos os demais nesse sentido, em especial do traumático Plano Collor, ainda fresco na cabeça de todos. Por fim, Ricupero disse que, embora ainda não estivesse decidido o momento em que a URV passaria a ser uma nova moeda, o real, ele garantiu que a data seria anunciada à nação com pelo menos trinta e cinco dias de antecedência. Pouco depois, seria decidido – e anunciado – o dia 1º de julho. Ricupero mantivera exatamente o mesmo traçado de FHC.

Em junho, o último mês de vigência da moeda carcomida pela hiperinflação, o cruzeiro real, o governo montou uma força-tarefa de comunicação. Diversas entrevistas eram dadas pelos economistas envolvidos com o plano, enquanto Ricupero viajava o país anunciando as medidas que ainda entrariam em vigor. Naquele mês, o ministro fez dois pronunciamentos em cadeia nacional de rádio e televisão. "Em todos, procurava transmitir uma palavra de confiança. Sua mensagem era clara: 'Acreditem em mim, eu não vou deixar que sua poupança seja confiscada, nem vou permitir que haja outros tipos de perdas para o povo'" (PRADO, 2005, p. 217). O registro da chefe de comunicação do Banco Central, a jornalista Maria Clara R. M. do Prado, única jornalista a participar das reuniões dos grupos de economistas e do ministro da Fazenda naquelas semanas de formulação e implementação da política pública, é importante para destacar a estratégia que aqui identificamos como pedra filosofal do PSDB, isto é, o marco público representado pelo sucesso do Real:

> No caso do Plano Real, optou-se pela naturalidade no processo de informação e pela transparência. Cada passo era fartamente divulgado com antecedência, de modo que não houvesse surpresas. Era esse o grande diferencial que se tinha para evitar desde o início qualquer contaminação perversa que o Real pudesse sofrer do Plano Collor, que pegou todos desprevenidos e causou um enorme trauma ao país. O alvo do Real não era simplesmente derrubar a inflação. Ia muito além. Buscava acabar com a inércia inflacionária que durante anos corroeu a renda dos mais pobres, sem acesso aos mecanismos da correção monetárias (...). De fato, a forma como o Plano Real foi divulgado, com informações maciças e a presença constante dos formuladores

na mídia antecipando a explicação de problemas que poderiam surgir pelo caminho, acabou por construir, se não um pacto, pelo menos uma cumplicidade entre o governo e a parcela da sociedade que mais se beneficiou com a estabilidade. Para isso, o papel do ministro Ricupero na incansável tarefa de 'comunicador' do plano foi fundamental. Sempre com um discurso acessível, com informações próximas do cotidiano dos brasileiros e com conselhos sempre muito pontuais – "não gaste agora, poupe, porque já não há mais pressa" ou "pesquise, compare os preços" (PRADO, 2005, p. 261 e 324).

Na véspera de mudança da moeda, isto é, a 30 de junho de 1994, o presidente da República, Itamar Franco, convidou os presidentes da Câmara dos Deputados e do Senado Federal, líderes partidários e todos os ministros do Executivo para uma cerimônia de lançamento da nova moeda e de explicações adicionais sobre o plano, no Palácio do Planalto. O pronunciamento do presidente foi transmitido ao vivo por todos os canais de televisão. Depois, foi a vez do ministro da Fazenda, Rubens Ricupero, e a equipe de economistas formuladores do plano conceder uma entrevista coletiva aos jornalistas, também toda transmitida ao vivo. O objetivo do governo era deixar claro que a parte final do plano chegara e que não haveria nenhuma surpresa. No dia seguinte, uma sexta-feira, o real entraria em vigor, e não só os bancos ficariam abertos em horário normal como também permaneceriam abertos no sábado e no domingo.

> Não havia limite de tempo para a entrevista (de Ricupero, transmitida ao vivo por rádio e televisão). Todas as perguntas deveriam ser respondidas e as dúvidas, esclarecidas. Essa orientação foi rigorosamente obedecida pelos economistas do Real, que passaram todo o dia 30 atendendo à imprensa. A intenção era justamente a de evitar os tumultos ocorridos nas entrevistas coletivas por ocasião do anúncio dos planos anteriores. O Real era diferente. Foi montado de forma gradual, com tempo, e com o compromisso de que todas as etapas seriam previamente anunciadas. A principal entrevista coletiva não poderia fugir a essa feição de transparência na comunicação (PRADO, 2005, p. 297).

No dia seguinte, o real entrou em circulação. O plano envolvia duas âncoras, sendo a primeira a taxa de juros, mantida elevada de forma a não estimular demais o consumo e, com isso, não repetir o erro do Plano Cruzado, que começou muito bem e terminou de forma trágica. A segunda âncora era a cotação da nova moeda, vinculada ao dólar dos Estados Unidos na medida de um para um, ainda que, de início, o real tenha se valorizado muito (a cotação chegou a bater R$0,82 por dólar, tornando os bens importados ainda mais baratos, o que reduziu os preços no atacado e no varejo). A nova moeda estava desindexada das correções automáticas, e isso valeu também para os impostos, que deixaram de ter remarcações diárias. A inflação começou a cair rapidamente, mas a "batalha de comunicação" dos chefes da agenda pública continuou intensa. O aumento de preços havia sido freado antes, com praticamente todos os planos anteriores, mas em todos eles por tempo limitado. Nem mesmo a queda repentina de Ricupero alterou a estratégia: seu substituto, Ciro Gomes (então filiado ao PSDB), manteve toda a equipe econômica e também a prática de comunicar passos importantes do plano com antecedência por meio da rede nacional de rádio e televisão e de entrevistas para telejornais e a imprensa.

Em plena campanha presidencial, o candidato que encarnava o plano, o tucano FHC, era atacado pelos demais competidores, em especial Lula. Ao final, o plano conseguiu ser bem-sucedido naquilo que todos os demais não tinham sido, ao derrubar a inflação de forma consistente. FHC foi eleito presidente da República em primeiro turno, com 53% dos votos, em outubro de 1994. Montara uma chapa em parceria com o PFL, tendo o cardeal Marco Maciel como vice. Era uma repetição da Aliança Democrática, montada por Tancredo Neves, Ulysses Guimarães e José Sarney, mas com o PSDB substituindo o PMDB na parceria com o mesmo PFL. Ao tomar posse, FHC tomou a salutar decisão de trazer para a base do governo o maior partido do Congresso Nacional, o PMDB, o que facilitou a implementação das medidas de governo.

> Eu governei com muita dificuldade. Já era visível que o sistema [de presidencialismo de coalizão] tinha problemas [o número crescente de partidos políticos representados no Congresso Nacional]. Elegi-me com a maioria do voto nacional, ainda no primeiro turno, mas o PSDB não obteve sequer 20% dos assentos no Congresso. Somados aos parlamentares do PFL e do PTB, partidos que compuseram a aliança eleitoral que me apoiou, chegávamos perto dos 40%. *Precisei ampliar a coalizão para obter uma base de sustentação necessárias à aprovação das reformas que havia defendido na campanha* (...). Fiz acordo com os grandes partidos. Além do PFL e do PTB, eu trouxe o PMDB e depois o PP. Formou-se uma base de sustentação ancorada em cinco partidos. Os demais eram acessórios (...). Fazer alianças não é fácil. *Desde o princípio, com o PFL, houve resistências no PSDB, pois o PFL se formara a partir de uma dissidência do partido ligado ao regime autoritário.* Para vencer as resistências

no partido, indaguei: Sim, podemos vencer as eleições sozinhos, mas como governamos? (CARDOSO, 2018, p. 60, com destaques nossos).

O trecho acima guarda especial interesse para pensarmos como ocorreu o nascedouro do governo do PSDB. Como aponta Fernando Henrique Cardoso, a coalizão de partidos foi ampliada – para incluir o maior partido do Congresso, o PMDB, e, depois, também o PP – para "obter uma base de sustentação necessária à aprovação das reformas". O primeiro mandato de FHC, de 1995 a 1998, foi especialmente marcado por reformas, notadamente no campo da ação do Estado e da política econômica.

Cumpre notar, dado o objetivo central deste livro, como o sucesso do Plano Real gerou consequências positivas também para o exercício do controle externo das contas federais – seja ele formal, como aquele do Tribunal de Contas da União (TCU), seja o social, como aquele feito pela imprensa especializada e por organizações da sociedade civil.

Tendo o Plano Real como pano de fundo para toda e qualquer decisão de governo, a gestão tucana ancorou sua agenda em quatro grandes reformas: o fim do monopólio constitucional para a Petrobras como agente única no campo do petróleo e gás (FERNANDES, 2023); a privatização de grandes estatais (notadamente a Vale, no campo do minério de ferro; e a Telebras, no campo das telecomunicações); a modernização na forma de atuação do Estado; e a reforma da Previdência Social. Com exceção desta última, cuja aprovação foi negada por um único voto (foram 307 deputados favoráveis, enquanto o quórum exigido era de 308), todas as demais foram aprovadas: as alterações na Petrobras foram aprovadas já em 1995; a privatização da Vale, em 1997; a privatização da Telebras, em 1998; a reforma do Estado, em 1998.

Mas os trechos destacados alguns parágrafos acima também guardam interesse para fins partidários. FHC registra como enfrentou resistências dentro de seu próprio partido por conta da aliança com o PFL. Tanto na eleição em 1994 quanto na reeleição em 1998, FHC teve em seu vice um cardeal do PFL, o ex-governador pernambucano Marco Maciel. Durante seu primeiro mandato, FHC também contou com imenso apoio por parte de Luís Eduardo Magalhães, do PFL, que comandou a Câmara dos Deputados em 1997 e 1998, sendo fundamental, também, para a aprovação da polêmica emenda constitucional que permitiu a reeleição de presidentes, governadores e prefeitos – cuja vigência começou já para as eleições de 1998, beneficiando aqueles que estavam nos cargos, como o próprio FHC.

Dentre os cinco partidos citados por FHC em sua coalizão – PSDB, PFL, PTB, PMDB e PP, três eram partidos de direita (PFL, PTB e PP), um que caminhava da centro-esquerda para o centro (o PMDB), e outro, o PSDB, que experimentaria uma transição ideológica muito veloz. Nas palavras de seu fundador, Bresser-Pereira, o PSDB acabou migrando da centro-esquerda para a centro-direita dado que seu espaço como partido da social-democracia fora ocupado pelo PT, enquanto a liderança do centro já estava ocupada (pelo PMDB).

É digno de nota, portanto, que, nas eleições de 2002, 2006 e 2010, tenham sido os candidatos do PSDB aqueles a receberem majoritariamente os votos da direita, dado que todos os demais candidatos presidenciais naqueles pleitos eram de esquerda (Lula, Ciro Gomes e Garotinho, em 2002; Lula, Heloísa Helena e Cristovam Buarque, em 2006; Dilma Rousseff, Marina Silva e Plínio de Arruda Sampaio, em 2010).

Os dois mandatos do PSDB no comando federal foram especialmente marcados por ações tomadas no campo econômico.

Além das reformas já mencionadas no primeiro mandato, o governo FHC também foi responsável pelo programa de saneamento bancário após a grave crise que se abateu sobre o sistema após o sucesso do Plano Real: já em 1995, por meio do Proer, o Banco Central interviu em bancos privados, como Nacional, Bamerindus e Econômico (FERNANDES, 2023), seguido do Proes e do Proex, com intervenções em bancos públicos estaduais que passavam por imensas dificuldades de caixa, notadamente o Banerj, do Rio de Janeiro, e o Banespa, de São Paulo (FERNANDES, 2023). No segundo mandato tucano, o governo FHC introduziu a primeira grande alteração na política econômica inaugurada pelo Real: o regime de metas de inflação, com taxa de câmbio flutuante (em vez de fixa) e perseguição de resultados fiscais primários para controle da dívida pública (BRESSER-PEREIRA, 2021). No ano 2000, o governo FHC aprovou a Lei de Responsabilidade Fiscal, que será de imenso interesse para este livro quando, na sexta parte, discutirmos a evolução institucional do Tribunal de Contas da União (TCU). Também neste mandato do PSDB foi consolidada a operação de refinanciamento da dívida dos estados e municípios com a União, em processo iniciado em 1997 (FERNANDES, 2023).

No campo social, o governo FHC se apoiou na proximidade com a Força Sindical, comandada até 1999 por Luiz Antonio de Medeiros e, depois, por Paulo Pereira da Silva, o Paulinho. Medeiros deixou o comando da central sindical para ingressar na política partidária, tendo sido eleito deputado federal pelo PFL de São Paulo – e, no Congresso Nacional, foi especial aliado do governo FHC.

Logo de início, o ministro da Educação, Paulo Renato Souza, filiado ao PSDB, iniciou diálogo com movimentos sociais de educação e, a partir da Lei de Diretrizes e Bases da Educação (LDB), de 1996, relatada pelo senador Darcy Ribeiro (PDT), iniciou profunda ação para universalizar o acesso à escola pública em todo o país. Naquele mesmo ano, o governo tucano patrocinou a criação do Fundef, que seria mantido pelo PT (e depois repaginado para Fundeb). Foi no governo do PSDB que um programa social baseado em iniciativas petistas no subnacional, chamado Bolsa Escola, foi criado. Foi também em um governo tucano – o de Tasso Jereissati, no Ceará (1987-1991) – que surgiu o Programa dos Agentes de Saúde, embrião do que viria a ser o Programa Saúde da Família (implementado sob Itamar Franco em nível nacional, em 1994, e mantido por FHC), que evoluiria para o bem-sucedido Estratégia Saúde da Família (VARELLA, 2022, p. 111).

> O candidato de um partido moderno que se supunha social-democrático como seu nome indicava, o PSDB, poderia assegurar ao país um equilibrado desenvolvimento econômico e social, sem cair nas malhas do velho populismo, nem do neoliberalismo (...). Entretanto, não foi isso o que ocorreu. O governo não foi social-democrático, de centro-esquerda (...). Nos oito anos do governo FHC a taxa média de crescimento do PIB foi de apenas 2,1% ao ano, o que significa um crescimento de renda por habitante em torno de 1% ao ano. O país se manteve, portanto, quase estagnado (BRESSER-PEREIRA, 2021, p. 328-329).

O final do mandato tucano se deu sob impopularidade e com grande anseio social por mudanças. Entre abril de 2001 e fevereiro de 2002, o país conviveu com grave crise energética, popularmente chamada de "apagão", que levou a racionamentos de energia para residências particulares, empresas privadas e públicas. Registramos aqui o depoimento de Pedro Parente, que fora ministro-chefe da Casa Civil no segundo mandato de FHC e o escolhido pelo presidente para liderar as ações para lidar com o racionamento:

> Acredito que ali houve, por parte do governo, uma confusão derivada do desconhecimento da complexidade do sistema hidrelétrico brasileiro

> (...) qual não foi a nossa surpresa quando, em uma reunião da Câmara de Política Energética, no início de maio de 2001, os técnicos do Ministério de Minas e Energia disseram que precisariam de cortes compulsórios de energia, talvez de quatro, seis ou mesmo oito horas. Dá para imaginar o susto do governo? Aquilo foi um "barata voa" (...) depois começamos a fazer um trabalho extenso de escuta e comunicação com a sociedade. Uma decisão que tomamos na comunicação foi admitir que o governo federal tinha errado (FERNANDES, 2023, p. 151-152).

A passagem da faixa presidencial, de FHC para Lula, representou um marco da consolidação democrática no país. Como observou Pedro Malan, que comandara o Ministério da Fazenda durante todos os oito anos de mandato do PSDB no governo federal, a transição de FHC para Lula foi civilizada (FERNANDES, 2023). Esse marco civilizatório de uma transição civilizada entre um presidente que é sucedido por seu opositor foi aguçado pelo fato de que o primeiro presidente do Senado Federal (e, portanto, do Congresso Nacional) no governo Lula fora o ex-presidente José Sarney.

Os três maiores partidos brasileiros, PT, PMDB e PSDB, tinham governado o país – notadamente o Executivo federal –, como também obtiveram o comando das casas do Congresso Nacional, e o país tinha avançado no período.

Quando do *impeachment* de Dilma Rousseff, o PSDB já tinha concluído sua travessia do campo originário da centro-esquerda (onde esteve quando criado em 1988) para a centro-direita. O ocaso do PFL, com a aposentadoria ou falecimento de diversas lideranças regionais, e a imensa proximidade do PP com o governo do PT legaram aos tucanos o papel de liderança maior e relativamente isolada no campo da direita brasileira. Esse papel, no entanto, estava prestes a ser trocado – de forma radical.

> *Com o tempo, o PSDB abandonou os ganhos do Plano Real e transformou o antipetismo no valor que o diferenciava na disputa, dando ao partido um eleitorado à direita que, depois, o trocou por Bolsonaro* (...) O PT foi capaz de cultivar partidarismo entre seus eleitores mesmo em um ambiente hostil, como os escândalos do mensalão e da Lava Jato e a recessão de 2014-2016. Essa partidarização positiva e negativa em relação ao PT superou até as óbvias diferenças de popularidade entre seus candidatos. Mesmo quando Luiz Inácio Lula da Silva não pôde se candidatar e foi substituído por nomes menos carismáticos, como Dilma Rousseff e Fernando Haddad, houve uma estabilidade consistente na votação do

> PT em vários estados brasileiros. *Uma vez que o PT se estabelece como uma força política que solidifica sua base eleitoral na população, os eleitores que se opõem a essa força semeiam sentimentos de rejeição ao partido, o que leva à formação de uma identidade que se define por tal rejeição: o antipetismo.* A criminalização da política decorrente da Operação Lava Jato acentuou a divisão entre petistas e antipetistas, com o segundo núcleo catalisando vários movimentos diversos que discordavam entre si, mas concordavam em se opor ao PT. Junto a ela, a recessão econômica que ocorreu entre 2015 e 2018 produziu uma significativa crise de legitimidade do sistema político brasileiro (...). *Com o clima antipolítica criado, abriu-se espaço para que um candidato antipolítica tomasse o lugar do antipetista tradicional, o PSDB. É nesse contexto que o centro político explode, fragmenta-se, e Bolsonaro aparece como a alternativa mais viável eleitoralmente para aplacar a raiva contra a política* (NUNES; TRAUMANN, 2023, p. 13-14, destaques nossos).

O trecho acima serve como epílogo para a atuação do PSDB. Criado como braço de vanguarda na centro-esquerda no momento em que o PMDB se consolidava ao centro, o PSDB foi fundamental na elevação do debate presidencial de 1989 e, junto do PT e do PMDB, liderou a frente partidária pelo afastamento de Collor em 1992. Foi a partir do PSDB que a hiperinflação foi, enfim, derrotada: com o Plano Real, em 1994. Por oito anos, o PSDB comandou a política nacional, nos dois mandatos de Fernando Henrique Cardoso, tendo lideranças tucanas liderando diversos estados, notadamente no Sul e Sudeste – Mário Covas, José Serra, Geraldo Alckmin e José Aníbal em São Paulo; Tasso Jereissati no Ceará; Pimenta da Veiga, Aécio Neves e Antonio Anastasia em Minas Gerais; Beto Richa no Paraná. Nas disputas presidenciais vencidas pelo PT (2002, 2006, 2010 e 2014), foi o PSDB que chegou ao segundo turno da disputa, "vendendo caro" as derrotas.

Quando do *impeachment* de Dilma Rousseff, o PSDB contou com um quadro nacional seu como relator do processo de *impeachment* no julgamento realizado no Senado – o então senador tucano Antonio Anastasia –, além de emprestar lideranças do partido para o governo novo, de Michel Temer (PMDB), que assumiu após o afastamento.

Aquele momento, no entanto, representava o fim de uma era para o partido. Com a antipolítica em seu auge, decorrente do duplo fenômeno que combinou grave crise econômica com a operação Lava Jato criminalizando todos os principais quadros da política partidária, o centro político esfarelou-se e, diante de uma eleição nacional de imensa fricção (em 2018), o PSDB viu-se relegado a um papel inferior àquele que ocupara por quase trinta anos. A eleição de um candidato abertamente antissistema, de coloração fascista – Jair Messias Bolsonaro –, representou um novo estado de forças políticas no Brasil. Por quatro anos, no entanto, o PSDB ainda manteve o controle do estado de São Paulo, local de origem política dos tucanos. A perda de quadros nacionais durante esse período foi um sangramento adicional (Anastasia migrou para o PSD e, em 2021, deixou a política para tornar-se ministro do TCU; Alckmin migrou para o PSB no início de 2022 para juntar força a Lula na frente ampla anti-Bolsonaro). Ao final de 2022, o PSDB perdera, inclusive, o governo de São Paulo, tendo eleito apenas 14 deputados federais e dois senadores.

Quando da confecção deste livro, o PSDB ocupara o menor espaço político desde sua fundação. Em contraposição, o PT governava o país (no governo Lula III, eleito em 2022), em franca parceria com o MDB – a participação da candidata presidencial do MDB, Simone Tebet, foi fundamental para a eleição de Lula contra Bolsonaro; três quadros do MDB eram ministros (Tebet no Planejamento e Orçamento; Renan Filho nos Transportes; Jader Filho nas Cidades); e o MDB contava com 44 deputados federais.

5.5.1 Entrevista com José Aníbal

José Aníbal é um ator-chave que passou pelos três principais partidos políticos brasileiros. Participou da fundação do Partido dos Trabalhadores (PT) no início de 1980 e, por lá, militou por quase dois anos. Por desavenças com colegas que considerava muito radicais, Aníbal migrou para o PMDB no fim de 1981. Foram sete anos no partido com maior número de filiados do país, justamente o período de auge do partido: liderava a volta das eleições diretas para governadores (1982), para presidente da República (1983-1984), comandara a redemocratização (1985) e a Constituinte (1987-1988). Em meados de 1988, Aníbal fez parte do grupo de cardeais do PMDB que decidiu criar um novo partido, o Partido da Social-Democracia Brasileira (PSDB). Desde então, Aníbal faz parte do PSDB, tendo sido figura destacada dos tucanos por mais de 35 anos.

Pelo PSDB, Aníbal disputou as eleições federais de 1990, tendo sido eleito primeiro suplente para deputado federal por São Paulo. Imediatamente após o *impeachment* de Fernando Collor, Aníbal tomou posse no Congresso Nacional. Em 1995, logo no início do primeiro mandato do tucano Fernando Henrique Cardoso como presidente da

República, José Aníbal tornou-se líder da bancada do PSDB na Câmara dos Deputados. Ao longo dos anos 1990 e 2000, Aníbal exerceu mandatos em Brasília ou no governo de São Paulo, culminando com seu mandato como senador pelo PSDB, como suplente de José Serra, também do PSDB.

Aníbal tomou posse como senador no mesmo dia em que Dilma Rousseff foi provisoriamente afastada da Presidência – a 17 de maio de 2016. Serra assumiu como ministro de Relações Exteriores do presidente Michel Temer (PMDB), que assumira interinamente enquanto o Senado preparava o julgamento formal da presidente titular. Foi como senador que Aníbal participou ativamente do julgamento de *impeachment* presidencial, tendo votado favoravelmente ao afastamento de Dilma na sessão final, realizada a 31 de agosto de 2016.

Aníbal e Dilma Rousseff conheceram-se no final dos anos 1960, quando ambos militavam na POLOP, a Organização Revolucionária Marxista Política Operária, de combate à ditadura militar. Tal como Dilma, Aníbal formou-se em Economia, mas, diferentemente da colega – que foi presa e torturada pelo regime –, Aníbal migrou para o Chile (tal como fizeram FHC, José Serra, Cesar Maia e tantos outros). Quando do golpe militar chileno, a 11 de setembro de 1973, Aníbal parte com um grupo de economistas brasileiros para a França, onde estuda na Sorbonne e convive com intelectuais exilados, notadamente com Celso Furtado. O retorno ao Brasil ocorre apenas em 1979, após o fim do AI-5 (suprimido por emenda constitucional relatada por José Sarney) e com a sanção da Lei de Anistia.

Natural de Guajará-Mirim, em Rondônia, Aníbal retorna ao Brasil a partir de São Paulo e é de lá que ele organizará a sua atividade política desde 1979: primeiro pelo PT, depois pelo PMDB e, enfim, pelo PSDB.

Seu mandato como senador pelo PSDB encerra-se a 30 de janeiro de 2022, quando do retorno do titular, José Serra, ao cargo. O partido que ajudou a moldar o sistema político brasileiro (ao lado de PT e MDB-PMDB) e que governou o Brasil por oito anos no mandato de FHC chegou ao presente momento em situação falimentar: de uma bancada de 90 deputados federais eleitos em 1994, o PSDB chegou a apenas 14 eleitos em 2022. Dentre as lideranças sobreviventes, Aníbal figura entre os poucos com atividade relevante. Em 2024, com 77 anos completos em agosto, foi candidato a vice-prefeito de São Paulo em chapa "puro-sangue", tendo na cabeça o apresentador de TV José Luiz

Datena. A chapa terminou com 1,8% dos votos, em uma eleição que terminou com a vitória do MDB, em segundo turno.

Após a saída de Geraldo Alckmin para o PSB, no fim de 2021, para disputar as eleições nacionais na chapa de frente ampla com Lula (PT) e a derrota do partido nas eleições de São Paulo (a primeira desde 1994), restou pouco capital político ao PSDB – especialmente em comparação com o PT e com o MDB. Um dos últimos cardeais originais ainda em atividade é, justamente, José Aníbal: FHC, José Serra e Tasso Jereissati estão afastados da vida pública.

A entrevista com José Aníbal foi realizada por meio do aplicativo digital Zoom, na noite do dia 4 de dezembro de 2023. Ele estava em sua casa, em São Paulo; o autor deste livro estava em Brasília.

Onde o senhor estava em 1992?

José Aníbal: Eu vivia em São Paulo, era o primeiro suplente de deputado federal pelo PSDB. Acompanhei o processo todo muito intensamente e assumi o mandato em janeiro de 1993, logo depois do afastamento do Collor, portanto. A partir de 1993, passei a ter atividade política diretamente em Brasília. Aliás, me envolvi nas investigações de uma das consequências do *impeachment* do Collor, que foi a CPI dos anões do orçamento.

O *impeachment* do presidente Fernando Collor foi majoritariamente a partir da CPI do PC Farias, com parcela importante dos meios de comunicação, como *Veja*, *IstoÉ*, *TV Globo*, e com movimentos sociais muito fortes, como UNE, os sindicatos, as centrais sindicais (notadamente a CUT) e também os partidos políticos que estavam vindo da luta pela redemocratização, principalmente o PT, o PSDB e o PMDB, de Ulysses Guimarães. Com pressão social, sindical, de partidos e da imprensa, além da CPI, criou-se um contexto impossível imaginar que Collor pudesse continuar na presidência. Concorda?

José Aníbal: Concordo. Descrição bem objetiva. O que realmente envolveu todo o processo de cassação foram os partidos políticos, os movimentos sociais, a imprensa e o Congresso Nacional. E vamos combinar, Collor era indefensável.

Por que o TCU teve pouca participação no processo?

José Aníbal: As denúncias em relação ao Collor estavam muito bem fundamentadas. Era incontestável. A Casa da Dinda, os escândalos com desvio de recursos da campanha presidencial... era um escracho. O TCU raras vezes se envolveu, até então, em processos daquela natureza. O MPF estava recém-criado, como o TCU. Eles não tinham esse protagonismo que têm hoje. A partir da evolução que ocorreu é que foram vindo... para esse patamar de agora. Na época, estavam realmente ausentes no processo.

A Lei Orgânica do TCU foi sancionada em julho de 1992, exatamente no período em que a crise política atingia seu momento mais agudo, com o *impeachment* passando a ser inexorável. Parece ser explicação razoável essa? Quero dizer: o TCU estava se organizando, não tinha como participar de um evento político enquanto ele mesmo "saía" do papel.

José Aníbal: Faz sentido. Tal como o MPF, o TCU não tinha esse protagonismo que tem hoje. A Constituição de 1988 absorveu a importância que elas deveriam ter a partir das corporações que se apresentaram na Constituinte.

Agora vamos para o *impeachment* da Dilma. Farei descrição e o senhor me diz. Estamos em 2015-2016, os três principais partidos são os mesmos: PSDB, PT e PMDB. Mas, diferente de 1992, eles estão esgarçados, questionados na sociedade, com lideranças envelhecidas ou queimadas. As três principais centrais sindicais quase as mesmas, mas com papéis muito diferentes, sofrendo perda de relevância do movimento sindical. Um processo em que a imprensa perde muita força, os movimentos sociais perdem força. Mas tem muita gente na rua em 2015-2016, tal como 1992. Agora, no entanto, tem instituições de controle. Não dá para contar a história do *impeachment* da Dilma sem mencionar o TCU, de onde vieram os processos administrativos envolvendo as pedaladas fiscais, além do MPF e da PF, com a operação Lava Jato. O senhor concorda?

José Aníbal: Concordo quanto ao momento. O TCU mais ativo, muito mais ativo, Sergio Moro conduzindo uma operação investigatória fora do âmbito de sua competência, extrapolando tudo. O governo Dilma acabou porque... acabou. Eu conheço a Dilma dos anos 1960, na luta contra o AI-5. Estávamos do mesmo lado. Nós nos reencontramos algumas vezes nas décadas seguintes, já na vida pública e política. Na última, eu já líder do PSDB, conversamos longamente em seu gabinete no Palácio do Planalto. Fiquei lá umas três horas. Na ocasião, eu destaquei a importância do diálogo, por parte dela, junto aos líderes dos partidos: todos os partidos. Tem que dialogar, tem que fazer política. O presidente da República precisa unir todo mundo. Não é um favor, mas, sim, uma iniciativa mesmo que deve partir da Presidência, do Executivo. Mas... foi o que foi. Foi o que foi. Dilma é uma pessoa absolutamente íntegra. Mas seu governo foi muito difícil, sua gestão econômica foi um desastre. Lembro que, no final do governo dela, coisa de março [de 2016], os chineses compraram a CPFL em São Paulo. Um amigo meu, diretor da CPFL, me disse que queriam conversar no Ministério de Minas Energia para apresentar os planos da companhia e verificar como estavam os planos do governo para o setor. Coisa normal, cotidiana, de todos os setores. Eu tentei ajudar a marcar a reunião e sei que vários outros tentaram também. Mas não tinha quem atendesse. O governo estava acabando... a ideia da Dilma de colocar o Lula como ministro-chefe da Casa Civil era a ideia final. Não deu. A verdade é essa: o governo Dilma acabou porque acabou.

Os constituintes queriam instituições de controle, externo e interno, fortes, para evitar a repetição do arbítrio.

José Aníbal: Deu certo, sim, mas foram excessivos. As instituições de controle, hoje, perturbam dia e noite. Extrapolam. Você pode dizer que deve existir controle, coisa e tal. Claro que sim. Mas tem que haver um regramento sobre procedimentos. Esse assunto tem que ser encarado. Um grande amigo meu, prefeito de cidade no estado de São Paulo, costuma dizer que sente vontade de convidar um procurador do Ministério Público para sentar-se na cadeira dele por alguns dias. Ser prefeito. Ver como é lidar com o dia a dia, as demandas sociais, o ritmo da administração pública, a relação com empresas privadas, com movimentos sociais, com professores, saúde... tudo.

O TCU nunca teve quadros de envergadura nacional como tem hoje. Qual é, na visão do senhor, olhando para adiante, tendo os *impeachments*, o papel que o TCU pode exercer?

José Aníbal: Essas instituições sabem disso e deveriam se preocupar em se precaver mais. Quando estava na Câmara, como líder do PSDB, eu trabalhei muito por um deputado do PSDB do Ceará ir ao Tribunal de Contas. Parece que ele foi bem. E agora eu me sinto muito contemplado pelo Anastasia. A apuração dos votos do Anastasia [no Senado] era ele sentado e eu de um lado, com a Simone [Tebet] do outro. O Anastasia é um cara íntegro, que se preocupa com a imagem das instituições do país: é importante a presença dele no TCU. O parecer dele sobre a Dilma, no processo de Dilma, é um trabalho muito consistente. Agora, quanto a mim: de fato, eu fui fundador do PT, mas saí logo e avisei o Lula disso, inclusive. Eu estava bancando uma publicação chamada *Gazeta Democrática*, que defendia a Constituinte. Tinha gente do PT que pegava o jornal e jogava no lixo, por entender que defender Constituinte seria uma luta burguesa. Eu saí e fui para o PMDB. Fiquei anos lá e depois criei o PSDB junto com outros parlamentares. Mas é isso... acho que essas instituições precisam ser aprimoradas. Esse processo do Lula, o modo como esse cidadão, Moro, e também o Dallagnol conduziram o processo foi uma *mise-en-scène*. Uma coisa encenada. Envolveram Polícia Federal. Vários vazamentos para a imprensa. Uma coisa inacreditável.

5.5.2 Análise crítica da entrevista

Há diversos pontos de imenso interesse para este livro que vieram das respostas de José Aníbal. O primeiro deles está logo na segunda resposta, quando Aníbal subscreve a descrição feita quanto ao *impeachment* de Fernando Collor.

> Concordo. Descrição bem objetiva. O que realmente envolveu todo o processo de cassação foram os partidos políticos, os movimentos sociais, a imprensa e o Congresso Nacional. E vamos combinar, Collor era indefensável.

Em nenhum momento da descrição feita a ele sobre o processo de 1992 há qualquer menção ao Tribunal de Contas da União (TCU). Em sua resposta, ao confirmar com a descrição sem adicionar o TCU, ele reforça que, vivendo intensamente aquele processo como liderança do PSDB em São Paulo, não teve qualquer recordação de importância do TCU no caso.

Em seguida, Aníbal é diretamente perguntado sobre o TCU no processo de *impeachment* contra Collor. Sua resposta reforça o argumento de desimportância do tribunal para aquele caso.

> **Por que o TCU teve pouca participação no processo?**
> **José Aníbal**: As denúncias em relação ao Collor estavam muito bem fundamentadas. Era incontestável. A Casa da Dinda, os escândalos com desvio de recursos da campanha presidencial... era um escracho. *O TCU raras vezes se envolveu, até então, em processos daquela natureza. O MPF estava recém-criado, como o TCU. Eles não tinham esse protagonismo que têm hoje. A partir da evolução que ocorreu é que foram vindo... para esse patamar de agora. Na época, estavam realmente ausentes no processo* (destaques nossos).

É especialmente interessante o trecho que destacamos. Aníbal registra que, até aquele momento, o TCU "raras vezes se envolveu". Há um caso claro de *path dependence* (dependência de trajetória): a Corte de

Contas funcionara por todo um século realizando, basicamente, a análise cartorial de documentos burocráticos da máquina federal. Não era esperado, para os contemporâneos do processo de *impeachment* em 1992, que o TCU tivesse uma atuação diferente daquela que ele sempre tivera. "Na época, estavam [TCU e MPF] realmente ausentes no processo."

Em seguida, Aníbal – por conta própria – menciona a "evolução que ocorreu" nas instituições de controle desde 1992. Sem aprofundar, no entanto, ele registra claramente em sua fala que, no tempo presente, TCU e MPF contam com "protagonismo". Dessa forma, ele dialoga diretamente com o objetivo deste livro: verificar como se deu essa evolução institucional no TCU para conseguir explicar por que uma instituição "ausente" no *impeachment* de 1992 foi "central" para o *impeachment* de 2015-2016.

Pulamos, agora, para a descrição feita sobre o *impeachment* de Dilma Rousseff. A resposta dele é completa, mas destacamos aqui a frase direta que ele oferece logo de partida: "Concordo quanto ao momento. O TCU mais ativo, muito mais ativo". A ênfase por repetição dada por Aníbal ("mais ativo, muito mais ativo") é reveladora do efeito que o TCU teve sobre o processo contra Dilma Rousseff.

Sobre o "protagonismo" exercido hoje pelas instituições de controle da administração pública – notadamente, o TCU e o Ministério Público –, José Aníbal apresenta uma visão bastante crítica. Em resposta à pergunta que menciona o anseio dos constituintes de 1987-88, do imediato pós-ditadura militar, de prover essas instituições de instrumentos poderosos para evitar a repetição do arbítrio estatal, Aníbal diz:

> Deu certo, sim. Mas foram excessivos. As instituições de controle, hoje, perturbam dia e noite. Extrapolam. Você pode dizer que deve existir controle, coisa e tal. Claro que sim. Mas tem que haver um regramento sobre procedimentos. Esse assunto tem que ser encarado.

Trata-se do "apagão das canetas", que será discutido na próxima parte deste livro. O agigantamento das instituições de controle leva a uma relativa paralisação de ações da administração pública, ao mesmo tempo em que, é sempre preciso lembrar, essas instituições exercem uma atividade que foi essencialmente provida pelos constituintes, que ampliaram a abrangência de atuação.

Por fim, destacamos o trecho da última resposta de Aníbal em que ele menciona seu ex-colega de partido e de Senado Federal Antonio

Anastasia, que, em 2016, foi o relator do processo de *impeachment* de Dilma Rousseff e que em 2021 se tornou ministro do TCU: "O Anastasia é um cara íntegro, que se preocupa com a imagem das instituições do país: é importante a presença dele no TCU. O parecer dele sobre a Dilma, no processo de Dilma, é um trabalho muito consistente".

Anastasia foi entrevistado para este livro. Sua entrevista será apresentada na próxima parte, momento em que veremos (parte) do TCU diante do espelho.

PARTE 6

O TCU NO ESPELHO

A leitora e o leitor que aqui estão já têm estabelecidos alguns pontos. Tal como *pilotis* que sustentam grandes prédios, como os blocos de apartamentos do plano piloto de Brasília ou o conjunto habitacional do Parque Guinle, no Rio de Janeiro, esses pontos que aqui elencamos devem, neste momento do livro, estar suficientemente sólidos:

(i) O ato de controlar governos é parte constitutiva do exercício democrático – apenas ditaduras, à esquerda e à direita, renegam controles administrativos e sociais.

(ii) O controle das ações da administração pública é um conceito da modernidade, que surge *a partir* do conceito do contratualismo e *concomitantemente* ao estabelecimento de constituições escritas e chanceladas pela sociedade.

(iii) O instrumento do *impeachment*, surgido no Parlamento inglês no século XIV e incorporado ao presidencialismo a partir da Constituição dos Estados Unidos, de 1787, chega ao Brasil em 1891 – e está presente em nosso país desde então.

(iv) A Lei nº 1.079, de abril de 1950, é a lei que disciplina o processo de *impeachment* no Brasil. Ela está em vigor até hoje.

(v) A Constituição de 1988 é fruto de grandes e históricas lutas sociais contra o autoritarismo. Ela advém da liberdade política e sindical, da agitação das ruas pelas eleições diretas e da concertação entre partidos políticos que derrubaram a ditadura militar.

(vi) Grandes inovações institucionais foram introduzidas pela Constituição. A que mais nos interessa no presente livro é aquela que trata do Tribunal de Contas da União (TCU), instituição centenária que é ressignificada a partir de 1988.

(vii) Eis que temos dois eventos comparativos que nos servem de marcos: o *impeachment* do presidente Fernando Collor de Mello, em 1992, e o *impeachment* da presidente Dilma Vana Rousseff, em 2016. Ambos ocorreram sob a guarida da mesma Constituição (de 1988), da mesma lei específica (a 1.079), tendo a mesma Casa como acusadora (a Câmara dos Deputados) e a mesma como julgadora (o Senado Federal), com processo observado da mesma forma (pelo presidente do Supremo Tribunal Federal), na mesma cidade (Brasília) com o mesmo resultado (o afastamento dos presidentes e as posses dos vices).

(viii) Os dois episódios – de 1992 e de 2016 – tiveram entre seus agentes-chave no campo político personalidades filiadas aos três maiores partidos do país: PT, PMDB e PSDB.

(ix) Os dois episódios – de 1992 e de 2016 – tiveram manifestações populares importantes, com participações diretas (em maior ou menor grau) das duas maiores centrais sindicais do país: CUT e Força Sindical.

(x) A participação do TCU em dois episódios tão parecidos foi, no entanto, radicalmente diferente. Enquanto no *impeachment* de Collor o TCU foi, basicamente, inexistente, o mesmo não pode ser dito sobre o *impeachment* de Dilma – foi, afinal, um julgamento do TCU que serviu de base formal para o procedimento de afastamento da presidente da República.

(xi) Testamos junto a agentes-chave dos maiores partidos políticos e das maiores centrais sindicais, atuantes em 1992 e em 2016, como cada um percebeu o papel – nulo ou preponderante – do TCU nos *impeachments*.

(xii) Os agentes-chave para os processos confirmaram nossa hipótese inicial: todos eles, sem exceção, confirmaram a desimportância do TCU para explicar o *impeachment* de Collor, mas a quase centralidade do mesmo TCU para compreender o *impeachment* de Dilma Rousseff.

(xiii) Discutimos a evolução institucional do TCU desde 1988, quando seus poderes foram ampliados pelos constituintes que vinham das lutas sociais e políticas contra a ditadura militar.

(xiv) Verificamos, então, que, por reiteradas decisões do Poder Executivo e do Poder Legislativo, o TCU teve seus limites institucionais ampliados, ano a ano, desde sua organização em 1992.

(xv) Resta, portanto, uma visão interna: como que o próprio TCU verificou essa ascensão institucional?

Esse aumento expressivo da relevância institucional do TCU invariavelmente atrairia as atenções do primeiro escalão da política nacional. Não à toa, em 2021, o TCU recebeu em seu quadro de ministros um ex-governador de Minas Gerais, então senador da República, Antonio Anastasia. Especializado em direito público, tendo sido pesquisador e professor universitário, Anastasia fora também, como senador, o relator do processo de *impeachment* de Dilma Rousseff.

Com ele, encerramos este livro. Trata-se de um agente-chave para o teste de nossa hipótese principal, qual seja, a centralidade do TCU em um *impeachment* (2015-2016) e sua desimportância em processo idêntico anterior (1992).

6.1 Entrevista com Antonio Anastasia

Advogado e mestre em direito pela Universidade Federal de Minas Gerais (UFMG), Antonio Anastasia teve exposição precoce à política: em 1989, tornou-se assessor do deputado estadual Bonifácio Mourão (PSDB), o relator da Constituição de Minas Gerais. Trabalhar no apoio à confecção da constituição mineira à luz da então recém-promulgada Constituição federal serviu de base para a trajetória que viria a seguir para Anastasia.

Já em 1991, quando da posse do conservador Hélio Garcia (PTB) como governador de Minas Gerais, Antonio Anastasia passou a primeira experiência no Executivo como secretário adjunto de Planejamento no governo estadual. Era essa a sua posição pública quando do *impeachment* de Fernando Collor, em 1992. O partido do governador foi um dos poucos a manter apoio a Collor mesmo durante a reta final do processo de impedimento constitucional.

Anastasia seguiu com estudos e aulas na área do direito público, em Minas, após deixar o cargo em 1995. Anos depois, assumiu a chefia da Casa Civil do governo Aécio Neves, do PSDB, quando este assumiu o estado (2003-2010). Anastasia filiou-se ao PSDB em 2005. Ao final do segundo mandato de Aécio Neves, o secretário e professor de direito foi alçado à figura de candidato a sucessor – foi vitorioso no pleito realizado em outubro de 2010. Enquanto Dilma Rousseff, do PT, vencia o candidato tucano José Serra na disputa nacional, Anastasia vencia o governo mineiro.

Foi governador de Minas entre março de 2010 (quando assumiu por conta da desincompatibilização de Aécio para disputar o Senado) até março de 2014, quando foi a vez dele seguir para o Senado, eleito no fim daquele ano.

Como senador pelo PSDB de Minas Gerais, Antonio Anastasia esteve diante de uma das missões de maior exposição que um parlamentar pode estar: foi o relator do processo de *impeachment* de Dilma Rousseff no Senado, entre maio e agosto de 2016. Seu relatório tinha como base fundamental os achados do Tribunal de Contas da União (TCU) contra a gestão econômica do governo Dilma e, ademais, Anastasia convocara dois integrantes do TCU para servirem de testemunhas de acusação no processo: o auditor Antônio D'Ávila e o procurador do Ministério Público de Contas, Júlio Marcelo de Oliveira.

Em 2018, Anastasia disputou o governo de Minas Gerais mais uma vez, tendo chegado ao segundo turno: dessa vez, no entanto, ele fora derrotado. Na parte final de seu mandato como senador, o mineiro decidiu trocar o PSDB pelo PSD. Anastasia foi presidente da Comissão de Constituição e Justiça (CCJ) no Senado, tendo sucedido Simone Tebet no cargo.

Em 2021, por indicação do Congresso Nacional, Antonio Anastasia migrou para o Tribunal de Contas da União (TCU). Foi o primeiro ex-governador a assumir o posto de ministro do TCU.

Ex-governador, ex-senador e, desde 2021, ministro do TCU, Anastasia teria, por si só, grande interesse para este livro. Como se não bastasse sua larga trajetória no setor público – federal e estadual, no Legislativo e no Executivo –, o próprio ato de sua indicação é revelador do estágio de proeminência que o TCU adquiriu no país desde 2015.

Anastasia foi entrevistado pelo autor em seu gabinete na sede do TCU, em Brasília, na tarde do dia 25 de abril de 2023.

Onde o senhor estava em 1992?

Antonio Anastasia: Estava no governo de Minas e era secretário-adjunto de Planejamento do governo mineiro.

O *impeachment* do presidente Fernando Collor foi majoritariamente a partir da CPI do PC Farias, com parcela importante dos meios de

comunicação, como *Veja*, *IstoÉ*, *TV Globo*, e com movimentos sociais muito fortes, como UNE, os sindicatos, as centrais sindicais (notadamente a CUT) e também os partidos políticos que estavam vindo da luta pela redemocratização, principalmente o PT, o PSDB e o PMDB, de Ulysses Guimarães. Com pressão social, sindical, de partidos e da imprensa, além da CPI, criou-se um contexto impossível imaginar que Collor pudesse continuar na presidência. Concorda?

Anastasia: Concordo integralmente. Sua observação está muito clara e a descrição é muito perfeita. Os *impeachments*, aliás, de Carlos Luz e Café Filho, que foram totalmente políticos, sem qualquer caráter técnico. Lembrou muito aquilo.

Por que o TCU teve pouca participação?

Anastasia: O de hoje é robustecido e participa de tudo o que se refere à administração pública. Naquela época, era visão muito restrita a tomada de contas. Como naquela época se tratou de questão que envolveu dinheiro de corrupção muito desvinculado da administração, de sobras de campanha, não eram temas da competência do tribunal. E o TCU era mais tímido também. Então, o processo passou ao largo do TCU. E naquela época a PF era totalmente submetida ao Poder Executivo, não tinha autonomia, não tinha independência. Uma participação naquela época da sociedade civil e da imprensa aquilo foi importante. Lembro da *Veja* que vendeu um milhão de exemplares.

A Lei Orgânica do TCU foi sancionada em julho de 1992, exatamente no período em que a crise política atingia seu momento mais agudo, com o *impeachment* passando a ser inexorável. Parece ser explicação razoável essa? Quero dizer: o TCU estava se organizando, não tinha como participar de um evento político enquanto ele mesmo "saía" do papel.

Anastasia: Isso. Entre a Constituição de 1988 e os primeiros dez anos foram período de consolidação das instituições. O próprio MP era muito débil no começo, estava se estruturando. Há graus paulatinos de institucionalização.

Agora vamos para o *impeachment* da Dilma. Farei descrição e o senhor me diz. Estamos em 2015-2016, os três principais partidos são os mesmos: PSDB, PT e PMDB. Mas, diferente de 1992, eles estão esgarçados, questionados na sociedade, com lideranças envelhecidas ou queimadas. As três principais centrais sindicais quase as mesmas, mas com papéis muito diferentes, sofrendo perda de relevância do movimento sindical. Um processo em que a imprensa perde muita

força, os movimentos sociais perdem força. Mas tem muita gente na rua em 2015-2016, tal como 1992. Agora, no entanto, tem instituições de controle. Não dá para contar a história do *impeachment* da Dilma sem mencionar o TCU, de onde vieram os processos administrativos envolvendo as pedaladas fiscais, o MPF e a PF, com a Lava Jato. O senhor concorda?

Anastasia: Concordo integralmente também. O ambiente de 2016 foi muito diferente de 1992.

Os constituintes queriam instituições de controle, externo e interno, fortes para evitar a repetição do arbítrio.

Anastasia: Faz sentido. Foi um sucesso do anseio constituinte. Bom lembrar que os partidos de esquerda sempre defenderam robustecimento do serviço público, com fortalecimento das carreiras, das instituições, e não só no exercício das políticas públicas. No momento em que defenderam as instituições e as corporações, eles estão ajudando eleitores (risos). Juntava então a fome com a vontade de comer. Mas foi positivo para o Brasil. Na situação pré-1988, as instituições eram frágeis. E não só por culpa dos militares: as instituições já eram fracas antes dos militares, como os episódios dos anos 1950, a novembrada etc., demonstram. A necessidade de termos estrutura estatal ficou clara também pela questão global a partir dos anos 1980. A coincidência negativa, para os parlamentares de esquerda, foi que as instituições funcionaram contra um governo de esquerda anos depois. E veio depois das manifestações de 2013, que ninguém nunca vai entender. Eu era governador de Minas na ocasião e fiquei estarrecido. A omissão do Estado brasileiro em reagir àquilo. Lembro de estar com a presidente da República que a situação era insustentável e a presidente não queria fazer nada. Não houve um alerta de serviço de inteligência, de forças de segurança, não houve nada. De repente, eram centenas de milhares de pessoas contra tudo e contra todos. Todos pelo descrédito dos políticos e dos partidos. Logo depois veio a Lava Jato e houve colapso total das instituições partidárias. Como poder não admite vácuo, os organismos que estavam se constituindo há anos – MPF, PF, TCU – ocuparam aquele espaço.

O papel que as instituições de controle, que ocuparam esse vácuo, elas não voltaram ao papel anterior. À luz do que o senhor já sabe agora, o senhor acha que foi vitória do Constituinte – essas instituições realizam o anseio da Constituição, ainda que com excessos aqui e acolá – ou estava melhor antes?

Anastasia: É claro que estava certo. Ainda que eventuais excessos podem ser coibidos e reformados. Mas é melhor do jeito que está agora. O Brasil não é país isolado do mundo, não somos Paraguai do Solano López. Se observar hoje órgãos de controle na Europa é isso o que ocorre. Instituições robustas com burocracia consolidada. É fundamental para termos estabilidade. Minha bandeira número 1 é ter segurança jurídica e, para isso, precisamos de instituições fortes e estáveis, com previsibilidade da conduta dos agentes. Desse modo, o Constituinte foi vitorioso. Quando ele teve a concepção de um Estado brasileiro forte, era isso que ele pensava. Nosso Estado é forte, tem instrumentos em suas mãos, mas faltam resultados de políticas públicas. Esse é nosso paradoxo.

O TCU nunca teve quadros de envergadura nacional como tem hoje. O senhor foi governador de Minas, senador da República, em idade intelectualmente ativa, ministro do TCU. Dos anos 2010 para cá, mais e mais personalidades assim foram entrando no TCU. E pessoas moldam instituições. Qual é, na visão do senhor, olhando para adiante, tendo os *impeachments*, o papel que o TCU pode exercer?

Anastasia: Agradeço suas palavras. O TCU, ao longo dos últimos 15 anos, teve um espraiamento de sua competência, atribuída pelo legislador. Toda a parte de desestatização, de avaliação de política pública... eu mesmo, como senador, muitas vezes legislava atribuindo competência ao TCU. O TCU tem um dos melhores corpos técnicos de Brasília, bem remunerado e respeitado. E os ministros que tomam as decisões se motivam por isso. O TCU fortalecido atrai mais vontade de participar, ninguém quer ficar em órgão fragilizado. Isso anima. Isso me animou a vir para cá. Você veja o Bruno Dantas, que é muito preparado e muito jeitoso. O próprio José Múcio, que também é muito jeitoso. Esse porvir do TCU caminha com essa visão nova: vamos cada vez mais deixar de sermos uma corte de contas, de ficar verificando contratos, mas ter uma agenda muito maior e mais rica, que envolve a administração como um todo – não ver só se gastou corretamente, mas se gastou com qualidade. Qual é o resultado das políticas públicas? O TCU pode colaborar com a administração. Mantém o papel de controlador, evidentemente, mas permite que seu conhecimento possa se juntar como colaboração no serviço público brasileiro.

6.2 Análise crítica da entrevista

A entrevista com o ministro do TCU, Antonio Anastasia, traz uma série de questões de grande interesse.

A mais evidente delas está em sua concordância com a descrição que fizemos para os dois processos de *impeachment*: a desimportância do TCU para explicar o *impeachment* de Collor em 1992 e a centralidade do mesmo TCU em processo idêntico alguns anos mais tarde (2015-2016). Sua frase, direta e sucinta, resume bem: "Concordo integralmente também. O ambiente de 2016 foi muito diferente de 1992".

Anastasia é um ator-chave para todas as discussões deste livro. Como senador da República, pelo PSDB de Minas Gerais, foi o relator do processo de *impeachment* contra a presidente Dilma Rousseff no momento mais relevante: o julgamento. Cinco anos mais tarde, o próprio Anastasia migrou do Congresso Nacional para o colegiado de ministros do TCU. Esse movimento – um político de grande envergadura nacional deixar a vida parlamentar para ingressar no TCU – é revelador do estado de forças que o Tribunal de Contas da União adquiriu nos últimos anos.

Em seguida, movemos nossa análise para a seguinte resposta, com grifos nossos:

> **Por que o TCU teve pouca participação?**
> **Anastasia**: *O de hoje é robustecido e participa de tudo o que se refere à administração pública. Naquela época, era visão muito restrita a tomada de contas.* Como naquela época se tratou de questão que envolveu dinheiro de corrupção muito desvinculado da administração, de sobras de campanha, não eram temas da competência do tribunal. *E o TCU era mais tímido também.* Então, o processo passou ao largo do TCU. E naquela época a PF era totalmente submetida ao Poder Executivo, não tinha autonomia, não tinha independência. Uma participação naquela época da sociedade civil e da imprensa aquilo foi importante. Lembro da *Veja* que vendeu um milhão de exemplares (destaques nossos).

O trecho acima traz dois pontos de interesse especial. O primeiro está na visão que Anastasia, professor em direito administrativo e, à época (1992), secretário-adjunto de planejamento do governo de Minas Gerais, apresenta do TCU do imediato pós-Constituição: "Era mais tímido", com "visão muito restrita". Fica claro, portanto, que o TCU em 1992 tinha uma postura muito mais coerente com aquela que o TCU tivera por cem anos desde sua introdução em 1891 do que a que viria a ter. Sim, a Constituição de 1988 aumentara o poder de fiscalização do TCU, aumentando sua abrangência institucional, alterando a composição de seu colegiado de ministros e criando um braço especial do Ministério Público para atuar especificamente no controle externo – mas, em 1992, todas essas inovações eram, literalmente, inovações. O novo TCU, aquele que (re)nasce a partir de outubro de 1988, não tinha sequer quatro anos de idade quando do *impeachment* de Fernando Collor.

O trecho que invocamos de Anastasia também traz interesse pela forma como ele, ministro do próprio TCU, avalia o papel do Tribunal de Contas no presente: "O de hoje é robustecido e participa de tudo o que se refere à administração pública". Como vimos, essa postura "robustecida", que "participa de tudo", é fruto da evolução institucional que ocorre desde a Constituição.

A resposta de Anastasia à afirmação sobre o desejo dos constituintes de 1987-1988 de reforçar as instituições de controle será o foco de análise agora:

> **Os constituintes queriam instituições de controle, externo e interno, fortes para evitar a repetição do arbítrio.**
> **Anastasia**: Faz sentido. *Foi um sucesso do anseio constituinte.* Bom lembrar que os partidos de esquerda sempre defenderam robustecimento do serviço público, com fortalecimento das carreiras, das instituições, e não só no exercício das políticas públicas. No momento em que defenderam as instituições e as corporações, eles estão ajudando eleitores (risos). Juntava então a fome com a vontade de comer. Mas *foi positivo para o Brasil. Na situação pré-1988, as instituições eram frágeis*. E não só por culpa dos militares: as instituições já eram fracas antes dos militares, como os episódios dos anos 1950, a novembrada etc., demonstram. A necessidade de termos estrutura estatal ficou clara também pela questão global a partir dos anos 1980. A coincidência negativa, para os parlamentares de esquerda, foi que as instituições funcionaram contra um governo de esquerda anos depois. E veio depois das manifestações de 2013, que ninguém nunca vai entender. Eu era governador de Minas na ocasião e fiquei estarrecido. A omissão do Estado brasileiro em reagir àquilo. Lembro de estar com a presidente da República que a situação era insustentável e a presidente não queria fazer nada. Não houve um alerta de serviço de inteligência, de forças de segurança, não houve nada. De repente, eram centenas de milhares de pessoas contra tudo e contra todos. Todos pelo descrédito dos políticos e dos partidos. *Logo depois veio a Lava Jato e houve colapso total das instituições partidárias. Como poder não admite vácuo, os organismos que estavam se constituindo há anos – MPF, PF, TCU – ocuparam aquele espaço* (destaques nossos).

Anastasia confirma o argumento de que o avanço institucional do controle externo – TCU, MPF e Polícia Federal – atendeu a um desejo dos constituintes. A luta contra o arbítrio estatal, após 21 anos de ditadura militar, impulsionou, como vimos anteriormente, a busca por registrar na Constituição instrumentos fortes de controle externo ao próprio governo. "Foi um sucesso do anseio constituinte", disse Anastasia.

Em seguida, cumpre notar a percepção desse ator-chave para a imensa exposição que TCU, MPF e PF tiveram nos anos críticos de 2014 a 2016, imediatamente após as manifestações antipolítica de 2013: "Logo depois veio a Lava Jato e houve colapso total das instituições partidárias. Como poder não admite vácuo, os organismos que estavam se constituindo há anos – MPF, PF, TCU – ocuparam aquele espaço".

Por fim, destacamos a última resposta de Anastasia, concedida à questão que trata da visão de futuro sobre o TCU:

> **O TCU nunca teve quadros de envergadura nacional como tem hoje. O senhor foi governador de Minas, senador da República, em idade intelectualmente ativa, ministro do TCU. Dos anos 2010 para cá, mais e mais personalidades assim foram entrando no TCU. E pessoas moldam instituições. Qual é, na visão do senhor, olhando para adiante, tendo os *impeachments*, o papel que o TCU pode exercer?**
> **Anastasia:** Agradeço suas palavras. *O TCU, ao longo dos últimos 15 anos, teve um espraiamento de sua competência, atribuída pelo legislador.* Toda a parte de desestatização, de avaliação de política pública... eu mesmo, como senador, muitas vezes *legislava atribuindo competência ao TCU. O TCU tem um dos melhores corpos técnicos de Brasília, bem remunerado e respeitado.* E os ministros que tomam as decisões se motivam por isso. O TCU fortalecido atrai mais vontade de participar, ninguém quer ficar em órgão fragilizado. Isso anima. Isso me animou a vir para cá. Você veja o Bruno Dantas, que é muito preparado e muito jeitoso. O próprio José Múcio, que também é muito jeitoso. *Esse porvir do TCU caminha com essa visão nova: vamos cada vez mais deixar de sermos uma corte de contas, de ficar verificando contratos, mas ter uma agenda muito maior e mais rica, que envolve a administração como um todo – não ver só se gastou corretamente, mas se gastou com qualidade.* Qual é o resultado das políticas públicas? O TCU pode colaborar com a administração. Mantém o papel de controlador, evidentemente, mas permite que seu conhecimento possa se juntar como colaboração no serviço público brasileiro (destaques nossos).

Há três pontos de análise para o que foi levantado por Anastasia no trecho acima. O primeiro deles reside na confirmação do argumento de evolução institucional do TCU. Segundo ele, os últimos 15 anos (isto é, a partir de 2009) foram de "espraiamento" de competências do TCU. Esse foi o período que, como vimos, o TCU focalizou a Fiscobras para as obras do Programa de Aceleração do Crescimento (PAC); introduziu ênfase maior na governança da máquina pública; produziu a auditoria específica das "pedaladas fiscais"; rejeitou duas contas federais. "Eu mesmo", disse Anastasia, "atribuía competências ao TCU", em referência aos anos que passou como senador da República.

O segundo ponto de interesse está na forma como ele vê o quadro técnico do TCU, eixo a partir do qual ajuda a atrair quadros qualificados para seu colegiado de ministros (como os nomes por ele citados, Bruno Dantas e José Múcio). Como vimos, o TCU passou por grande incremento de sua tecnoburocracia, com aumentos salariais, introdução de planos de carreiras e realização de concursos públicos.

O terceiro e último ponto de interesse está em sua visão de futuro do TCU: "Esse porvir do TCU", diz ele, sinaliza que os mais de cem anos restritos a análises cartoriais de contas federais ficarão para trás, em substituição por "uma agenda muito maior e mais rica, que envolve a administração como um todo – não ver só se gastou corretamente, mas se gastou com qualidade".

A julgar pelo comportamento institucional do TCU nos últimos anos, notadamente desde 2015, esse porvir será especialmente ativo.

Jorge Amado estava de mudança quando escreveu seu romance *Os pastores da noite*. Deixava o Rio de Janeiro para voltar a morar na Bahia: comprara terreno na Rua Alagoinhas, no bairro do Rio Vermelho, em Salvador, onde terminaria de levantar residência para morar com Zélia Gattai e filhos. A obra saiu em meados de 1964, período de imensa turbulência política nacional: fora o ano do terrível golpe militar.

O romance traz a indefectível coleção de personagens típicos – e inesquecíveis – criados pelo escritor baiano: bêbados, prostitutas, vagabundos, pescadores, gaiatos e sirigaitas. Ao final, um deles, o Dr. Albuquerque, ganha um emprego curioso.

> O dr. Albuquerque? Teria sido o mestre do direito, o incorruptível bacharel, o único a sair perdendo? Podemos dar a boa notícia: não saiu perdendo pois também ele recebeu sua recompensa. *Surgiu uma vaga no Tribunal de Contas do Estado, e apesar dos numerosos candidatos, o governador recordou-se de seu ex-chefe de polícia e o nomeou.* Se na história da invasão do morro, entre tantos amigos do povo, ele aparece como o bandido, o mau, nem por isso seria justo esquecê-lo na hora da divisão. *No seu alto cargo de conselheiro do Tribunal de Contas, ele espera ser convocado um dia. Candidato das classes conservadoras ao governo do estado, ou mesmo simples secretário de estado ou ainda a volta à chefia de polícia.* Gostaria de voltar, aquela história do jogo do bicho não lhe atravessou ainda na garganta. Dizem por aí estar o governador (e toda a família) a se encher de dinheiro, gorjeta do bicho. Uns canalhas, pensa o dr. Albuquerque ainda de colarinho duro (AMADO, 2009, p. 291, destaques nossos).

O Tribunal de Contas do Estado da Bahia (TCE-BA) fora fundado em 1915, na esteira de fundações de tribunais de contas estaduais que vieram após a "nave-mãe", o TCU, ser criada com a Constituição de 1891. Tal como o próprio TCU, os diferentes TCEs foram majoritariamente repositórios de indicações políticas do governador de plantão em seu corpo diretivo, os conselheiros – em Sakai e Paiva (2016), há uma boa descrição da formação dos tribunais de contas estaduais. Com um corpo técnico de carreira pouco estruturada (os auditores), o TCU e os

TCEs passaram cem anos em relativo ostracismo. A menção de Jorge Amado é uma das raras feitas a tribunais de contas e, até por isso, reveladora: Dr. Albuquerque é um policial sem escrúpulos e sem instrução, que comete algumas atrocidades na famosa cena final que se passa em morro de Salvador. Ele, afinal, termina indicado pelo governador para o tribunal de contas local.

Esse cenário dos tribunais de contas brasileiros começa a mudar a partir de 1988. A Constituição, que é fruto das lutas da sociedade contra o arbítrio da ditadura militar, traz os tribunais de contas para esse novo contexto, em que o controle sobre os atos da administração pública se impõe pela via democrática, como forma de trazer transparência sobre as ações (e omissões) do governo, bem como salvaguardar a sociedade contra o descaminho. Os tribunais de contas, na esteira do empoderamento do Ministério Público, ganham um braço do MP especial: o Ministério Público de Contas.

É a partir desse ponto fundamental que, pouco a pouco, os tribunais de contas passam a ganhar uma musculatura inédita. A Lei Orgânica do TCU, sancionada em julho de 1992, é especialmente simbólica: o tribunal estava literalmente se organizando no exato momento em que o *impeachment* do presidente Fernando Collor ganhava velocidade. Não é à toa, portanto, que aquela imensa crise política que desembocou no afastamento constitucional do presidente tenha sido desatada e terminada sem qualquer participação do TCU no enredo.

Corta para 2015: novo processo de *impeachment* presidencial é aberto na Câmara dos Deputados e, dessa vez, a base fundamental do procedimento é dada por achados do TCU.

Dois processos normativamente idênticos (*impeachment* de presidentes); sob a mesma Constituição (1988); sob a mesma lei específica (Lei nº 1.079, de 1950); tendo a mesma Casa acusadora (Câmara dos Deputados); a mesma Casa julgadora (Senado Federal); com processo observado pessoalmente pelo presidente do Supremo Tribunal Federal; que se encerraram com os afastamentos dos presidentes (Collor em 1992; Dilma em 2016) e com as posses dos respectivos vices (Itamar Franco e Michel Temer).

Por que, então, em um o TCU foi simplesmente desimportante e noutro ele foi fundamental? O que ocorreu no meio do caminho?

Essas são perguntas que nos nortearam neste livro. Era nosso objetivo primordial confirmar o argumento de que o TCU fora, de fato, irrelevante no *impeachment* de 1992 e fundamental no processo de

2015-2016. Se isso não estivesse devidamente confirmado, chancelado, não teríamos uma tese de doutorado de pé – e, consequentemente, este livro.

Por essa razão, a parte 5 constitui justamente o "coração" de todo esse esforço de reflexão. Foi nesse momento que testamos o argumento com atores-chave: personalidades políticas que estiveram no primeiro plano nos dois *impeachments*. Verificamos junto aos três principais partidos políticos brasileiros (MDB, PT e PSDB) e às duas maiores centrais sindicais do país (CUT e Força Sindical).

As entrevistas foram especialmente relevantes. O argumento do livro ficou confirmado, tal como *pilotis* para os prédios de Brasília (ou do Parque Guinle, no Rio de Janeiro). Vicentinho (dirigente nacional da CUT em 1992 e deputado federal pelo PT em 2016); Luiz Antônio Medeiros (presidente da Força Sindical em 1992 e dirigente da central em 2016); Wellington Moreira Franco (dirigente nacional do PMDB em 1992 e em 2016, tendo assumido ministério pouco depois do *impeachment*); José Aníbal (dirigente nacional do PSDB em 1992 e senador tucano em 2016) – todos confirmaram o argumento da desimportância do TCU em 1992 e de sua relativa centralidade em 2015-2016. Na parte 6, uma entrevista especialmente simbólica foi apresentada: com Antonio Anastasia (secretário-adjunto de planejamento do governo mineiro em 1992; senador pelo PSDB em 2016, tendo sido o relator do processo de *impeachment* no julgamento de Dilma Rousseff). Além do papel central desempenhado no *impeachment* de 2015-2016, Anastasia depois passou a ser ministro do TCU, indicado pelo Congresso Nacional em 2021. Ele concedeu a entrevista de dentro de seu gabinete, na sede do tribunal.

A parte 3 traz justamente o avanço institucional do TCU no período em tela: entre 1992 e 2015. Verificamos, ali, a literatura específica sobre o TCU, em particular aquela que ancora os passos institucionais que entendo ser realmente relevantes para explicar esse agigantamento do tribunal. É quando a tese aqui apresentada adquire mente pensante.

Verificamos, com este livro, que o TCU de fato passou a ocupar um papel institucional e político que antes fora ocupado pelos partidos políticos e pelos movimentos sociais. As investigações que desembocaram no *impeachment* de Fernando Collor vieram do Congresso Nacional, com a CPI do PC Farias, movida fundamentalmente pelos partidos de oposição (MDB-PMDB e PT, à frente, mas também o PSDB), com papel importante desempenhado pela imprensa e pelos movimentos sociais. Sem os movimentos – sindical e estudantil, principalmente –, a mobilização social que tomou as ruas brasileiras em agosto e setembro de 1992 não teria ocorrido com a força que ocorreu.

É digno de nota que o *impeachment* de 1992 seja parte do mesmo fio da meada das lutas sociais e políticas pela redemocratização. As principais lideranças políticas do país estavam envolvidas desde o fim dos anos 1970 na abertura: os sindicatos (que gerariam o PT), a disputa no Congresso (liderada pelo MDB-PMDB) e as manifestações pelas *Diretas Já* (1983-1984). Esse movimento todo, em todas as frentes, levou à redemocratização de 1985, à Constituinte de 1987-1988, às eleições diretas de 1989 e, por fim, ao *impeachment* de 1992.

O TCU efetivamente "nasceu" com os poderes ampliados pela Constituição de 1988. Como vimos, na literatura pesquisada e no que nos disseram os entrevistados, os constituintes esperavam, sim, dotar as instituições de controle externo da administração pública – principalmente o Ministério Público Federal e o TCU – de poderes grandes. Os constituintes, afinal, vinham de duas décadas de autoritarismo, de Estado agigantado e descontrolado. O Estado que tudo podia e que não prestava contas a ninguém. O controle do Estado, portanto, era visto como um valor positivo no Constituinte.

Dessa forma, a evolução institucional do TCU a partir dos anos 1990 atende a esse anseio do constituinte. A evolução segue o que está na Constituição e, a partir dela, uma série de leis ordinárias e de organizações internas (como a melhoria das carreiras) foram produzidas.

Em 2015-2016, quando do *impeachment* de Dilma Rousseff, o cenário era muito distinto daquele de 1992. A despeito da Constituição ser a mesma; da lei do *impeachment* ser a mesma; do processo iniciar da mesma forma (Câmara dos Deputados) e terminar da mesma maneira (com julgamento realizado no Senado Federal, sob observância pessoal do então presidente do Supremo Tribunal Federal); dos maiores partidos políticos e das maiores centrais sindicais serem os mesmos; a despeito disso tudo, o cenário era muito distinto. Isso também foi confirmado nas entrevistas junto aos atores-chave.

As principais lideranças sobreviventes dos maiores partidos políticos e das maiores centrais não gozavam, em 2015-2016, da mesma estima pública que detinham em 1992, após liderarem as lutas contra a ditadura militar. Da mesma forma, as instituições de controle externo estavam fortalecidas por instrumentos legais e por amparo social. O efeito substituição foi nítido.

Concluída a tese que embala este livro, encaramos duas questões: as limitações e as novas searas de pesquisas. Comecemos pelas limitações. Me propus, inicialmente, a incluir entrevistas com jornalistas dos três maiores jornais nacionais do país (*O Estado de S. Paulo*, *O Globo* e *Folha de S. Paulo*) para verificar como eles, observadores atentos da realidade, perceberam o papel do TCU nos dois processos de *impeachment*. Por limitações técnicas (mudança profissional relevante de 2022 para 2023), fui forçado a restringir minhas ambições iniciais.

Há novas searas para pesquisas envolvendo nosso objeto. Uma delas envolve a realização de entrevistas junto a pessoas que faziam parte do TCU naqueles anos iniciais "pós-nascimento", isto é, entre 1988 e o *impeachment* de 1992. Como o TCU daquele período via a si mesmo? Outra seara envolve a verificação aprofundada dos passos dados pelo TCU após o *impeachment* de Dilma Rousseff. O período coberto neste livro é encerrado com o afastamento constitucional de Dilma, com a posse de seu vice-presidente, Michel Temer. Trata-se de um evento ocorrido em agosto de 2016. Como continuou a evoluir o TCU nos últimos oito anos? Novas leis vieram a partir do Congresso Nacional e/ou do Executivo Federal ampliando ainda mais os poderes do TCU? Essas são algumas perguntas que podem nortear. Uma delas, aliás, traz especial inquietação intelectual neste autor: a Lei nº 14.133, de 2021, que criou a "Nova Lei de Licitações". Alguns autores têm visto nela limitações inconstitucionais aos poderes dos tribunais de contas (NUNES, 2025). Uma investigação, portanto, sobre o que tem ocorrido no sistema de tribunais de contas desde o fim de 2016 atualizaria a tese aqui defendida.

Por fim, uma terceira seara possível seria a utilização de métodos quantitativos para testar hipóteses sobre a evolução institucional do TCU desde 1988 – quantidade de processos analisados ano a ano; foco crescente em assuntos de efetividade de políticas públicas etc.

Este é um livro cuja tese é de inspiração essencialmente qualitativa, baseada em análise histórica a partir do método do fato histórico novo e da realização – e análise crítica – de entrevistas com atores-chave de nossa elite política e social. A evolução institucional do TCU é, por excelência, um tema que precisa ser encarado historicamente. O fato de termos participado de um dos casos pesquisados como contemporâneos dos acontecimentos enquanto eles se desenrolavam (e, portanto, seu final era desconhecido) confere um caráter adicional do termo histórico.

O TCU que emergiu de 2015-2016, nos parece, veio para ficar. Ainda que novas frentes políticas do debate público incluam formas de atender ao dilema de Bobbio (quem controla o controlador?), não parece crível imaginar que o TCU voltará, em futuro próximo, ao papel de desimportância que ocupava em 1992. Não. O novo TCU veio para ficar. Em 2024, apenas para citar dois exemplos – entre tantos –, o TCU esteve envolvido nas ações públicas de combate às inundações no Rio Grande do Sul e à dura estiagem na Amazônia e no Pantanal. A fiscalização de ações públicas climáticas, aliás, é uma nova fronteira de atuação do TCU,[59] como tem frisado recentemente seus presidentes (Bruno Dantas, até dezembro de 2024; Vital do Rêgo, a partir de janeiro de 2025).

Está claro que este TCU – grande, forte e relevante – veio para ficar.

Por outro lado, os partidos políticos não estão, no tempo presente, chamuscados e dilacerados como estavam em 2015-2016, quando caminhávamos lamentavelmente para uma sina terrível: a eleição de um candidato abertamente fascista na disputa presidencial de 2018. Embora tenhamos pela frente uma longa ladeira de fortalecimento de nossos partidos políticos e seria salutar que abríssemos, nacionalmente, um debate sobre regimes de governo – presidencialismo, semipresidencialismo ou parlamentarismo –, é fato que estamos, hoje, em um cenário muito mais leve e construtivo do que estávamos alguns anos atrás.

Há um redesenho institucional, na sociedade, em curso. As redes sociais têm agravado um recorte mais individualista, com *influencers* e *coaches* pregando ascensão social e prometendo riqueza a um universo mais difuso (porque individualista) e multifacetado (porque identitário – à esquerda e à direita). Essa formatação social dificulta a agregação de interesses por parte de organizações, sejam elas partidárias, sejam elas sindicais (patronais e laborais), sejam elas religiosas, sejam elas como forem. As instituições formais, todas elas, avançarão adiante em um

---

[59] Como apontou Bruno Dantas em entrevista ao jornal *Correio Braziliense*: "O mundo vive um momento de extremos climáticos – ou seja, aquilo que era extremo agora é normal. Então, precisamos de políticas públicas dedicadas a esse novo normal. E o papel do TCU também é de fiscalizar a eficiência das políticas públicas. Por isso, preside uma auditoria global – que conta com 195 países que estão dispostos a discutir medidas para combater as mudanças climáticas – chamada Organização Internacional das Entidades Fiscalizadoras Superiores (Intosai, em inglês) junto à ONU. Desenvolvemos uma metodologia que chamamos de Scanner do Clima, estruturada em três grandes eixos: políticas públicas, financiamento e governança. Tem a função de entender as estruturas, os planos e os investimentos da questão climática em cada país". Trecho retirado de *Correio Braziliense,* 05.09.2024 (Bruno Dantas: "Vivemos um drama humano com as mudanças no clima").

quadro muito diferente daquelas em que foram forjadas nos últimos dois séculos.

Entre as centrais sindicais, um redesenho está no porvir, envolvendo muito possivelmente a união de agremiações em torno de duas ou três, mas a principal discussão que se colocará estará assentada em duas pernas: formas de representação de empreendedores individuais e como financiar a atividade sindical.

Já do lado dos partidos políticos, o quadro é ainda mais curioso. Das cinco forças partidárias que lideraram a redemocratização – MDB, PT, PFL, PDT e PSDB –, restam, na prática, apenas as duas primeiras. Por uma série de fatores, o PFL deixou de existir. Sua mudança inicial, de PFL para DEM em 2007, manteve as bandeiras originais, mas sua transformação mais recente – a unificação com o PSL, formando o União Brasil em 2021 – terminou por descaracterizar a lógica original. Já o PDT e o PSDB "respiram por aparelhos": as siglas permanecem as mesmas, mas os resultados eleitorais têm sido frágeis e decrescentes, com o ciclo municipal de 2024 indicando certo ocaso das duas siglas.

Por outro lado, MDB e PT resistem. O PT governa o Poder Executivo Federal, com Luiz Inácio Lula da Silva e diversos governos estaduais (Bahia, Ceará, Piauí, Rio Grande do Norte); o MDB conta com o maior número de prefeitos, vice-prefeitos e vereadores no país todo, além de liderar a maior cidade do continente, São Paulo, bem como outras capitais (Porto Alegre, Belém, Boa Vista e Macapá), além de três governos estaduais (Alagoas, Distrito Federal e Pará). No caso federal, o presidente Lula apoia-se, desde o início de seu terceiro mandato, em ministros do MDB.

Por este prisma final, vemos que a roda viva da história política permanece relativamente intacta, a despeito de, como vimos, sabermos com firmeza que nada será como antes.

REFERÊNCIAS

ABBOUD, Georges. *Processo constitucional brasileiro*. São Paulo: Revista dos Tribunais, 2016.

ABERS, Rebecca Neaera. Ação criativa em ecologias complexas: a construção da autoridade prática de políticas associativas. *In*: TATAGIBA, Luciana; TEIXEIRA, Ana Claudia Chaves (orgs.). *Movimentos sociais e políticas públicas*. São Paulo: UNESP Editora, 2021.

ABERS, Rebecca; ALBUQUERQUE, Maria do Carmo; CARLOS, Euzeneia; DOWBOW, Monika; ROMÃO, Wagner; SILVA, Marcelo Kunrath; TATAGIBA, Luciana; TEIXEIRA, Ana Claudia. Introdução. *In*: TATAGIBA, Luciana; TEIXEIRA, Ana Claudia Chaves (orgs.). *Movimentos sociais e políticas públicas*. São Paulo: UNESP Editora, 2021.

ABRAMOVAY, Ricardo. *Amazônia*: por uma economia do conhecimento da natureza. São Paulo: Elefante, 2020.

ABRANCHES, Sérgio. *Presidencialismo de coalizão*: raízes e evolução do modelo político brasileiro. São Paulo: Companhia das Letras, 2018.

ABRANCHES, Sergio Henrique. O presidencialismo de coalizão: o dilema institucional brasileiro. *Dados*, v. 31, n. 1, p. 5-33, 1988.

ABREU, Marcelo de Paiva (org.). *A ordem do progresso*: dois séculos de política econômica no Brasil. Porto Alegre: Elsevier, 2014.

ALONSO, Angela. *Treze*: a política de rua de Lula a Dilma. São Paulo: Companhia das Letras, 2023.

ALVES, Giovanni. Trabalho e sindicalismo no Brasil dos anos 2000: dilemas da era neoliberal. *In*: ANTUNES, R. (org.). *Riqueza e Miséria do Trabalho no Brasil*. São Paulo: Boitempo Editorial, 2006. p. 461-474.

ALVES, Giovanni. *O novo (e precário) mundo do trabalho*. São Paulo: Boitempo Editorial, 2000.

AMADO, Jorge. *Os pastores da noite*. São Paulo: Companhia das Letras, 2009.

ANDRADA, Bonifácio. *Mecanismos internos do impeachment*. Tese de Doutorado. Faculdade de Direito da USP, 2020.

ANDRÉS, Roberto. *A razão dos centavos*: crise urbana, vida democrática e as revoltas de 2013. Rio de Janeiro: Editora Zahar, 2023.

ANTUNES, Ricardo (org.). *Riqueza e Miséria do Trabalho no Brasil*. São Paulo: Boitempo Editorial, 2006. 474p.

ARANTES, Rogério Bastos. *Ministério Público e política no Brasil*. São Paulo: FFLCH-USP, 2000. 252p.

ARANTES, Rogério Bastos; LOUREIRO, Maria Rita; COUTO, Cláudio; TEIXEIRA, Marco Antonio Carvalho. Controles democráticos sobre a administração pública no Brasil: Legislativo, tribunais de contas, Judiciário e Ministério Público. *In*: LOUREIRO, Maria Rita; ABRUCIO, Fernando Luiz; PACHECO, Regina Silvia (orgs.). *Burocracia e política no Brasil*: desafios para a ordem democrática no século XXI. Rio de Janeiro: Editora FGV, 2010. p. 109-147.

ARIDA, Persio. Um estranho conceito. *In*: BIDERMAN, Ciro; COZAC, Luis Felipe L.; REGO, José Marcio. *Conversas com economistas brasileiros*: nova edição. São Paulo: Editora 34, 2024. p. 23-54.

ASSONI FILHO, Sérgio. *Transparência fiscal e democracia*. Porto Alegre: Nuria Fabris Editora, 2009.

AVELAR, Idelber. *Eles em nós*: retórica e antagonismo político no Brasil do século XXI. Rio de Janeiro: Record, 2021.

BARROS, Celso Rocha de. *PT, uma história*. São Paulo: Companhia das Letras, 2022.

BARROS, Daniel. *País mal educado*. Rio de Janeiro: Record, 2018.

BASTOS, Oliveira. *Sarney*: o outro lado da história. Rio de Janeiro: Nova Fronteira, 2001.

BAUMGARTNER, Jody C.; KADA, Naoko. *Checking executive power*: presidential impeachment in comparative perspective. Santa Bárbara, CA: Praeger Publishers, 2003. *E-book*.

BERGER, Raoul. *Impeachment*: the constitutional problems. Cambridge: Harvard University, 1973.

BLACK JUNIOR, Charles L. *Impeachment*: a handbook. New Haven, CT: Yale University, 1974.

BLAY, Eva Alterman. A participação das mulheres na redemocratização. *In*: FLEISCHER, David (org.). *Da distensão à abertura*: as eleições de 1982. Brasília: Editora Universidade de Brasília, 1988. p. 185-206.

BLECHER, Nelson. Lendas envolvem as tiragens do passado. *Folha de S. Paulo*, São Paulo, 21 ago. 1994. Disponível em: https://www1.folha.uol.com.br/fsp/1994/8/21/brasil/10.html.

BOBBIO, Norberto. *Direito e Estado no pensamento de Emanuel Kant*. São Paulo: Mandarim, 2000.

BONAVIDES, Paulo; PAES DE ANDRADE, Antônio. *História Constitucional do Brasil*. São Paulo: Paz e Terra, 1991.

BRASIL. Constituição (1988). *Constituição da República Federativa do Brasil*. Brasília, DF: Senado Federal, Centro Gráfico, 1988.

BRASIL. Congresso Nacional. Senado Federal. *Anais do Senado Federal*, livro 6, 1948, p. 290-292.

BRESSER-PEREIRA, Luiz Carlos. *A construção política e econômica do Brasil*. São Paulo: Editora 34, 2021.

BRESSER-PEREIRA, Luiz Carlos. Os três ciclos da sociedade e do estado. *Perspectivas: Revista de Ciências Sociais*, v. 41, p. 1-37, 2012.

BRESSER-PEREIRA, Luiz Carlos. Os limites da "abertura" e a sociedade civil. *In*: FLEISCHER, David (org.). *Da distensão à abertura*: as eleições de 1982. Brasília: Editora Universidade de Brasília, 1988. p. 17-35.

BRITTO JÚNIOR, Álvaro Francisco; FERES JÚNIOR, Nazir. A utilização da técnica da entrevista em trabalhos científicos. *Revista Evidência*, v. 7, n. 7, 2011, Araxá, p. 237-250.

BROSSARD, Paulo. *Impeachment*. São Paulo: Saraiva, 1992.

BUGARIN, Bento José. O controle externo no Brasil: evolução, características e perspectivas. *Revista do TCU*, n. 86, p. 338-352, 2000.

CABRAL, Flávio Garcia. *O Tribunal de Contas da União na Constituição Federal de 1988*. São Paulo: Editora Verbatim, 2014.

CAMARGO, Erney Plessmann de. SBPC e a Constituição Cidadã de 1988. *In*: GIL, Áurea; ROMA, Bruno de Andrea; MOREIRA, Ildeu de Castro. *A SBPC e a Constituição Brasileira*. São Paulo: SBPC, 2022.

CAPOBIANCO, João Paulo. *Amazônia*: uma década de esperança. São Paulo: Estação Liberdade, 2021.

CARAZZA, Bruno. *Dinheiro, eleições e poder*. São Paulo: Companhia das Letras, 2018.

CARAZZA, Bruno. *O país dos privilégios*: volume 1: os novos e velhos donos do poder. São Paulo: Companhia das Letras, 2024.

CARDOSO, Débora Freire. *Capital e trabalho no Brasil do século XXI*: o impacto de políticas de transferência e de tributação sobre a desigualdade, consumo e estrutura produtiva. Tese (Doutorado em Economia) – Universidade Federal de Minas Gerais, 2016.

CARDOSO, Fernando Henrique. *Um intelectual na política*: memórias. São Paulo, Companhia das Letras, 2021.

CARDOSO, Fernando Henrique. *Crise e reinvenção da política no Brasil*. São Paulo: Companhia das Letras, 2018.

CARDOSO, Fernando Henrique. Dependência e democracia. *In*: FLEISCHER, David (org.). *Da distensão à abertura*: as eleições de 1982. Brasília: Editora Universidade de Brasília, 1988. p. 37-60.

CARLOS, Euzeneia; DOWBOR, Monika; ALBUQUERQUE, Maria do Carmo. Movimentos sociais e seus efeitos nas políticas públicas: balanço do debate e proposições analíticas. *In*: TATAGIBA, Luciana; TEIXEIRA, Ana Claudia Chaves (orgs.). *Movimentos sociais e políticas públicas*. São Paulo: UNESP Editora, 2021.

CARVALHO, Luiz Maklouf. *1988*: segredos da constituinte. Rio de Janeiro: Record, 2017.

CAVA, Bruno. *A multidão foi ao deserto*: as manifestações no Brasil em 2013. São Paulo: Annablume Editora, 2014.

CHAGAS, Carulina de Freitas. *A responsabilização dos agentes públicos pelo TCU*: o direito administrativo do medo e o apagão das canetas à luz do art. 28 da LINDB. Monografia em Direito. Universidade Federal de Minas Gerais, 2021. Repositório Institucional da UFMG. Disponível em: https://repositorio.ufmg.br/handle/1843/39026.

COLLEY, Linda. *A letra da lei*: guerras, constituições e a formação do mundo moderno. Rio de Janeiro: Zahar Editora, 2022.

COLLIER, David. The comparative method. *In*: FINIFTER, Ada W. (ed.). *Political science*: the state of Discipline II. Washington: American Political Science Association, 1993.

COLLIER, Ruth Berins; COLLIER, David. *Shaping the Political Arena*: Critical Junctures, the Labor Movement, and Regime Dynamics in Latin America. University of Notre Dame Press, 2002.

CONTI, Mário Sérgio. *Notícias do Planalto*. São Paulo: Companhia das Letras, 1999.

CONTI, Mário Sérgio. *Notícias do Planalto*. São Paulo: Companhia das Letras, 2012.

COUTINHO, Doris. O Controle do Juízo Fiscal. *Valor Econômico*, 17 ago. 2017. Disponível em: http://www.valor.com.br/legislacao/5083194/o-controle-do-juizo-fiscal.

CRUZ, Rachel. Carreiras burocráticas e suas transformações: o caso dos gestores governamentais no Brasil. *In*: LOUREIRO, Maria Rita; ABRUCIO, Fernando Luiz; PACHECO, Regina Silvia (orgs.). *Burocracia e política no Brasil*: desafios para a ordem democrática no século XXI. Rio de Janeiro: Editora FGV, 2010.

DAL POZZO, Gabriela Tomaselli Bresser Pereira. *As funções do Tribunal de Contas e o Estado brasileiro*. Belo Horizonte: Editora Fórum, 2010.

DALLARI, Adilson Abreu. Privatização, eficiência e responsabilidade. *In*: MOREIRA NETO, Diogo de Figueiredo (coord.). *Uma avaliação das tendências contemporâneas do direito administrativo*. Rio de Janeiro: Renovar, 2003.

DALLARI, Dalmo de Abreu. *Elementos de Teoria Geral do Estado*. São Paulo: Editora Saraiva, 2016.

DANTAS, Bruno. *Consensualismo na administração pública e regulação*: reflexões para um Direito Administrativo do século XXI. Belo Horizonte: Fórum Editora, 2023.

DANTAS, Bruno; DIAS, Frederico. O TCU está para a Lei de Responsabilidade Fiscal assim como o STF está para a Constituição Federal. *In*: COÊLHO, Marcus V. F.; ALLEMAND, Luiz C.; ABRAHAM, Marcus. *Responsabilidade fiscal*: análise da Lei Complementar nº 101/2000. Brasília: OAB – Conselho Federal, 2016. p. 102.

DORNELLES, Francisco. *O poder sem pompa*. 1. ed. Rio de Janeiro: Top Books Editora, 2022.

DUARTE, Rosália. Entrevistas em pesquisas qualitativas. *Educar em Revista*, n. 24, p. 213-225, jul. 2004.

DUNN, Kevin. Interviewing. *In*: HAY, Iain (ed.). *Qualitative research methods in human geography*. Oxford: Oxford University Press, 2000.

FAORO, Raymundo. *A República em transição*: poder e direito no cotidiano da democratização brasileira (1982 a 1988). Rio de Janeiro: Record, 2018.

FERNANDES, Florestan. O produto final. *Folha de S. Paulo*, São Paulo, seção Tendências & Debates, 12 set. 1988.

FERNANDES, José Augusto C. (org). *A arte da política econômica*: depoimentos à Casa das Garças. Rio de Janeiro: História Real, 2023.

FOGAÇA, Beto; RAMIL, Kleiton. Aprendizes da Esperança. Intérprete: Fafá de Belém. *In*: *Aprendizes da Esperança*. Rio de Janeiro: Som Livre, 1985. 1 disco de vinil. Faixa 6.

FRAGA, Plínio. *Tancredo Neves*: o príncipe civil. São Paulo: Objetiva, 2017.

FRANCO, Gustavo. *A moeda e a lei*: uma história monetária brasileira (1933-2013). Rio de Janeiro: Zahar Editora, 2017. *E-book*.

FURTADO, Celso. *Criatividade e dependência na civilização industrial*. São Paulo: Companhia das Letras, 2008.

GAETANI, Francisco; LAGO, Miguel. *A construção de um Estado para o século XXI*. São Paulo: Cobogó Editora, 2022.

GASPAR, Malu. *A organização*: a Odebrecht e o esquema de corrupção que chocou o mundo. São Paulo: Companhia das Letras, 2020.

GERHARDT, Michael J. *Impeachment*: what everyone needs to know. Oxford University Press, 2018.

GODOI, A. S. F. O método do fato histórico novo. *In*: NAKANO, Yoshiaki; REGO, José Marcio; FURQUIM, Lílian (org.). *Em busca do novo*: o Brasil e o desenvolvimento na obra de Bresser-Pereira. 1. ed. Rio de Janeiro: Editora FGV, 2004. p. 113-128.

GOHN, Maria da Glória. *Manifestações de junho de 2013 no Brasil e praças dos indignados no mundo*. Rio de Janeiro: Editora Vozes, 2014.

JOURDAN, Camila. *2013*: memórias e resistências. São Paulo: Editora Circuito, 2018.

KELMAN, Jerson. O apagão das canetas e o papel do TCU na busca de consensos. *Brasil Energia*, 2023. Disponível em: https://editorabrasilenergia.com.br/apagao-das-canetas-e-papel-do-tcu-na-busca-de-consenso/.

KINGDON, J. W. *Agendas, alternatives and public policies*. New York: Harper Collins College Publishers, 1995.

KUHN, Christian Velloso. *Governo Figueiredo*: política econômica e ciclo político-eleitoral. São Paulo: Paco Editorial, 2020.

LAMOUNIER, Bolívar. Antecedentes, riscos e possibilidades do governo Collor. *In*: LAMOUNIER, Bolívar (org.). *De Geisel a Collor*: o balanço da transição. São Paulo: Sumaré, 1990.

LEVITSKY, Steven; ZIBLATT, Daniel. *Como as democracias morrem*. São Paulo: Companhia das Letras, 2018.

LÍCIO, Elaine; RENNÓ, Lucio R.; DE CASTRO, Henrique Carlos de O. Bolsa Família e Voto na Eleição Presidencial de 2006: em busca do elo perdido. *Opinião Pública*, v. 15, n. 1, 2009.

LIMA, Luiz Henrique (org.). *Tribunais de Contas*: temas polêmicos na visão de ministros e conselheiros substitutos. Belo Horizonte: Fórum Editora, 2018.

LIMA, Edilberto Carlos Pontes (org.). *Os tribunais de contas e as políticas públicas*. Belo Horizonte: Fórum, 2023.

LIMONGI, Fernando. *Operação impeachment*: Dilma Rousseff e o Brasil da Lava Jato. São Paulo: Todavia, 2023.

LIMONGI, Fernando; FIGUEIREDO, Argelina Cheibub. *Executivo e Legislativo na nova ordem constitucional*. Rio de Janeiro: FGV Editora, 1999.

LÔBO, Cristiana; FERNANDES, Diana. *O que vi dos presidentes*: fatos e versões. São Paulo: Planeta do Brasil, 2023.

LOPES JR., Eduardo Monteiro. *A judicialização da política no Brasil e o TCU*. Rio de Janeiro: Editora FGV, 2007.

LOUREIRO, Maria Rita; ABRUCIO, Fernando Luiz; PACHECO, Regina Silvia (orgs.). *Burocracia e política no Brasil*: desafios para a ordem democrática no século XXI. Rio de Janeiro: Editora FGV, 2010.

LYRA, Fernando. *Daquilo que eu sei*: Tancredo e a transição democrática. São Paulo: Editora Iluminuras, 2009.

MACIEIRA, Leonardo dos Santos. Auditor constitucional dos tribunais de contas: natureza e atribuições. *Revista do TCU*, Brasília, n. 116, set./dez. 2009.

MACIEL, David. *De Sarney a Collor*: reformas políticas, democratização e crise (1985-1990). São Paulo: Alameda Casa Editorial, 2012.

MAFEI, Rafael. *Como remover um presidente*: teoria, história e prática do impeachment no Brasil. Rio de Janeiro: Zahar Editora, 2021.

MALAN, Pedro. *Uma certa ideia de Brasil*: entre passado e futuro. São Paulo: Intrínseca, 2018.

MARCHI, Carlos. *Senhor República*: a vida aventurosa de Teotônio Vilela, um político honesto. Rio de Janeiro: Record, 2017.

MARTINS, Carlos Estevam. Governabilidade e controles. *Revista de Administração Pública*, Rio de Janeiro, v. 23, n. 1, 1989.

MATTOS, Pedro Lincoln. A entrevista não-estruturada como forma de conversação: razões e sugestões para sua análise. *Revista de Administração Pública*, vol. 39, n. 4, p. 823-847, jul./ago. 2005, Rio de Janeiro.

MCCUBBINS, Matthew; SCHWARTZ, Thomas. Congressional Oversight Overlooked: Police Patrols versus Fire Alarms. *American Journal of Political Science*, vol. 28, 1984.

MEDAUAR, Odete. *Controle da Administração Pública*. São Paulo: Revista dos Tribunais, 1993.

MEIRELLES, Henrique. *Calma sob pressão*. São Paulo: Planeta, 2024.

MELHEM, Célia Soibelmann. *Política de botinas amarelas*: o MDB-PMDB paulista de 1965 a 1988. São Paulo: Editora Hucitec, 1998.

MELHEM, Célia Soibelmann. *Política de botinas amarelas*: o MDB-PMDB paulista de 1965 a 1988. São Paulo: Hucitec, 1998 *apud* KINZO, M. D'Alva Gil. *Oposição e autoritarismo*: gênese e trajetória do MDB. São Paulo: Idesp, 1988.

MELO, Carlos. *Collor*: o ator e suas circunstâncias. São Paulo: Novo Conceito, 2007.

MELO, Marcus André. A democracia liberal no Brasil. *Folha de São Paulo*, São Paulo, 7 jan. 2019. Disponível em: https://www1.folha.uol.com.br/colunas/marcusmelo/2019/01/a-democracia-liberal-no-brasil.shtml. Acesso em: 17 dez. 2023.

MINICHIELLO, Victor; ARONI, Rosalie; TIMEWELL, Eric; ALEXANDER, Loris. *In-depth Interviewing*: Principles, Techniques, Analysis. Austrália: Pearson Education, 1995.

MONTESQUIEU, Barão de. *O espírito das leis*. São Paulo: Martin Claret, 2002.

NASSIF, Luis. *A conspiração Lava Jato*: o jogo político que comprometeu o futuro do país. São Paulo: Contracorrente, 2024.

NEWING, Helen. *Conducting Research in Conservation*: Social Science Methods and Practice. 1. ed. [S.l.]: Routledge, 2011.

NICOLAU, Jairo. *Representantes de quem?* Rio de Janeiro: Zahar, 2017.

NOBRE, Marcos. *Limites da democracia*: de junho de 2013 ao governo Bolsonaro. São Paulo: Todavia, 2022.

NORTH, Douglass C. *Instituições, mudança institucional e desempenho econômico*. São Paulo: Três Estrelas, 2018.

NUNES, Edson de Oliveira. *A gramática política do Brasil*: clientelismo, corporativismo e insulamento burocrático. 5ª edição. Rio de Janeiro: Garamond Editora, 2017.

NUNES, Felipe; TRAUMANN, Thomas. *Biografia do abismo*: como a polarização divide famílias, desafia empresas e compromete o futuro do Brasil. Rio de Janeiro: HarperCollins Brasil, 2023.

NUNES, Samuel Cotinguiba. Os limites à autonomia dos tribunais de contas. *Migalhas*, 10 jan. 2025. Disponível em: https://www.migalhas.com.br/depeso/422720/os-limites-a-autonomia-dos-tribunais-de-contas. Acesso em: 13 jan. 2025.

O GLOBO. *Edição de 17 de julho de 1992*. Rio de Janeiro, sexta-feira, 17 de julho de 1992b.

O GLOBO. *Edição de 16 de julho de 1992*. Rio de Janeiro, quinta-feira, 16 de julho de 1992a.

OLIVEIRA, Odilon Cavallari. Alterações à Lei de Introdução às Normas do Direito Brasileiro e Controle. *In*: GRAZIANE PINTO, Élida; SARLET, Ingo Wolfgang; PEREIRA JÚNIOR, Jessé Torres; OLIVEIRA, Odilon Cavallari. *Política pública e controle*: um diálogo interdisciplinar em face da Lei nº 13.655/2018, que alterou a Lei de Introdução às Normas do Direito Brasileiro. Belo Horizonte: Editora Fórum, 2018. p. 23-86.

PASCOAL, Valdecir. *Uma nova primavera para os tribunais de contas*: artigos, discursos e entrevistas. Belo Horizonte: Editora Fórum, 2018.

PAULINO, Lucas. *Presidencialismo Democrático, Crise Política e as Circunstâncias do Impeachment*. Tese de Doutorado. Universidade Federal de Minas Gerais (UFMG), 2021.

PAULINO, Lucas. *Presidencialismo e impeachment*: teoria, história e prática constitucional. Belo Horizonte: Conhecimento Editora, 2024.

PEREIRA, Sandro Rafael Matheus. "Apagão das canetas", inovação e controle externo: o que os gestores têm a dizer? *Consultor Jurídico*, 2022. Disponível em: https://www.conjur.com.br/2022-jul-21/matheus-pereira-inovacao-controle-externo/.

PÉREZ-LIÑÁN, Aníbal. *Presidential impeachment and the new political instability in Latin America*. Cambridge, 2007.

PERRUSO, Marco Antonio; NARVAES, Viviane Becker. Les journées de (depuis) juin 2013 em Brésil(s): *Sciences Humaines et Sociales*, No 7, 2015, p. 19-38.

PESSOA, Samuel. Lula e não Dilma iniciou desorganização macro. *Folha de S. Paulo*, São Paulo, 28 out. 2023. Disponível em: https://www1.folha.uol.com.br/colunas/samuelpessoa/2023/10/lula-e-nao-dilma-iniciou-desorganizacao-macro.shtml. Acesso em: 29 out. 2023.

PISCITELLI, Tathiane. *Direito Financeiro*. 6. ed. Rio de Janeiro: Método, 2017.

PLAYBOY. São Paulo: Abril, out. 1987.

PLEBE RUDE. Até Quando Esperar. Composição: WOORTMANN, Carlos Augusto; SEABRA, Philippe; MULLER, André. *In*: *O Concreto Já Rachou*. [S.l.]: EMI, 1986. LP e CD.

PRADO, Maria Clara R. M. do. *A real história do Real*. Rio de Janeiro: Record, 2005.

PRASSER, João Victor. *Semipresidencialismo no Brasil*: experiências constitucionais comparadas e conformação. Belo Horizonte: Editora Fórum, 2023.

PRESTWICH, Michael. *Medieval people*: vivid lives in a distant landscape. Londres: Thames & Hudson, 2014.

PRZEWORSKI, Adam. Sobre o desenho do Estado: uma perspectiva agent x principal. *In*: BRESSER-PEREIRA, Luiz Carlos; SPINK, Peter Kevin (orgs.). *Reforma do Estado e administração pública gerencial*. Rio de Janeiro: FGV, 1998.

RAMALHO ALVES, Renato José. *Tribunal de Contas fortalecendo o planejamento de políticas públicas*: propostas a partir do setor da infraestrutura. Tese de Doutorado. Universidade de São Paulo (USP), 2024.

REALE JÚNIOR, Miguel. O papel da sociedade civil da ditadura ao neopopulismo. *In*: GUILHERME MOTA, Carlos; SALINAS, Natasha S. C. (org.). *Os juristas na formação do Estado-nação brasileiro*. São Paulo: Editora Saraiva, 2010. p. 535-552.

RIBEIRO, Renato Janine. *Maquiavel, a democracia e o Brasil*. São Paulo: Estação Liberdade, 2022.

RIBEIRO, Romiro; SILVA JR., Homero; BITTENCOURT, Fernando Moutinho Ramalho. *Mitos e fatos sobre o mecanismo de paralisação de obras com indícios de irregularidades graves. Consultoria de Orçamento e Fiscalização Financeira da Câmara dos Deputados e Consultoria de Orçamento, Fiscalização e Controle do Senado Federal.* Nota Técnica Conjunta n. 10, 2009.

RICUPERO, Rubens. *Memórias.* São Paulo: Editora Unesp, 2024.

ROCHA, Camila; MANOEL, Jones; MONTEIRO, Lucas; NERY, Maikon; MENDES, Mateus; NUNES, Paula; ROLNIK, Raquel; ANDRÉS, Roberto; SAFATLE, Vladimir. *Junho de 2013*: a rebelião fantasma. São Paulo: Boitempo Editorial, 2023.

ROCHA, Diones Gomes da. *As duas faces de Jano dos Tribunais de Contas Brasileiros no Auxílio ao Exercício do Controle Social sobre a Administração Pública.* Tese de Doutorado em Administração Pública e Governo, FGV-SP: 2017.

RODA VIVA. *Júlio Marcelo de Oliveira.* 9 maio 2016. Disponível em: https://www.youtube.com/watch?v=MQAYnvkPWnk. Acesso em: 20 mar. 2023.

RODRIGUES, Leôncio Martins; REIS VELLOSO, José Pastore. *O futuro do sindicalismo.* São Paulo: Nobel Editora, 1992.

RODRIGUES, Leôncio Martins. *CUT*: os militantes e a ideologia. Rio de Janeiro: Paz e Terra, 1991.

RODRIGUES, Leôncio Martins. O sindicalismo brasileiro nos anos 80: um balanço. *São Paulo em Perspectiva*, vol. 4, nº 1, 1990.

ROMÃO, Wagner de Melo. Relação entre Estado e movimentos sociais sob lulismo. *In*: TATAGIBA, Luciana; TEIXEIRA, Ana Claudia Chaves (orgs.). *Movimentos sociais e políticas públicas.* São Paulo: UNESP Editora, 2021.

ROSILHO, André. *Tribunal de Contas da União.* São Paulo: Quartier Latin Editora, 2019.

SACRAMENTO, Ana R. S. Contribuições da Lei de Responsabilidade Fiscal para o avanço da accountability no Brasil. *Cadernos de Gestão Pública e Cidadania/CEAPG*, São Paulo, v. 10, n. 47, p. 20-47, 2005.

SADEK, M. T. Parlamentarismo e presidencialismo: representação política, processo decisório e democracia. *In*: BOITO JÚNIOR, Armando (org.). *Parlamentarismo e presidencialismo*: a teoria e a situação brasileira. Rio de Janeiro: Paz e Terra, 1993. p. 27-37.

SAKAI, Juliana; PAIVA, Natália. *Quem são os conselheiros dos tribunais de contas?* São Paulo: Transparência Brasil, 2016.

SALLUM JÚNIOR, Brasílio. *O impeachment do presidente Fernando Collor.* São Paulo: Editora 34, 2015.

SALTO, Felipe; ALMEIDA, Mansueto (orgs). *Finanças públicas*: da contabilidade criativa ao resgate da credibilidade. Rio de Janeiro: Record, 2016.

SANTISO, Carlos. *The Political Economy of Government Auditing*: Financial Governance and the Rule of Law in Latin America and Beyond. England: Routledge, 2009.

SANTOS, Lulu. *Tempos Modernos*. Intérprete: Lulu Santos. Gravadora: WEA, 1982. Álbum Tempos Modernos.

SILVA FILHO, João Antonio da. Tribunais de Contas no Estado Democrático e os desafios do controle externo. *In*: SARLET, Ingo Wolfgang. *Curso de Direito Constitucional*. São Paulo: Saraiva, 2018; São Paulo: Editora Contracorrente, 2019.

SILVA, Artur Adolfo Cotias e. O Tribunal de Contas da União na história do Brasil: evolução histórica, política e administrativa (1890-1998). *In*: *Monografias vencedoras do Prêmio Serzedello Corrêa 1998*. Brasília: Tribunal de Contas da União, 1999.

SINGER, André. *O Lulismo em crise*: um quebra-cabeça do período Dilma (2011- 2016). São Paulo: Companhia das Letras, 2018.

SINGER, André. *Os sentidos do lulismo*: reforma gradual e pacto conservador. São Paulo: Companhia das Letras, 2012.

SINGER, Paul. Vol. 2. *In*: MANTEGA, Guido; REGO, José Márcio (org.). *Conversa com Economistas Brasileiros*. São Paulo: Editora 34, 1999. p. 59-61.

SKOCPOL, T. *Protecting soldiers and mothers*: the political origins of social policy in the United States. Cambridge: Belknap Press; Harvard University Press, 1992.

SOARES, Gláucio Ary Dillon. A política brasileira: novos partidos e velhos conflitos. *In*: FLEISCHER, David (org.). *Da distensão à abertura*: as eleições de 1982. Brasília: Editora Universidade de Brasília, 1988. p. 91-118.

SOUZA, Pedro H. G. F. *Uma história da desigualdade*: a concentração de renda entre os ricos no Brasil (1926-2013). São Paulo: Hucitec, 2018.

SPINK, Peter. *Possibilidades técnicas e imperativos políticos em 70 anos de reforma administrativa, em Reforma do Estado e Administração Pública Gerencial*. FGV Editora, 1998.

SUNDFELD, Carlos Ari; CÂMARA, Jacintho Arruda; MONTEIRO, Vera; ROSILHO, André. O valor das decisões do tribunal de contas da União sobre irregularidades em contratos. *In*: SUNDFELD, Carlos Ari; ROSILHO, André. *Tribunal de Contas da União no Direito e na realidade*. São Paulo: Almedina, 2020.

SUNDFELD, Carlos Ari; ROSILHO, André. *Tribunal de Contas da União no Direito e na realidade*. São Paulo: Almedina, 2020.

SUNSTEIN, Cass R. *Impeachment*. Cambridge: Harvard University Press, 2017. *E-book*.

SUPREMO TRIBUNAL FEDERAL [STF]. *Ação Direta de Inconstitucionalidade nº 215-5*. 1990. Disponível em: https://redir.stf.jus.br/paginadorpub/paginador.jsp?docTP=AC&docID=346256.

TAVARES, André Ramos. *Curso de direito constitucional*. São Paulo: Saraiva, 2016.

TEIXEIRA, Marco Antonio Carvalho; AQUINO ALVES, Mario. Ethos organizacional e controle da corrupção: o TCU sob uma ótica organizacional. *Cadernos Adenauer XII*, nº 3, 2011.

TEIXEIRA, Marco Antônio Carvalho; LOUREIRO, Maria Rita; MORAES, Tiago Cacique. Democratização e reforma do Estado: o desenvolvimento institucional dos tribunais de contas no Brasil recente. *Revista de Administração Pública*, Rio de Janeiro, v. 43, n. 4, p. 744, 2009.

TEMER, Michel. *Elementos de Direito Constitucional*. 24ª edição. 5ª tiragem. São Paulo: Malheiros Editora, 2019.

TEMER, Michel. *A escolha*: como um presidente conseguiu superar grave crise e apresentar uma agenda para o Brasil. Entrevistas a Denis Rosenfield. São Paulo: Noeses, 2020.

TITÃS. Porrada. Composição: ANTUNES, Arnaldo; BRITTO, Sergio. *In*: *Cabeça Dinossauro*. Rio de Janeiro: WEA, 1986.

TORRES, Ricardo Lobo. *O orçamento na Constituição*. 3ª edição. Rio de Janeiro: Renovar Editora, 2008.

TSEBELIS, George. Are Sanctions Effective? A Game-Theoretic Analysis. *Journal of Conflict Resolution*, v. 34, n. 1, p. 3-28, 1990a.

TSEBELIS, George. Nested Games: Rational choice in comparative politics. *California Series on social choice and political economy*, v. 18, Berkeley: University of California Press, 1990b.

VARELLA, Drauzio. *O exercício da incerteza*: memórias. São Paulo: Companhia das Letras, 2022.

VEJA. *Roberto Civita X Collor*. YouTube, 2007. Disponível em: http://youtube.com/watch?v=dJvY0_XPeaM&NR=1. Acesso em: 20 mar. 2023.

VIANNA, Luiz Werneck. *Liberalismo e sindicatos no Brasil*. Rio de Janeiro: Paz e Terra, 1976.

VILHENA, Oscar. *A batalha dos poderes*. São Paulo: Companhia das Letras, 2018.

VILLA, Marco Antonio. *Collor presidente*: trinta meses de turbulências, reformas, intrigas e corrupção. Rio de Janeiro: Editora Record, 2016.

VILLAVERDE, João. Os terremotos brasileiros: uma breve história econômica no século XXI. *Aisthesis*, [S. l.], n. 70, p. 199-222, 2021. Disponível em: http://www.scielo.cl/scielo.php?script=sci_arttext&pid=S0718-71812021000200199&lng=es&nrm=iso. Acesso em: 14 set. 2023.

VILLAVERDE, João. *Controle do soberano: como evoluiu a aplicação da lei do impeachment no Brasil?* 2019. 169 f. Dissertação (Graduação) – Fundação Getulio Vargas, São Paulo - SP, 2019.

VILLAVERDE, João. CUT revela aos 30 anos elo com governos petistas. *Estadão*, 19 ago. 2013. Disponível em: https://www.estadao.com.br/politica/cut-reve-aos-30-anos-elo-com-governos-petistas/.

VILLAVERDE, João. Em 20 anos, Força Sindical vai de Collor a Lula. *Valor Econômico*, 14 mar. 2011. Disponível em: https://fsindical.org.br. Acesso em: 24 set. 2023.

VILLAVERDE, João. Em 1981, movimento se unia para depois rachar. *Valor Econômico*, 28 maio 2010. Disponível em: www2.senado.leg.br/bdsf/bitstream/handle/id/461813/complemento_1.htm?sequence=2&isAllowed=y. Acesso em: 8 set. 2023.

VILLAVERDE, João. *Perigosas pedaladas*: os bastidores do governo Dilma Rousseff. São Paulo: Geração, 2016.

VILLAVERDE, João; BRANDÃO, Rodrigo. Democracia e inclusão: reflexões sobre parlamentarismo e presidencialismo para o Brasil de 2023. *In*: SALTO, Felipe; VILLAVERDE, João; KARPUSKA, Laura (org.). *Reconstrução*: o Brasil nos anos 20. São Paulo: Editora Saraiva, 2022.

VILLAVERDE, João; PAULINO, Lucas. História mostra que período do mandato importa para impeachment afastar presidente. *Folha de S. Paulo*, São Paulo, 21 maio 2020. Poder. Disponível em: https://www1.folha.uol.com.br/poder/2020/05/historia-mostra-que-periodo-do-mandato-importa-para-impeachment-afastar-presidente.shtml. Acesso em: 17 dez. 2023.

VILLAVERDE, João; REGO, José Márcio. *Bresser-Pereira*: rupturas do pensamento – uma autobiografia em depoimentos. São Paulo: Editora 34, 2021.

WEFFORT, Francisco (org.). *Os clássicos da política*. São Paulo: Editora Ática, 2001.

WERNECK, Rogério. Consolidação da Estabilização e reconstrução institucional, 1995-2002. *In*: ABREU, Marcelo de Paiva *et al.* (org.). *A ordem do progresso*: dois séculos de política econômica no Brasil. Rio de Janeiro: Elsevier, 2014. p. 331-381.

WOOD, Gordon S. *Revolutionary Characters*. New York: Penguin Books, 2006.

WOOTTON, David. *The Invention of Science*: a new history of the scientific revolution. London: Penguin Books, 2015.

WWF. *Marina Silva*: a filosofia na prática. 25 out. 2008. Disponível em: https://www.wwf.org.br/?16101/.

ZUCCO, César. The Impacts of Conditional Cash Transfers in Four Presidential Elections (2002-2014). *Brazilian Political Science Review*, v. 9, n. 1, 2015.

ZUCCO JR.; C. When payouts pay off: conditional cash transfers and voting behavior in Brazil, 2002-2010. *American Journal of Political Science*, v. 57, n. 4, p. 810-22, 2013.

ZUCCO, César; POWER, Timothy. Bolsa Família and the Shift in Lula's Electoral Base, 2002-2006. *Latin American Research Review*, v. 48, n. 2, 2013.

Esta obra foi composta em fonte Palatino Linotype, corpo 10
e impressa em papel Offset 75g (miolo) e Supremo 250g (capa)
pela Gráfica Formato.